Booster sa confiance en soi

pour les nuls

Booster sa confiance en soi pour les nuls

Kate Burton
Brinley N. Platts

Adaptation de
Sandra Leite

FIRST
ÉDITIONS

Booster sa confiance en soi pour les Nuls

Éditions First, un département d'Édi8
12, avenue d'Italie
75013 Paris – France
Tél. : 01 44 16 09 00
Fax : 01 44 16 09 01
Courriel : firstinfo@editionsfirst.fr
Site Internet : www.pourlesnuls.fr

ISBN : 978-2-412-03984-7
Dépôt légal : octobre 2018
Imprimé en Italie par La Tipografica Varese Srl - Varese

Correction : Anne-Lise Martin
Indexation : Raphaël Dupuy
Illustrations : Rich Tennant
Couverture : Soft Office
Maquette intérieure : KN Conception

À propos des auteurs

Kate Burton est coach indépendante de cadres, auteur et formatrice. Elle aide les personnes et les entreprises à mobiliser leur énergie avec confiance. Elle est l'auteur, conjointement avec Romilla Ready, de l'ouvrage à succès *La PNL pour les Nuls*. Elle a débuté sa carrière dans la publicité d'entreprise et le marketing chez Hewlett-Packard. Depuis, elle a aidé de nombreuses entreprises de toutes sortes, de toutes cultures et de divers secteurs à communiquer avec talent et confiance. Elle aime par-dessus tout concevoir et animer des programmes de formation et de coaching personnalisés. Elle s'attache à aider les personnes à accroître leur motivation, leur conscience d'elles-mêmes et leur confiance. Elle est persuadée que nous avons tous des talents, des capacités et des valeurs qui nous sont propres, l'essentiel étant ensuite de parvenir à les exploiter totalement.

Brinley N. Platts est un remarquable coach de cadres, chercheur et consultant pour des entreprises du FTSE 100. C'est l'un des éminents spécialistes britanniques des carrières de gestionnaire informatique et de responsable des technologies de l'information. Il conseille des sociétés internationales sur la façon de gérer les objectifs de carrière et les postes à hautes responsabilités. Il est diplômé en sciences de l'étude du comportement, et sa passion est de permettre aux grandes entreprises de devenir des structures au sein desquelles chacun peut évoluer et exploiter librement ses talents pour le bien de toutes les parties prenantes. C'est le cofondateur de la campagne « Bring YourSELF To Work », dont l'objectif est de libérer le talent et la passion sous-jacents du personnel.

À propos de l'adaptatrice

Sandra Leite est coach de vie, rigologue expert®, auteur et formatrice. Elle s'est toujours passionnée pour la relation d'aide et la richesse des groupes. Assistante de service social de formation initiale, elle a découvert la rigologie en 2007 et a aussitôt créé l'association Nicole Leuret, afin de promouvoir le rire et ses bienfaits auprès de nombreux publics, avec une attention particulière pour les personnes atteintes du cancer et leur entourage.

C'est tout naturellement qu'elle s'est alors orientée vers le coaching. Diplômée de Paris 8, elle s'attache à placer l'humain au cœur de la relation, en le considérant dans sa globalité et son environnement, pour mieux l'accompagner vers ses objectifs, son épanouissement et sa réalisation.

Elle s'est associée au réseau Entraîneur de Bonne Humeur® animé par Olivier Ouzé et mène des actions au sein des entreprises pour favoriser la convivialité et le bien-être au travail.

Enfin, elle a également co-écrit, avec son amie de cœur Françoise Dorn, la *Petite philosophie du bien-être* parue aux éditions First en 2013.

Aujourd'hui, elle a réalisé son rêve en ouvrant une maison appelée le Repaire de Montboulon dans l'Yonne. Elle y exerce en tant que coach avec d'autres professionnels, afin d'aider les personnes à se ressourcer pour mieux se révéler et trouver la sérénité.

Remerciements

Kate

Les graines de ce livre ont été semées il y a bien longtemps. Je souhaiterais donc remercier mes professeurs, qui m'ont donné envie de m'intéresser à cette notion insaisissable de confiance en soi, et à Margaret, qui m'a posé cette question profonde à laquelle je souhaitais répondre : « Où se trouve ta confiance en toi ? »

Écrire un autre livre, c'est comme avoir un autre bébé. C'est une idée merveilleuse jusqu'à l'accouchement, puis une véritable joie une fois la progéniture venue au monde sans encombre. Je souhaiterais remercier tout particulièrement mon partenaire d'écriture, Brinley, qui a également fait sienne cette philosophie. Merci à ma famille et à mes amis pour leur amour et soutien permanents. Bob, tu es génial !

Merci à mes clients, collègues et professeurs pour les anecdotes, l'inspiration et le soutien. Merci à Dan, Kathleen, Sam et Jason, ainsi qu'à vous tous chez Wiley. Merci pour votre sang-froid, votre calme et votre confiance face aux obstacles.

C'est maintenant à vous, cher lecteur, de faire en sorte que cet ouvrage vous soit utile. Alors, emparez-vous du bébé et filez !

Brinley

Après une longue carrière relativement conventionnelle, c'est extraordinaire de replonger dans les passions de son enfance et de les retrouver intactes, comme dans les années 1970, prêtes à s'exprimer totalement. C'est l'expérience que j'ai vécue ces quatre ou cinq dernières années, et je suis reconnaissant à tous ceux qui ont joué un rôle dans mon réveil.

Aujourd'hui, ma mission est de réveiller les personnes se sentant à l'orée d'une vie pleine et riche, tant personnelle que professionnelle, qui ne leur coûte pas les yeux de la tête !

Un merci tout particulier à Kate pour notre collaboration, à l'équipe de Wiley et à ma femme, Nicola, mère de nos deux jeunes enfants.

J'aimerais également saluer mes enfants, Loretta et Oliver, dont la magnifique inspiration et le merveilleux amour ont accompagné ces vingt dernières années, ainsi que mes parents, qui m'ont poussé à penser à moi.

Je vous encourage, cher lecteur, à vivre votre vie avec une confiance et une motivation flambant neuves. Le monde change et doit changer encore plus et plus vite, et votre contribution nous permettra de parvenir à nos fins.

Sommaire

INTRODUCTION 1

À propos de ce livre 1
Les conventions utilisées dans ce livre 2
Ce que vous n'êtes pas obligé de lire 3
Hypothèses gratuites 3
Comment ce livre est organisé 4
Première partie : Les bases de la confiance 4
Deuxième partie : Préparer son arsenal 4
Troisième partie : Se façonner un moi plein de confiance 5
Quatrième partie : Afficher sa confiance 5
Cinquième partie : Entraîner les autres 5
Sixième partie : La partie des Dix 5
Les icônes utilisées dans ce livre 6
Par où commencer 6

PARTIE 1 : LES BASES DE LA CONFIANCE 9

CHAPITRE 1 : Évaluer sa confiance 11

Qu'est-ce que la confiance en soi ? 12
Concrètement, à quoi ressemble la confiance ? . . . 13
Les impressions et sentiments associés 14
Connaître son état de confiance actuel 14
Observer les indicateurs de confiance 15
Se situer sur l'échelle de la confiance 18
Connaître ses forces 22
Commencer par fêter ses talents 23
Recueillir l'avis des autres 25
Imaginer sa vie rêvée 26
Prêter attention à l'essentiel 27
Découvrir sa confiance 28
Se préparer à passer à l'action 30
Définir ses intentions 30
Admettre les avantages et les inconvénients du changement 31

CHAPITRE 2 : **Identifier ses points faibles** .33
Creuser jusqu'à la racine du mal . 34
Arrêter la machine à reproches . 35
Redéfinir son rôle au sein de la famille . 36
Tirer parti de ses expériences . 38
Balayer les aspects négatifs . 39
S'attaquer aux suppositions néfastes . 40
S'occuper sans être débordé . 41
Rediriger ses voix intérieures . 43
Découvrir ce qui vide vos batteries . 44
Évaluer son seuil de tolérance . 45
Essayer de répondre aux besoins de tout le monde sauf aux siens . 48

PARTIE 2 : PRÉPARER SON ARSENAL . 49

CHAPITRE 3 : **Planifier son itinéraire** .51
Savoir où aller . 51
Déterminer ses domaines de prédilection . 52
Définir les étapes de son voyage . 54
Choisir des modèles . 57
Trouver des guides fiables . 57
Devenir son propre coach . 59
Devenir le héros de sa propre vie . 60

CHAPITRE 4 : **Trouver sa motivation** .63
Mener sa vie avec allant . 64
Grimper la pyramide des besoins de Maslow . 64
Saluer le monde avec grâce . 66
Prendre les choses en main au travail . 69
Une théorie exploitable . 69
Reconnaître l'importance de la réussite . 76
Décrocher une promotion . 76

CHAPITRE 5 : **Rester fidèle à ses principes** .79
Comprendre ses valeurs . 79
Découvrir ses valeurs . 80
Résoudre les conflits de valeurs . 81

Agir chaque jour selon ses valeurs 85
Se concentrer sur ce qui est important 85
Répartir ses valeurs sur l'ensemble de la journée . . 86
Faire le bilan de la journée 86
Vivre de façon authentique 87
Développer son identité 88
Affronter ses démons 90

CHAPITRE 6 : Faire ami-ami avec ses émotions 93

Apprivoiser ses émotions 93
Accéder à son intelligence émotionnelle 94
Pensées rationnelles contre émotions 95
Associer la créativité et la confiance 97
Trouver le courage d'exprimer ses émotions 98
Surveiller ses humeurs 98
Observer ses changements d'humeur 99
Mieux connaître son état naturel 99
Faire confiance à son intuition 101
Écouter la voix éclairée de l'intuition 101
Écouter son moi intérieur 101
Exploiter ses plus sombres émotions 103
Transformer sa colère en énergie 104
Éliminer les ruminations inutiles 105
Savoir pardonner et passer à autre chose 106

CHAPITRE 7 : Libérer sa passion 109

Découvrir son moi passionné 109
Devenir plus passionné 111
Explorer ses niveaux neurologiques avec Dilts . . . 111
Accéder à sa passion naturelle 118
Réaliser ses rêves 119
Concrétiser sa passion en passant à l'action 120
Commencer son voyage 121
Diriger avec passion 124

CHAPITRE 8 : Utiliser ses connaissances 127

Mettre l'accent sur les points positifs 128
Espérer le meilleur 128
Extraire l'essence des résultats positifs 129
La grâce du fonctionnement optimal 130

Maîtriser ses peurs. . . . 132
Éviter le piège de la peur 133
Transformer ses peurs en confiance 134

PARTIE 3 : SE FAÇONNER UN MOI PLEIN DE CONFIANCE 137

CHAPITRE 9 : Oublier la perfection 139
Abandonner les attentes irréalistes 140
Admettre de ne pas pouvoir (ni vouloir) être parfait 140
Être obnubilé par la perfection empêche de viser l'excellence. . . . 142
Être d'abord généreux avec soi-même. . . . 142
Prendre conscience de ses succès. . . . 143
Accepter de l'aide et déléguer. . . . 145
Mettre fin aux tergiversations 146
Sortir de l'impasse 147
Croquer de plus petits morceaux. . . . 149
Se libérer du temps pour soi 150
Ralentir la cadence 150
Adopter le principe des 80/20. . . . 152
Créer des normes comportementales réalistes. . . . 153
Adapter ses objectifs aux circonstances 154
Rester positif mais réaliste. . . . 154
Être plus souple 155

CHAPITRE 10 : Se dépasser mentalement 157
Agrandir sa zone de confort. . . . 158
Connaître les limites de sa zone de confort 159
Repousser ses limites = agrandir la zone de confort 161
Conduire prudemment sur la file de droite. . . . 165
Se préparer au futur 169
Attirer les choses souhaitées 173
Récolter les fruits de ses efforts 174
Trouver ce que l'on recherche. . . . 175
Ressentir son pouvoir 175
Apprécier une nouvelle façon d'être 176
Être persuadé que tout ira bien 177
Écouter la voix de la raison 177

CHAPITRE 11 : Développer la confiance en son corps 179
Établir la connexion esprit-corps 180
Savoir ce qui favorise une bonne santé 181
Évacuer le stress en restant en bonne santé 182
Suivre les règles d'or d'une alimentation saine 186
Croire en sa santé 187
Visualiser son futur moi en bonne santé 188

PARTIE 4 : AFFICHER SA CONFIANCE 189

CHAPITRE 12 : Faire entendre sa voix 191
S'exprimer avec confiance 192
S'écouter 192
La respiration au secours de l'élocution 193
Dire ce que l'on pense et penser ce que l'on dit....... 195
Cultiver son intégrité.......................... 196
Avoir des conversations difficiles 198
Admettre que le message va au-delà des mots 199
Opter pour le naturel 199
Jouer la carte théâtrale 200
Trouver une approche authentique............. 200

CHAPITRE 13 : Avoir la tête de l'emploi 203
Être jugé sur les apparences 203
Paraître confiant. 204
Faites la meilleure impression possible.......... 205
Choisir la bonne tenue vestimentaire 206
Trouver son style 207
Faire le point sur sa garde-robe 210
Acheter malin 211

CHAPITRE 14 : Agir avec confiance au quotidien 213
Gérer les réticences d'autrui vis-à-vis de son nouveau moi 214
Être ferme avec les proches vous préférant comme vous étiez avant....................... 214
Trouver la confiance nécessaire pour voir au-delà des critiques 216

S'affirmer 217
Faire face aux pressions extérieures 218
Conserver un niveau de confiance optimal 220
Vivre pleinement sa vie 221

PARTIE 5 : ENTRAÎNER LES AUTRES 223

CHAPITRE 15 : Se montrer sûr de soi au travail 225

Renforcer sa confiance dans le domaine professionnel 226
Avoir conscience que le métier et la personne sont deux éléments distincts 227
Définir son identité professionnelle 227
Découvrir son souhait professionnel 229
Accorder de la valeur à ce que l'on fait 231
S'affirmer 231
Afficher de la confiance dans certaines situations professionnelles 233
S'imposer en réunion 233
Briller pendant les présentations 234
Rejeter la manipulation et la persécution 236
Gérer son patron 238
Faire et recevoir des remarques 239
Faire en sorte que son patron tienne ses promesses 243
Dire à son patron qu'il a tort 245
Redevenir visible 246
Vivre avec confiance un changement professionnel 247
Accepter d'être rejeté 249
Apprivoiser la menace du licenciement 252

CHAPITRE 16 : Aborder les relations amoureuses avec confiance 255

Le rapport à l'amour 256
Les aspects culturels de l'amour 256
Avoir sa propre conception de l'amour 258
Connaître les ingrédients essentiels de l'amour 259
L'amour en toute lucidité 260
Faire ce fameux premier pas 261

Satisfaire les besoins de son partenaire sans oublier les siens 263
S'en sortir grâce à l'aide de ses amis 264
Élaborer sa stratégie amoureuse 265
Rompre ou repartir sur de bonnes bases 267
Prendre des décisions 267
Redéfinir les conditions d'une relation 268

CHAPITRE 17 : Donner confiance à ses enfants 271
Renforcer les fondations 272
Être prompt à féliciter 274
Fixer des limites de sécurité 276
Aider les enfants à développer leur curiosité 277
Apporter un environnement favorable 277
Laisser de la place pour le jeu 278
Soutenir ses enfants 279
Accepter les différences entre parents et enfants 281

PARTIE 6 : LA PARTIE DES DIX 283

CHAPITRE 18 : Dix questions pertinentes qui favorisent l'action 285
Quel discours tient votre voix intérieure ? 285
Êtes-vous fier de votre nom ? 286
Avec qui traînez-vous ? 286
Quelle est votre pensée confiante du jour 287
Quelles tensions subissez-vous dans votre vie ? 287
Quel problème reste en suspens dans votre vie ? 288
Qui serez-vous quand vous serez grand ? 288
Comment vivez-vous les échecs et les erreurs ? 289
Combien de temps passez-vous seul et avec les autres ? 290
Quel est votre rêve absolu ? 290

CHAPITRE 19 : Dix habitudes quotidiennes pour renforcer sa confiance 291
Démarrer la journée du bon pied, prêt à passer à l'action 291
Se concentrer sur ses pages d'écriture 292
Chausser ses meilleures lunettes de soleil 293

Surveiller ses humeurs et émotions 293
Faire de l'exercice 294
S'isoler au calme 294
Sortir et s'émerveiller de la beauté du ciel 295
Être généreux 295
Faire le bilan de sa journée et planifier son lendemain 295
Se mettre en phase avec son but dans la vie 296

CHAPITRE 20 : Dix clés pour énoncer des affirmations efficaces 297
Disposer de la bonne structure de base 298
Utiliser des affirmations chaque jour 300

ANNEXE : Une liste de ressources 303
Contacter les auteurs et l'adaptatrice 303
Ouvrages 303
Sites Web 305
Organismes professionnels 305

INDEX 307

Introduction

La confiance est l'une de ces choses étranges de la vie qui s'avèrent étonnamment difficiles à maîtriser (la beauté et la qualité appartiennent elles aussi à cette catégorie). Vous estimez peut-être savoir ce que c'est, être certain de la reconnaître quand vous la voyez, mais il se peut que vous ayez du mal à la définir avec exactitude. La confiance est une expérience que vous vivez quotidiennement, un sentiment que vous possédez très souvent, sauf en ces occasions importantes où elle semble vous fuir alors que vous pourriez vraiment mieux l'exploiter.

Dans ce livre, vous allez pouvoir dissiper la confusion autour de la notion de confiance et, en particulier, de ce que vous appelez peut-être la « confiance en soi ». Vous allez chasser toutes les idées reçues qui entourent la façon de construire et de développer la confiance en soi, et qui vous faisait peut-être craindre de ne jamais pouvoir l'acquérir.

Chaque chapitre de cet ouvrage a pour but de vous aider à comprendre d'où vient votre confiance, comment vous pouvez générer sur commande une confiance incroyablement puissante et comment vous pouvez y parvenir de manière plus fiable et avec moins de stress. Pour progresser le plus rapidement possible, il vous faudra mettre immédiatement en pratique ce que vous apprenez, à savoir des conseils et exercices, jusqu'à apprécier cette confiance personnelle que vous avez en vous depuis toujours, en la ressentant profondément et durablement.

Prêt pour cette aventure ? C'est parti !

À propos de ce livre

Tapez le mot « confiance » dans un moteur de recherche, et vous recevrez plus de 50 millions de réponses. Voilà un énorme volume de lignes publiées pour quelque chose de tellement naturel. C'est également une indication de l'ampleur du sujet. Par conséquent, dans la mesure où vous souhaitez plonger au cœur de votre confiance, nous avons fait des choix lors de la rédaction de *Booster sa confiance en soi pour les Nuls*.

La tâche qui vous attend est de construire votre confiance afin d'être plus influent, plus volontaire et plus à l'aise dans tous les domaines de votre vie. Ces domaines comprennent votre vie professionnelle et personnelle (amis et famille, amour, relations sociales, etc.). Nous vous épargnerons les analyses complexes en matière de développement personnel, et nous vous proposerons plutôt des conseils pratiques immédiatement applicables.

Vous devriez pouvoir rechercher dans ce livre des conseils pratiques et un soutien rapide pour un manque de confiance éprouvé dans les situations suivantes de la vie quotidienne :

- Vous préparer à une présentation importante ou à un entretien d'embauche ;
- Demander à la créature de vos rêves de vous épouser ;
- Décrocher le téléphone pour passer cet appel délicat à un nouveau client très important ;
- Passer à l'étape de la commande avec vos clients si vous êtes représentant ;
- Rebondir rapidement et judicieusement après un échec ;
- ... et bien d'autres.

Les conventions utilisées dans ce livre

Pour vous aider à vous repérer dans ce livre, nous avons défini quelques conventions :

- *L'italique* sert à mettre l'accent sur de nouveaux termes ou définitions ;
- Le texte en **gras** souligne un concept-clé au sein d'une liste.

Ce que vous n'êtes pas obligé de lire

Ce livre est avant tout un guide destiné à vous indiquer comment construire votre confiance. À certains moments, nous établissons le contexte dont vous avez besoin pour comprendre la situation. À d'autres, nous vous fournissons des éléments utiles à votre compréhension, mais pas nécessaires, pour mettre en pratique les notions traitées et en récolter les fruits. Dans la mesure où nous souhaitons que vous assimiliez avec le temps ces notions, nous avons fait en sorte que vous puissiez repérer facilement le contenu à garder pour plus tard :

- **Le texte dans les encadrés :** les encadrés grisés comprennent des histoires et anecdotes qui ne font pas partie intégrante de votre plan d'action. Vous pouvez donc vous abstenir de les lire si elles ne vous intéressent pas.
- **Les infos éditoriales en début d'ouvrage :** vous n'y trouverez rien de bien utile, sauf si vous recherchez des mentions juridiques et des informations techniques, auquel cas vous avez visé juste.

Hypothèses gratuites

Nous avons émis quelques hypothèses vous concernant. Nous sommes partis du principe que vous êtes un être humain normal désirant être heureux et avoir confiance en lui. Vous souhaitez probablement être plus efficace dans divers domaines de votre vie et plus à l'aise dans les situations délicates ou face à des personnes d'un abord difficile. Bien que vous agissiez probablement avec confiance dans de nombreuses situations, il vous manque peut-être parfois certaines capacités et compétences pour vous comporter comme vous le voudriez. Ce livre est fait pour vous si vous souhaitez :

- Progresser dans les domaines où vous vous sentez bloqué ;
- Devenir meilleur professionnellement et bénéficier d'une certaine reconnaissance pour les progrès effectués ;
- Vous sentir moins anxieux et stressé face aux tâches à accomplir ;

» Progresser afin d'acquérir une âme de meneur au travail et dans votre vie sociale ;

» Vous sentir capable de faire face à toutes les difficultés susceptibles de jalonner votre vie.

Comment ce livre est organisé

Ce livre est divisé en six parties comprenant chacune plusieurs chapitres. Le sommaire détaille le contenu de chaque chapitre.

Première partie : Les bases de la confiance

Dans les chapitres de cette partie, nous vous expliquons la notion de confiance et les sentiments associés. Vous pourrez évaluer votre dose de confiance actuelle, découvrir comment repérer les domaines dans lesquels votre confiance croît et décroît, ceux dans lesquels vous avez besoin d'acquérir de la confiance en ce moment et identifier les éventuels blocages.

Fort de tous ces éclairages, vous pourrez bâtir votre propre programme, destiné à élaborer la version superconfiante de votre moi que vous souhaitez présenter à la face du monde.

Deuxième partie : Préparer son arsenal

Tout le monde aimerait être plus confiant, mais, pour agir lorsque vous vous sentez tout sauf confiant, que ce soit dans la sphère professionnelle ou sociale, il faut de la motivation. Dans cette partie, vous serez invité à être en phase avec ce qui vous fait avancer dans la vie, à mieux comprendre vos valeurs les plus profondes et à exploiter ces informations afin d'obtenir ce que vous voulez.

Vous vous aventurerez dans le monde parfois tumultueux des émotions, des changements d'humeur et des sentiments extrêmes associés, tels que l'extase, la colère et le désespoir. Cette partie vous aidera à vous mettre en phase avec votre motivation.

Troisième partie : Se façonner un moi plein de confiance

Dans cette partie, vous verrez comment procéder pour faire remonter à la surface votre moi le plus confiant. Vous troquerez le perfectionnisme contre l'efficacité, vous vous débarrasserez des attentes irréalistes afin d'apprécier vos expériences. Vous découvrirez comment agrandir votre zone de confort et atteindre vos objectifs en étant détendu et concentré. Enfin, vous établirez un lien entre votre esprit et votre corps, et vous vous apercevrez que le fait de mieux prendre soin de vous vous aide à cultiver votre confiance.

Quatrième partie : Afficher sa confiance

Il est naturel de souhaiter utiliser une confiance en soi grandissante pour influencer les autres. Dans cette partie, vous découvrirez comment imposer votre confiance grâce à l'effet de votre voix et de votre apparence. Nous vous aiderons à vous fixer des priorités afin d'en faire plus et de venir à bout des blocages et autres résistances. Cette partie vous permettra de projeter en permanence sur le devant de la scène votre moi le plus confiant.

Cinquième partie : Entraîner les autres

Dans cette partie de votre voyage dans l'univers de la confiance en soi, vous bénéficierez de conseils pour exploiter, au travail et dans votre vie personnelle, votre influence accrue. Vous utiliserez vos connaissances sur le renforcement de la confiance afin que vos enfants grandissent en sachant agir avec confiance face aux défis de la vie quotidienne.

Sixième partie : La partie des Dix

Vous trouverez dans cette partie tout ce qu'il faut si vous souhaitez une dose d'inspiration ou un rappel de ce qui est important dans le quotidien : dix conseils et habitudes pour chaque jour, dix affirmations à ancrer dans votre inconscient et dix questions pour vous inciter à passer à l'action.

Les icônes utilisées dans ce livre

Dans chaque chapitre, vous trouverez les icônes suivantes. Elles mettent l'accent sur certains types d'informations susceptibles de vous être immédiatement utiles. Les voici :

Anecdote Cette icône attire votre attention sur une histoire personnelle susceptible de vous intéresser ou de vous être utile.

Truc Cette icône met en lumière un conseil pratique utilisable pour accroître immédiatement votre confiance.

Exemple Cette icône indique un exercice que vous pouvez effectuer pour mieux comprendre votre personnalité et votre manque de confiance.

N'oubliez pas Cette icône souligne des informations à prendre en compte et à garder à l'esprit lorsque vous exploitez votre confiance renforcée dans votre vie.

Attention Le texte accompagnant cette icône vous incite à la prudence lorsque vous traitez certains problèmes.

Note technique Cette icône signale l'approfondissement de certains thèmes.

Par où commencer

Bien que tous les éléments et notions de ce livre puissent contribuer à élaborer la version la plus confiante de votre personne, vous n'avez pas besoin de le lire de la première à la dernière page en un temps imparti. Vous tirerez le meilleur parti de votre lecture si vous privilégiez d'abord les sections correspondant aux domaines dans lesquels vous avez le plus besoin de renforcer votre confiance. Par exemple, si des changements professionnels ou la participation à une fête vous rendent anxieux, lisez d'abord les chapitres qui traitent ces questions. N'hésitez pas à plonger dans les sections les plus utiles pour vous actuellement.

Si, après avoir lu ce livre, vous êtes enclin à franchir des paliers supplémentaires en termes de confiance et de succès, nous vous recommandons des formations et un coaching plus personnalisés dans la partie « Ressources » de l'annexe.

PARTIE 1
LES BASES DE LA CONFIANCE

« J'EN AI ASSEZ QUE TOUT LE MONDE ME MANIPULE. »

DANS CETTE PARTIE...

De la compréhension de la notion de confiance et des sentiments associés à l'élimination des jugements néfastes que vous avez sur vous-même, les chapitres de cette partie vous aideront à jeter les bases de votre nouveau moi confiant. Après avoir pris conscience de ce que vous souhaitez, vous pourrez utiliser ces chapitres pour orienter votre vie, cheminer et poser un certain nombre de jalons sur votre itinéraire.

Chapitre 1
Évaluer sa confiance

DANS CE CHAPITRE :

» **Identifier les ingrédients-clés de la confiance**

» **S'autoévaluer à l'aide des critères de confiance**

» **Fêter ses atouts**

» **Visualiser un nouveau moi superconfiant**

» **Lancer l'opération « Changement »**

Bienvenue dans le programme de renforcement de votre confiance. Nous sommes ravis de vous compter parmi nous pour ce qui s'annonce comme un merveilleux voyage vers la métamorphose. L'instauration de la confiance est synonyme de plus de plaisir, de plus de liberté et d'occasions de faire ce qui vous convient le mieux.

Dans ce chapitre, nous allons tracer l'itinéraire des voyages que nous allons effectuer ensemble, avec, pour commencer, quelques définitions de la confiance et une évaluation pratique de votre niveau de confiance actuel.

Vous allez commencer à solliciter les muscles de votre confiance, et nous savons d'expérience que vous êtes probablement plus confiant que vous ne le pensez. Vous pourrez également fêter vos points forts et vous imaginer dans la peau d'un être nouveau, superconfiant, à mesure que vous progresserez.

Il vous faudra ensuite vous préparer à passer à l'action. Après tout, pourquoi dissimuler vos talents quand tant de choses importantes restent à faire ici-bas ?

Qu'est-ce que la confiance en soi ?

Quand on leur demande de penser à la signification du terme *confiance*, la plupart des gens voient ce qu'il veut dire mais ont beaucoup de mal à en formuler une définition. Après tout, la confiance n'est pas une pilule miracle ou un produit magique que vous pouvez trouver au coin de la rue.

Avant que vous ne vous plongiez dans ce livre pour découvrir comment devenir plus confiant, nous vous invitons à explorer la définition de la confiance. D'après *Le Nouveau Petit Robert*, la *confiance* est l'« espérance ferme, l'assurance de celui qui se fie à quelqu'un ou quelque chose » (Dictionnaires Le Robert, 1996). Les notions de sécurité et de fiabilité sont étroitement liées à la confiance.

La *confiance en soi* est un « sentiment qui fait qu'on se fie à soi-même ». C'est ce que ressent une personne lorsqu'elle sait qu'elle peut compter sur elle-même pour accomplir ce qu'elle a à faire dans sa vie.

Avoir confiance en soi, c'est aussi avoir foi en qui nous sommes, c'est-à-dire foi :

- en nos capacités (physiques, affectives, intellectuelles) ;
- en nos qualités ;
- en nos atouts.

Il est intéressant de noter que *confiance* et *foi* ont la même racine. La confiance en soi permet de croire en ses possibilités.

N'oubliez pas

La confiance en soi est un moteur, un élan vital. Elle peut donc être source de joie.

Attention

Ne pas confondre *confiance en soi* et *estime de soi*. L'estime de soi est un jugement que nous portons sur nous-mêmes.

Note technique

La question de la confiance en soi reste au cœur du débat entre l'inné et l'acquis. Votre capacité à progresser, elle, est une certitude.

Concrètement, à quoi ressemble la confiance ?

Comment se présente la confiance dans votre vie quotidienne ? Vous est-il déjà arrivé de commencer une activité (une séance de sport ou une présentation professionnelle) un peu à contrecœur, puis de vous sentir bien pendant, au point d'être content de vous y être livré ? Ce genre de revirement dans la façon de vivre une situation vous donne une idée de ce qu'est concrètement la confiance. C'est votre faculté d'aller au-delà de vos sentiments du moment afin de prendre les mesures qui vous mèneront au résultat escompté.

Comptable de formation, Gilles est devenu consultant en management. Il a voyagé dans le monde entier lors de missions internationales pour le compte de grandes entreprises. Il dirige désormais sa propre société, conduit des projets complexes, affiche un tempérament calme, rationnel, et montre une concentration sans faille lors des réunions. Lorsque les délais sont serrés et que les esprits s'échauffent au sein des équipes, il instaure patiemment un sentiment de confiance dans le respect des délais.

Comment fait-il pour y parvenir sous pression ? « Je considère la situation comme une série de cerceaux qu'il me faut traverser, comme un tunnel, dit-il. Parfois, il n'y en a que deux ou trois, mais il arrive qu'il y en ait une vingtaine. Je peux être anxieux comme tout le monde, mais je considère cet état comme un moment à vivre patiemment cerceau par cerceau, et cela devient de plus en plus facile à mesure que je me rapproche de la lumière marquant le bout du tunnel. »

Aborder les obstacles avec confiance à la manière de Gilles est clairement profitable. Par exemple :

- Vous êtes persuadé de pouvoir surmonter des épreuves que d'autres personnes considèrent comme difficiles ;
- Vous inspirez ceux qui vous entourent, lesquels arrêtent de s'affoler à vos côtés ;
- Vous divisez un grand projet en plusieurs étapes à franchir une par une.

Les impressions et sentiments associés

Vous n'êtes pas forcément à l'aise lors d'une activité difficile ou complètement détendu face à la mesure que vous prenez ? Qu'importe : les personnes confiantes acceptent très bien de ne pas détenir toutes les réponses. Ouf, quel soulagement ! La confiance est simplement le sentiment que tout va bien se passer.

Plus vous connaissez l'activité et la pratiquez, plus ce sentiment de confiance est fort. Vous pouvez également le créer à partir des expériences vécues et le faire surgir quand vous en avez besoin. Cela ne signifie pas que vous n'éprouverez jamais aucune peur, mais, la bonne nouvelle, c'est que vous serez capable de vivre avec cette peur.

Voici des moyens d'identifier la confiance en soi :

- » Vous vous sentez prêt et équilibré ;
- » Vous respirez facilement ;
- » Vous avancez vers un objectif ou la réalisation d'une action avec motivation ;
- » Vous êtes proactif et non réactif ;
- » Vous savez que vous pourrez affronter toutes les embûches que vous réservera la vie, même si vous ne pouvez pas les maîtriser ;
- » Vous pouvez rire de vous-même ;
- » Vous savez que la fin sera heureuse, quel que soit le temps nécessaire.

Nous allons donc vous aider, à mesure que vous trouverez votre confiance intérieure, à faire le premier pas vers votre objectif, quelles que soient la difficulté de la tâche ou la peur qu'elle vous inspire aujourd'hui.

Connaître son état de confiance actuel

La mesure de la confiance est par nature très subjective. Les autres peuvent se faire une idée de votre degré de confiance à partir de votre apparence et de vos actes, mais vous êtes le seul à savoir ce qui se passe dans votre tête, à connaître vos véritables sentiments. Dans cette section, nous vous invitons à évaluer votre état de confiance actuel.

Votre confiance varie selon le moment et le lieu. Si vous vous projetez dix ans en arrière, vous constatez probablement que votre confiance a augmenté depuis cette époque grâce aux expériences vécues et au fait d'y avoir survécu. Votre degré de confiance diffère selon les situations, voire d'une semaine ou d'un jour à l'autre en fonction de ce que vous vivez au travail et à la maison. Dans certains domaines, vous avez peut-être pris des risques ou subi une perte qui a entraîné une perte de confiance.

Si vous ne vous sentez pas bien et avez accepté trop de travail, votre confiance peut vaciller et s'effondrer. Mais, quand vous êtes bien et allez au bout des missions attribuées, vous avez l'impression de pouvoir conquérir le monde. Considérez votre confiance comme une vieille balance à plateaux dont le délicat équilibre peut être rompu d'un côté ou de l'autre de manière imprévue à la moindre plume déposée sur l'un des plateaux.

N'oubliez pas

Allez-y doucement avec les changements. Rome ne s'est pas faite en un jour ! Nous n'allons pas vous suggérer de faire un vol plané depuis le sommet d'une montagne si le simple fait de vous tenir sur un escabeau vous effraie. Donnez-vous le temps de progresser. Il est souvent plus réaliste de faire « un petit pas pour l'homme qu'un bond de géant pour l'humanité ».

Observer les indicateurs de confiance

Nous mettons l'accent sur dix indicateurs de confiance que nous détaillons dans cet ouvrage. Si vous agissez avec confiance, vous êtes susceptible de présenter bon nombre de ces dix caractéristiques :

- **La voie à suivre et les valeurs :** vous savez ce que vous voulez, où vous allez et ce qui est vraiment important pour vous.
- **La motivation :** ce que vous faites vous motive et vous fait plaisir. En fait, vous êtes susceptible de devenir absorbé par ce que vous faites au point de ne jamais vous laisser distraire par quoi que ce soit.
- **La stabilité émotionnelle :** quand vous relevez des défis, vous êtes maître de vous et vous vous comportez avec les autres avec calme et détermination. Vous percevez des émotions difficiles à gérer telles

que la colère et l'anxiété, mais vous les apprivoisez au lieu de vous laisser submerger par elles.

- **Une mentalité positive :** vous avez la faculté de demeurer optimiste et de voir les bons côtés des choses même lorsque vous rencontrez des contretemps. Vous avez une vision positive de vous-même et des autres.
- **La conscience de sa valeur :** vous connaissez votre niveau, vous êtes conscient de vos capacités, vous savez quelle image vous avez auprès des autres. Vous admettez également n'être qu'un être humain et vous ne visez pas la perfection.
- **Un comportement souple :** vous adaptez votre comportement aux circonstances. Vous pouvez tout aussi bien avoir une vision d'ensemble que scruter les détails. Pour prendre des décisions, vous tenez compte de l'opinion des autres.
- **Une soif d'évoluer :** vous aimez vous dépasser, considérer chaque jour comme une occasion d'apprendre, et non vous comporter comme un expert qui n'aurait plus rien à découvrir. Vous aimez considérer vos découvertes comme de nouvelles expériences.
- **La santé et l'énergie :** vous écoutez votre corps, vous le respectez et vous avez le sentiment que l'énergie circule en vous en toute liberté. Vous gérez les situations stressantes sans vous rendre malade.
- **La volonté de prendre des risques :** vous avez la faculté d'agir face à l'incertitude et de prendre de gros risques quand vous ne possédez pas les réponses à vos interrogations ou toutes les compétences nécessaires pour arranger les choses.
- **Un but dans la vie :** les différents pans de votre vie sont de plus en plus cohérents, et vous vous êtes fixé un but.

Vous pouvez utiliser ces indicateurs pour vous aider à découvrir les blocages qui, générés par un manque de confiance, vous empêchent d'avancer dans la vie. Sortir de cette situation revient à ne plus être enlisé dans ses problèmes.

Anecdote — LA QUÊTE DE SENS DE FRANKL

Viktor E. Frankl, fondateur de la logothérapie, fut l'un des grands thérapeutes du XXe siècle. Il conçut son approche révolutionnaire de la psychothérapie lors de sa détention dans quatre camps de la mort nazis, dont Auschwitz, entre 1942 et 1945.

Sa théorie se fonde sur cette croyance : quel que soit notre parcours personnel, c'est le sens que nous donnons à notre vie qui nous fait avancer. Cette croyance l'aida tout d'abord à réchapper des camps, contre toute attente, alors que des millions de personnes y ont péri, puis il s'en servit après la guerre pour soigner nombre de victimes.

Frankl était d'accord avec le philosophe Nietzsche, qui disait : « Celui qui a une raison de vivre peut supporter presque tout. » Dans les camps, Frankl a vu des personnes qui avaient l'espoir de retrouver les leurs, des projets qu'ils souhaitaient mener à leur terme, ou qui croyaient fermement avoir plus de chances de survivre que ceux qui avaient moins de raisons de s'accrocher pour traverser les difficultés.

Quand un patient perdait confiance parce qu'il ne trouvait plus de sens à sa vie, Frankl cherchait à le soulager en explorant les pistes suivantes :

1. Accroître le bonheur de vivre du patient en lui faisant prendre conscience de toute la valeur de ce qu'il réussissait, créait et accomplissait (mais qu'il rejetait).

2. Lui permettre de retrouver et revivre les expériences saisissantes, même éphémères, qui lui donnaient l'impression de vivre pleinement sa vie : la vue depuis le sommet d'une montagne, l'amour pour une personne, la performance sportive parfaite (ce que Maslow aurait appelé les « expériences de pointe », voir chapitre 4).

3. L'aider à trouver un sens positif et puissant par le recadrage de situations en apparence insignifiantes. Par exemple, un homme veuf après un mariage heureux d'une longue durée pense avoir épargné à sa femme le traumatisme de supporter la solitude.

Les expériences et la pensée de Frankl sont magnifiquement retracées dans le livre *Découvrir un sens à sa vie* avec la logothérapie dont il est l'auteur.

Se situer sur l'échelle de la confiance

Les 20 énoncés du tableau 1-1 sont liés aux indicateurs de confiance que nous avons évoqués dans la section précédente. Prenez chacun d'eux et indiquez votre accord ou désaccord en choisissant l'un des cinq degrés proposés. Effectuez le test aussi souvent que vous le souhaitez, et conservez une trace de l'évolution de votre profil.

Truc

Faites l'évaluation et notez dans votre agenda de la consulter à nouveau, disons dans six mois. Vous pourrez alors constater ce que vous avez appris de neuf.

En répondant à ce questionnaire, vous disposez d'un inventaire très simple des principaux secteurs de votre vie qui agissent actuellement sur votre confiance. Si vous répondez précisément à ces questions, vous pourrez vous servir des chapitres de ce livre pour cibler les domaines nécessitant une intervention immédiate.

N'oubliez pas

Il n'y a ni bonnes ni mauvaises réponses. Si vous répondez le plus honnêtement possible, vous aurez une vision complète de l'état de vos indicateurs au fur et à mesure du renforcement de votre confiance au fil de la lecture de cet ouvrage.

1-1 Évaluer sa confiance.

Énoncé	Tout à fait d'accord	D'accord	Neutre	Pas d'accord	Pas du tout d'accord
J'ai une vision très claire des choses importantes pour moi.					
Je sais ce que je veux dans la vie. Je ne me culpabilise jamais pour mes défauts.					
Je suis capable de prendre du recul et de réfléchir calmement lorsque les émotions affluent.					
Au travail, de nombreuses tâches me plaisent.					

Énoncé	Tout à fait d'accord	D'accord	Neutre	Pas d'accord	Pas du tout d'accord
Il m'arrive d'être totalement absorbé par une activité.					
J'ai la réputation d'être optimiste.					
Je me respecte, ainsi que de nombreuses personnes de mon entourage.					
J'ai une perception réaliste de mes forces et faiblesses.					
Je connais les forces que m'attribuent les autres.					
Si besoin est, je consulte les autres avant de prendre des décisions.					
Je suis capable à la fois d'avoir une vision d'ensemble d'une situation et d'entrer dans les détails.					
J'aime innover et relever de nouveaux défis.					
J'adore apprendre et progresser.					
Je prends soin de mon corps.					
Je me sens capable de gérer n'importe quelle situation stressante de ma vie.					
J'ai une attitude saine en matière de prise de risques.					
Je n'ai pas besoin que tout soit toujours prévu et verrouillé avant d'agir.					

Énoncé	Tout à fait d'accord	D'accord	Neutre	Pas d'accord	Pas du tout d'accord
Je médite parfois sur les liens entre les différents pans de ma vie.					
Je connais mon destin, j'ai un dessein à accomplir.					

Maintenant, accordez-vous 5 points pour chaque coche faite dans la colonne *Tout* à *fait d'accord*, 4 pour chaque coche dans la colonne *D'accord*, 3 pour chaque coche dans la colonne *Neutre*, 2 pour chaque coche dans la colonne *Pas d'accord* et 1 pour chaque coche dans la colonne *Pas du tout d'accord*. Faites le total des points obtenus, puis voyez les commentaires associés à votre score dans la section suivante. La seconde étape du comptage (voir plus loin la section « Profil personnel ») vous permettra de déterminer quels domaines de votre vie et parties de ce livre méritent votre attention immédiate.

Votre score

Faites le total de vos points et voyez à quelle catégorie vous appartenez :

- **Entre 80 et 100 : félicitations !** À tous points de vue, vous êtes ce que l'on appelle une personne qui a confiance en elle. Vous avez une idée claire de vos priorités et un esprit positif dans la recherche de la vie rêvée. Voyez les domaines dans lesquels votre score est inférieur à la moyenne et lisez les conseils dispensés dans la section « Profil personnel ».
- **Entre 60 et 80 : bravo !** Vous faites déjà preuve de confiance dans la plupart des situations. Seuls quelques secteurs de votre vie vous donnent moins de satisfaction. Vous trouverez dans ce livre plein de conseils pour remédier à cela. Lisez ceux qui sont dispensés dans la section suivante pour effectuer des progrès rapides.
- **Entre 40 et 60 : vous êtes sur la bonne voie !** Il règne peut-être un peu de confusion actuellement dans votre vie, ou vous avez quelques incertitudes. Vous vous demandez peut-être comment résoudre cela. Prenez le temps de vous pencher sur les domaines

nécessitant votre attention, et vous serez stupéfait des progrès que vous pouvez accomplir.

» **Entre 20 et 40 : vous avez 20 sur 20 en honnêteté et courage !** Votre confiance est peut-être au plus bas actuellement, mais cela peut s'arranger. Chaque page ou presque de ce livre renferme un conseil que vous pouvez mettre en application. Si vous suivez nos conseils et agissez en conséquence, vous aurez la possibilité de changer votre vie.

Votre profil personnel

Une fois le questionnaire renseigné, le total de points calculé et les conseils de la section précédente assimilés, revoyez vos notes et cherchez les domaines qui ont plombé votre score. Étudiez les énoncés avec lesquels vous n'êtes pas du tout d'accord. Si vous êtes tout à fait accord avec la plupart des énoncés, regardez ceux pour lesquels votre accord n'est pas total.

Vos scores peuvent vous servir à créer votre profil personnel de confiance. Il est donc important d'y réfléchir. Par exemple, vous n'êtes peut-être pas tout à fait sûr de ce qui est le plus important dans votre vie ou vous culpabilisiez à la moindre erreur commise. Ou bien vous ne consultez jamais les autres ou vous vous sentez seul et abandonné. Tous ces faits influent sur votre confiance et votre faculté de passer à l'action.

Les chapitres qui suivent vont vous donner des conseils et des pistes pour résoudre tous ces problèmes. Utilisez le sommaire et le résumé situé au début de chaque chapitre pour trouver les domaines susceptibles d'accroître de manière significative et rapide votre confiance.

Truc

Il s'agit d'un exercice simple destiné à vous mettre le pied à l'étrier et à vous fournir d'emblée une marge de progression. Vous pouvez utiliser ce test pour surveiller l'évolution de votre confiance.

Connaître ses forces

L'écrivain américain Mark Twain a dit que chacun de nous avait l'étoffe nécessaire pour atteindre les objectifs qu'il se fixe et réaliser les rêves qu'il possède, quels qu'ils soient. Ce qu'il nous manque, c'est la sagesse et la perspicacité pour utiliser ce que nous avons déjà.

L'une des caractéristiques essentielles des personnes qui ont confiance en elles est leur haute estime de soi : elles ont une opinion positive d'elles-mêmes. Cela signifie qu'elles savent comment s'aimer et connaissent les domaines dans lesquels elles excellent. Cette prise de conscience renforce leur résistance et leur faculté de relever des défis plus difficiles.

Votre capacité de prendre des mesures appropriées et efficaces peut être affectée par différents éléments de votre vie apparemment sans lien direct avec la tâche à accomplir. Vos valeurs en sont une parfaite illustration. Votre confiance est susceptible de vaciller si les domaines dans lesquels vous excellez ne vous importent pas. Tout laisse à penser que, si vous accordez de l'importance à ces domaines de prédilection, vous manifesterez probablement une grande confiance dans ces situations. Si les domaines dans lesquels vous n'êtes pas bon sont importants à vos yeux, vous ne vous sentirez pas très confiant, même si vos amis vous rassurent en vous disant que cela ne constitue pas un problème.

Pour se forger une confiance, il faut avoir conscience de ses forces. Si vous êtes bon en musique, ne vous culpabilisez pas parce que vous ne deviendrez jamais un joueur de rugby international. Lancez-vous des fleurs, entraînez-vous à accepter des compliments pour tout ce que vous réussissez et appréciez de voir cette opinion confortée par le comportement des autres. Respectez-vous et vous serez respecté et honoré par les autres.

N'oubliez pas

Pour renforcer votre confiance, vous devez vous concentrer sur ce que vous savez faire et non essayer de vous transformer en une personne que vous n'êtes pas. Vous devez également vous libérer des pensées négatives néfastes concernant vos défauts ou les péripéties de votre vie (voir chapitre 2).

Voici une expérience qui vous permettra d'intégrer dans votre corps une manière d'aborder les conseils de ce livre et d'utiliser en général votre énergie à bon escient :

Exemple

1. Le corps très tendu, les mâchoires crispées, faites une pince avec votre pouce et votre index. Demandez à un ami de séparer votre pouce de votre index à l'aide de ses deux mains. Il y parvient normalement assez facilement, même si vous êtes très musclé. Poursuivez l'expérience...
2. Bien « enraciné » dans le sol tel un arbre, mais flexible comme un roseau, respirez avec votre ventre sans hausser les épaules. Faites de nouveau la pince en mettant votre énergie exclusivement entre le pouce et l'index. Votre ami réitère le geste de séparer le pouce de l'index. Que se passe-t-il ? Il n'y arrive pas ? Qu'en concluez-vous ? C'est détendu et concentré que vous êtes le plus efficace ! À bon entendeur...

Commencer par fêter ses talents

Chacun a ses centres d'intérêt et ses points forts. La première étape dans le renforcement de votre confiance est donc de connaître les choses que vous faites bien et de partir de ce constat. L'heure est venue d'admettre vos qualités et de créer votre réserve de talents. Utilisez le tableau 1-3 de la page suivante pour lister ce que vous réussissez, à la fois dans votre vie professionnelle et personnelle. Indiquez la période pendant laquelle vous avez exploité ces habiletés et talents.

Nous souhaitons que vous preniez pleinement conscience de vos forces. Il est trop facile de considérer vos talents comme banals et de partir du principe que tout le monde les possède également. Ce n'est pas vrai. Vous avez des aptitudes qui vous sont propres, à savoir des caractéristiques qui vous distinguent des autres. Si vous connaissez vos talents, savez quand et dans quel contexte vous les utilisez, vous pourrez alors choisir de répéter leur exploitation pour renforcer votre confiance.

Le tableau 1-2, également en page suivante, vous donne une idée des forces que vous pouvez inclure dans votre propre inventaire.

1-2 Un exemple d'inventaire de forces.

Ce que je fais bien	Quand j'étais au meilleur de moi-même	Mesures que je peux prendre pour favoriser l'expression de ce talent
Au travail		
Chef déterminé au sein d'une centrale électrique.	J'ai postulé à une promotion.	Vouloir me charger des relations avec la presse.
Actif et réactif lors des réunions de l'équipe.	J'ai suggéré une nouvelle organisation des équipes qui a été adoptée.	Faire part de mes suggestions au patron.
À la maison		
Raconter des blagues qui font rire tout le monde.	Discours au mariage de mon frère.	Rassembler des histoires drôles pour l'interlude comique du centre artistique.
Améliorations de la maison : je fais toujours des réparations ou des aménagements dans la maison.	Nouvelle salle de bain que j'ai installée tout seul en l'espace de six week-ends.	Me mettre d'accord avec ma femme sur une liste de projets de bricolage.
Entraîner l'équipe de football de Bruno.	Les meilleurs résultats en dix séances. Grosse concurrence aux différents postes.	Faire monter l'équipe de l'école dans la division supérieure.

Maintenant, indiquez vos propres forces et talents dans le tableau 1-3.

1-3 Un exemple d'inventaire de forces.

Ce que je fais bien	Quand j'étais au meilleur de moi-même	Mesures que je peux prendre pour favoriser l'expression de ce talent
Au travail		

Ce que je fais bien	Quand j'étais au meilleur de moi-même	Mesures que je peux prendre pour favoriser l'expression de ce talent
À la maison		

Décidez quels talents vous souhaiteriez développer et quelle mesure vous pouvez prendre pour favoriser chacun de ces talents utiles.

Une fois votre liste d'actions créée, ne la mettez pas dans un tiroir pour l'oublier jusqu'à l'an prochain. Fixez-vous plutôt un calendrier des choses à faire à court terme (la semaine ou le mois prochain) et celles à accomplir à plus long terme. Le chapitre 3 vous donne des conseils pour définir les étapes qui vous mèneront vers la réalisation de vos objectifs.

Recueillir l'avis des autres

Recueillir l'avis des autres est un moyen rapide et efficace de renforcer sa confiance. Mis à part l'évaluation de votre travail, vous n'avez peut-être pas l'habitude de demander aux autres leur avis sur votre comportement, et vous serez peut-être surpris de tout ce que cela vous apprend sur vous-même. Très souvent, les gens n'ont pas conscience de leurs points forts. « Comment, tout le monde ne sait pas faire ça ? » demandent-ils. La plupart ont tendance à être impitoyables dans leur autocritique, et un jugement positif de leurs proches peut devenir merveilleux. L'opinion d'une autre personne peut vous aider à prendre conscience de ce que vous réussissez et à découvrir des talents cachés.

Exemple

Demandez à six personnes qui vous connaissent depuis assez longtemps si elles seraient prêtes à vous dire ce qu'elles pensent de vous. Choisissez-les parmi vos différents cercles sociaux : famille, amis, collègues de travail et personnes qui vous côtoient à l'église, dans un club de sport, etc. Posez-leur les questions suivantes :

- » Qu'est-ce que je fais bien ?
- » Quand m'as-tu vu au meilleur de moi-même ?
- » Dans quel domaine devrais-je en faire plus ?
- » Dans quel domaine devrais-je en faire moins ?
- » Pour quelles choses peux-tu compter sur moi ?
- » Dans quel domaine puis-je m'améliorer ?

Une fois tous les avis recueillis, recherchez les thèmes et tendances et réfléchissez à des façons de les insérer dans vos objectifs et stratégies de développement. Si plusieurs personnes vous disent la même chose, il est probable qu'il y ait une part de vérité dans leur réponse, et cela vaut la peine d'en tenir compte. (Un commentaire négatif et étrange de vos proches peut s'avérer moins utile et concerner leurs besoins plutôt que les vôtres, vérifiez-le.) Vous devez ensuite veiller à mettre l'accent sur les aspects positifs, à vous améliorer et à laisser tomber le reste. Par exemple, si vous avez un talent particulier, trouvez le moyen d'en parler aux autres et de l'exploiter plus souvent. Envisagez de déléguer des tâches ou de changer vos habitudes lorsque les autres estiment que vous devriez en faire moins.

N'oubliez pas

Il s'agit de l'avis de quelques personnes. L'essentiel est d'en tirer un enseignement qui vous convienne. Écoutez ces avis, prenez ce qui vous aide dans le renforcement de votre confiance et laissez le reste.

Note technique

Si cette approche vous intéresse, demandez à votre employeur le financement d'une évaluation à 360 degrés par un cabinet spécialisé dans cet outil.

Imaginer sa vie rêvée

La confiance est presque entièrement une question de perception. Très peu de personnes sont totalement confiantes dans chaque domaine de leur vie. Celles qui affichent ce genre de confiance jouent probablement très bien la comédie, avec elles-mêmes et avec les autres.

Imaginez-vous titulaire d'un doctorat de confiance. Pensez un instant comme votre vie serait différente si vous aviez étudié cette matière, en aviez tiré des enseignements et si vous étiez extrêmement confiant, capable de marcher à plein régime.

Exemple

Asseyez-vous dans un endroit calme et réfléchissez pendant dix minutes. Imaginez-vous avec votre superconfiance flambant neuve. Pensez à un événement à venir au cours duquel vous aimeriez être extrêmement confiant, animé d'une foi du genre « je peux conquérir le monde ». Relevez les indices suivants :

- Où êtes-vous et qui se trouve en votre compagnie ?
- Que faites-vous ?
- De quels talents et habiletés êtes-vous doté désormais ?
- Quels sont vos sentiments et réflexions ?
- Qu'est-ce qui est vraiment important pour vous concernant cette nouvelle confiance ?
- Que feriez-vous si vous vous saviez incapable d'échouer ?

Ajustez l'image qui se dégage pour qu'elle vous convienne. Gardez-la en vous et savourez-la de façon à pouvoir la faire ressurgir quand vous le souhaitez.

Truc

La visualisation implique de se concentrer sur ce que vous souhaitez qu'il vous arrive dans la vie et d'imaginer ces événements en train de se produire. Discipline mentale simple, cet exercice peut néanmoins avoir des effets spectaculaires. Il s'agit d'un puissant outil de motivation qui vous aidera à faire grimper votre confiance au firmament.

Prêter attention à l'essentiel

En devenant plus confiant, vous commencez à prêter plus attention à ce qui vous importe dans la vie, au lieu de céder aux pressions de votre entourage. Quand vous aurez lu cet ouvrage, nous souhaitons que vous sachiez très clairement ce qui est important pour vous et que vous ayez décidé à quoi consacrer votre temps et votre énergie pour aller de l'avant.

Commencez dès maintenant en répondant à une question très simple : qu'est-ce qui est vraiment important pour vous dans votre vie actuelle ? Par exemple, être amoureux ou entouré d'une famille unie, réussir votre carrière, à moins que votre santé ne soit votre priorité n° 1. Vous avez peut-être un objectif bien précis en tête : courir un marathon ou vous marier.

Écrivez votre réponse et faites-en la priorité de vos muscles générateurs de confiance.

Découvrir sa confiance

Vous êtes peut-être curieux de savoir quel niveau de confiance vous êtes capable d'atteindre. C'est la question que se posent régulièrement les PDG et personnalités des médias les plus compétents et expérimentés. Les individus qui réussissent cherchent à repousser leurs limites.

En fait, vous disposez d'un énorme potentiel, mais c'est vous seul qui en limitez son exploitation. Vous devez en prendre conscience. Gandhi a dû surmonter sa grande timidité pour affronter l'injustice du monde afin de libérer son peuple. Plus vous êtes en phase avec ce qui a de l'importance pour vous, plus vous êtes fidèle à votre moi le plus confiant.

Souvent, les gens se sentent dans la peau d'un imposteur lorsqu'ils prennent un poste à responsabilités supérieur à celui qu'ils occupaient auparavant. Si vous avez ce sentiment, n'oubliez pas que votre entreprise vous a choisi pour ce poste parce qu'elle pense que vous y serez performant. Vouloir tout savoir du jour au lendemain n'est pas un objectif réaliste. Les personnes qui vous invitent à vous joindre à elles savent que vous apporterez quelque chose et souhaitent travailler avec vous.

Tout le monde ne souhaite pas ou n'a pas besoin d'être un grand dirigeant sur la scène internationale, mais vous pouvez vous imaginer comme le chef de votre propre univers. Vous pouvez faire figure d'exemple. Penchez-vous sur ce qui va peut-être de soi à vos yeux. Vous avez appris à faire du vélo, à conduire une voiture, à vous servir d'un ordinateur ou à rénover votre maison. Quand vos aptitudes et votre compétence augmentent, vous disposez d'une confiance accrue pour relever des défis plus importants.

Aujourd'hui, vous considérez peut-être comme un jeu d'enfant une tâche qui vous semblait difficile il y a cinq ans. L'apprentissage de nouvelles compétences est donc un processus qui implique différentes étapes décrites par A. Maslow et qui peuvent se résumer de la façon suivante :

Incompétent Inconscient	Incompétent Conscient	Compétent Conscient	Compétent Inconscient
Je ne sais pas que je ne sais pas conduire	Je réalise que je ne sais pas conduire	La pratique me fait prendre conscience de ma compétence	Je conduis. C'est une habitude
Ma performance a un niveau minimum	Ma performance baisse. Il y a un écart entre performance et attente	Ma performance s'améliore	En phase de plateau, de nouveaux challenges permettent de progresser

N'oubliez pas

Soyez à la fois votre partisan et votre critique. Vous avez peut-être l'art de vous mener la vie dure en vous comparant aux autres sous un jour défavorable : « Je ne serai jamais aussi bon que… » Se comparer aux autres est très utile, car cela vous aide à être bon et à vous améliorer, comme un Tiger Woods en herbe dans le domaine du golf, par exemple. Mais ne gaspillez pas votre énergie à vous culpabiliser parce que vous n'avez pas le niveau d'un spécialiste qui passe chaque jour de sa vie à s'entraîner.

Vous avez une place importante ici-bas, et vous pouvez apporter plein de choses. Coaching et soutien de différentes natures peuvent vous aider à vivre à un niveau optimal. Commencez par partir du principe que vous allez réussir et entourez-vous de personnes qui vous respectent et soutiennent votre développement.

Alors, qui êtes-vous en fait ? C'est à vous de choisir le personnage que vous souhaitez devenir, comme vous vous en rendrez compte si vous suivez votre voie. Comme le dit Gandhi : « Vous devez être le changement que vous voulez voir dans ce monde. »

Se préparer à passer à l'action

Quand allez-vous commencer ? Vous nous accorderez, nous l'espérons, qu'il n'y a pas de meilleur moment que l'instant présent. La confiance démarre ici et maintenant. Eh oui ! cela veut dire aujourd'hui même, pas lundi après les excès du week-end !

N'oubliez pas

Seule l'action fera rentrer votre confiance dans le muscle !

Donner naissance à votre nouveau moi confiant signifie adopter une nouvelle mentalité positive et vous débarrasser de tous vos doutes, ce que les prochains chapitres vont vous aider à faire. Par conséquent, avant d'entamer votre voyage vers la pleine confiance, faites le point et posez-vous les questions suivantes :

- Suis-je prêt à opérer ce changement et à devenir plus confiant ?
- Qu'est-ce que je vais y perdre ou y gagner ?

Après la satisfaction d'avoir formulé des réponses positives, même si cela vous fait un peu peur, vous êtes prêt pour la prochaine étape de votre périple.

Truc

Si une partie de vous est vraiment trop effrayée par ce changement, elle a peut-être une bonne raison. Réfléchissez-y et, si cela vous inquiète, surveillez votre bien-être physique et mental en faisant appel à votre famille, voire à un professionnel de la santé.

Définir ses intentions

Au moment où vous entamez votre voyage, nous aimerions définir nos intentions à votre endroit, cher lecteur, et nous vous invitons à faire de même. Voici notre engagement :

Nous nous engageons à vous apporter tout notre soutien et à vous transmettre toutes nos connaissances. Nous sommes persuadés que vous êtes un être humain unique doté de forces qui lui sont propres. Nous savons également que vous obtiendrez les meilleurs résultats en étant gentil et honnête avec vous-même et que, si vous suivez et mettez en pratique les conseils et idées fournis dans ce livre, vous vous façonnerez un moi plus confiant que vous pourrez afficher dans votre vie.

Maintenant, nous vous demandons de déclarer vos intentions à voix haute, de les répéter trois fois avec une détermination de plus en plus forte :

Je m'engage à renforcer ma confiance d'une façon qui me convienne en me considérant avec respect comme un être humain unique. Je serai honnête et gentil avec moi-même lors de ce voyage vers le meilleur moi que je suis capable d'atteindre. Je promets de prendre du plaisir lors de ce périple.

Admettre les avantages et les inconvénients du changement

Tout changement a ses bons et mauvais côtés. Vous pouvez vous concentrer sur les inconvénients et dire que vous êtes menacé par ceux de votre entourage qui ne veulent pas que vous deveniez plus confiant. Le changement vous fait peut-être peur. Vous prenez peut-être de gros risques et vous vous exposez aux critiques et aux sarcasmes. Et alors ? Le pouvoir du changement l'emporte largement sur les aspects négatifs. Regardez autour de vous et demandez qui a la meilleure vie : la personne confiante ou la personne timide ? Les personnes confiantes profitent, prennent plus de plaisir, sont plus libres et se délectent à vivre de nouvelles expériences. Elles foncent, découvrent, ont un grand appétit de vivre. Elles adorent la puissance qui se dégage de cet état de confiance qui leur permet de faire ce que de nombreux membres de leur entourage n'osent pas accomplir.

Voici quelques conseils pour voguer sur les vagues et amortir les secousses du changement :

- **Pliez les jambes quand la route est cahoteuse.** Restez déterminé et adaptez votre approche.
- **Envisagez le pire scénario.** Affrontez-le (il n'est généralement pas si mauvais que cela) et attendez-vous à ce qu'une éclaircie arrive. Généralement, elle surgit. Demandez-vous : qu'en sera-t-il dans une semaine, un mois, un an ?

Voir à long terme dissipe généralement l'anxiété. Bienvenue à bord du train de la confiance et bon voyage !

Chapitre 2

Identifier ses points faibles

DANS CE CHAPITRE :

» **Savoir quand sa confiance naturelle est attaquée**

» **Identifier les éléments qui affaiblissent et génèrent des blocages**

» **Découvrir de nouvelles manières de sortir de son inertie**

Respirer la confiance en soi est un peu comme être riche. À l'instar de l'argent, la confiance ne devient un problème que lorsqu'elle vient à manquer. Il vous est probablement déjà arrivé de prendre soudain conscience de votre confiance parce que vous l'avez perdue. Vous n'y prêtez pas attention lorsqu'elle afflue et présente cet éclat chaud et agréable, véritable arme à relever les défis.

Maintenant, nous ne vous disons pas que la vie doit être parfaite en permanence. Ce serait d'ailleurs complètement irréaliste. Attendez-vous à rencontrer des obstacles sur votre route : des moments où vos plans, espoirs et rêves sont mis à mal et où vous avez l'impression de patauger.

L'art de développer sa confiance consiste à minimiser les épisodes de perte de confiance et à faire disparaître rapidement les causes de ces temps faibles.

Ce chapitre vous dit comment emprunter les itinéraires les moins marécageux. Nous vous montrons comment affronter les événements difficiles de façon que vous voyiez la vie en rose. Il se peut que vous viviez des moments délicats, et c'est en les affrontant que vous tirerez des leçons de la vie.

Vous allez très bientôt être prêt à envisager votre prochaine destination. Pour l'heure, concentrez-vous et préparez-vous à sauter les obstacles. Le moment est venu d'être plus décidé, de vous engager à changer et à assumer les résultats obtenus.

Creuser jusqu'à la racine du mal

Il s'agit de creuser profond jusqu'au cœur de votre blocage. Vous n'avez peut-être pas pleinement conscience de l'obstacle en question, mais les indices figurent dans ce que vous dites et la façon dont vous décrivez votre expérience. Vous vous êtes déjà surpris à dire des phrases telles que « cela m'est *impossible* de quitter mon travail » ou « j'aurai *toujours* des problèmes parce que je n'ai pas fait la bonne école », ou « ils ne me choisiront *jamais* pour le poste, car tout le monde sait qu'ils cherchent quelqu'un de plus jeune / de moins gros / un comptable / un créatif / une femme / un homme », etc. ?

De telles déclarations ne sont pas fondées sur la réalité mais sur votre perception de celle-ci. En fait, il s'agit tout simplement de vous faire peur. Ces généralisations vous freinent et épuisent votre confiance dans votre capacité d'aller de l'avant, quelles que soient les aventures qui se profilent à l'horizon. Elles ont le même effet négatif sur votre entourage.

N'oubliez pas

Vous finissez par vivre votre monde de la façon dont vous le décrivez. Comme le dit la célèbre citation d'Einstein : « La question la plus importante à se poser est la suivante : l'univers est-il un endroit hostile ou accueillant ? » Si vous décrivez un monde hostile, alors cela correspond à ce que vous vivez. La vie devient un cauchemar si vous l'imaginez ainsi. Ceux qui voient la réalité sous un jour sombre souffrent le plus de stress, d'anxiété et de dépression, autant d'états qui empêchent de vivre sa vie avec confiance.

Quand vous recréez une réalité avec plus de confiance, écoutez vos propres mots. Remarquez si vos descriptions comprennent des mots tels que *toujours, jamais, tout le monde, rien, totalement, impossible*. Remplacez-les par des mots plus libérateurs tels que *je choisis de, parfois, peut-être, presque.*

FAIRE ABSTRACTION DE SON PASSÉ

À l'âge de 8 ans, le rêve secret de Guillaume était de devenir danseur classique, et il passa une audition dans une école de mime. Quand le professeur de musique de l'école le recala à la suite d'un entretien symbolique, Guillaume l'entendit dire à un collègue : « Je ne pourrais jamais engager un gros dans l'une de mes productions. »

Malgré les propos désagréables du professeur, Guillaume continua de maigrir et de poursuivre son rêve à la Billy Elliot. Il connut ensuite une superbe carrière internationale de danseur, avant de travailler dans le monde des affaires.

Arrêter la machine à reproches

Vous savez quelles personnes de votre entourage ont tendance à pleurnicher et à multiplier les reproches. Pour vous protéger, vous essayez probablement de les fuir comme la peste ou de passer un minimum de temps avec elles. Lorsque vous êtes bloqué en « mode reproches », les personnes positives commencent à vous éviter et vous finissez par nouer des liens d'amitié avec ceux qui renforcent votre propension à vous plaindre, afin de disposer d'une oreille attentive pour vos pleurnichages et geignements.

La machine à reproches est néfaste pour aller de l'avant et favoriser la réussite. Les reproches limitent vos choix et vos résultats. Vous rejetez les fautes sur les autres au lieu d'assumer la responsabilité des résultats obtenus. Vous attendez qu'on fasse les choses à votre place.

Dans le monde des affaires, les entrepreneurs à succès ne passent pas leur temps à faire des reproches aux autres ou à se trouver des excuses : ils font tout ce qui leur est possible pour opérer les changements nécessaires. Ils font en sorte de changer les choses sans attendre des autres qu'ils les sortent d'affaire.

Exemple

Cet exercice du perroquet sur l'épaule peut vous aider à changer votre point de vue et à devenir plus objectif sur vos choix et comportements.

Imaginez que vous soyez capable d'observer tous vos comportements, à savoir tout ce que vous dites et faites. C'est comme si vous aviez un perroquet sur l'épaule. Remarquez les fois où vous estimez que les agissements des autres sont responsables d'une situation et où vous vous trouvez des excuses. Écoutez ensuite le perroquet vous dire : « Que vas-tu *choisir* de faire maintenant ? »

Votre objectif est d'arrêter la machine à reproches et de démarrer la machine à choisir et à agir. Le fait de choisir le résultat final peut transformer votre univers et vous ouvrir de nouveaux horizons. Vous détournez votre attention de ce qui n'a pas marché pour la porter vers ce que vous voudriez qu'il advienne. Vous optez pour une position active et positive au lieu d'attendre et de vous mettre sur la défensive. Deux indicateurs-clés de la confiance sont la conscience de soi et la souplesse de comportement. Grâce au perroquet imaginaire, vous pouvez progresser dans ces deux domaines.

Redéfinir son rôle au sein de la famille

Les relations familiales sont dynamiques : elles changent avec le temps. Une partie de la confiance réside dans la faculté d'admettre qu'il est tout à fait naturel de voir ses relations avec ses parents, frères et sœurs et le reste de la famille évoluer avec l'âge. Ce n'est pas parce que votre grand frère vous disait quoi faire quand vous aviez 8 ans qu'il a le droit de continuer vingt ans après. Ce n'est pas non plus un prétexte pour glisser dans une relation enfantine et néfaste avec lui.

Vous pouvez très bien vous apercevoir qu'avec votre famille, vous vous attachez à un modèle de comportement qui n'est plus adapté à la personne confiante que vous souhaitez être aujourd'hui. Il se peut que vous teniez votre langue au lieu de dire ce que vous pensez.

N'oubliez pas

Vous pouvez choisir votre comportement avec les autres et conditionner ainsi les résultats à venir.

L'exercice suivant va vous aider à modifier la dynamique de vos relations familiales grâce à l'observation de la situation actuelle, puis au choix de votre comportement. Il va vous permettre de vous assumer, surtout si vous vous sentez prisonnier de mauvaises habitudes.

Anecdote

ÊTRE UN ENFANT DE 50 ANS

À 50 ans, Michel semble être un homme mûr qui a confiance en lui. Il occupe un poste de maître de conférences dans une prestigieuse université britannique et il a publié des travaux universitaires d'excellent niveau. La majeure partie de l'année, il est brillant et drôle, mais tout change quand ses parents viennent séjourner chez lui pour Noël.

Au fil des ans, les compagnes vivant chez lui se sont succédé, et elles ont toutes été effarées par son changement de comportement quand son père et sa mère lui rendent visite. Michel redevient un « gentil garçon » qui essaie de faire plaisir à ses parents en faisant preuve de fausse modestie. Chaque fois, la petite amie du moment est évincée de la chambre principale, reléguée dans une chambre d'amis et traitée comme un visiteur occasionnel. Michel pense que ses parents n'accepteront pas cette liaison et prétend qu'il est célibataire. Il se comporte comme s'il était chez ses parents et fait preuve d'un manque de maturité émotionnelle qui l'empêche d'être lui-même, refusant d'accepter sa vraie situation par peur de froisser ses parents.

Il ne faut donc pas s'étonner si Michel a passé de nombreux réveillons du nouvel an sans aucune note de romantisme.

Une réelle prise de conscience de sa difficulté et un peu d'aide extérieure d'un professionnel lui permettront vraisemblablement d'envisager de belles nuits de Noël...

Exemple

Pensez à une personne de votre famille (y compris votre belle-famille ou les enfants de votre conjoint) avec qui vous souhaiteriez avoir de meilleures relations. Procédez comme suit :

1. **Décrivez vos relations actuelles avec cette personne.**

   Indiquez les situations que vous trouvez les plus difficiles. Pensez à ce que vous aimeriez changer de façon à avoir des rapports plus respectueux, amicaux et aboutis avec cette personne.

2. **Rédigez une seconde version indiquant la tournure que vous voudriez que cette relation ait prise dans trois ans.**

   Écrivez-la au présent, comme si le changement avait déjà eu lieu. Ajoutez un maximum de détails afin de visualiser la nouvelle histoire avec des dialogues et vos nouveaux sentiments.

3. **Comportez-vous comme si vous aviez déjà développé ou modifié cette relation.**

   Promettez-vous que la prochaine fois que vous rencontrerez cette personne, vous vous souviendrez de votre nouvelle histoire. En visualisant l'avenir, comport ez-vous comme si le changement désiré s'était déjà produit.

Tirer parti de ses expériences

Sam vient de laisser tomber son magasin de matériel informatique pour enseigner le yoga à plein temps. Il a cette force intérieure presque tangible de tant de yogis et autres spécialistes des arts martiaux, une énergie très centrée. Un jour, à la fin d'un cours, il dit que rien ne le décontenançait depuis qu'il avait fui les atrocités perpétrées en Ouganda lorsqu'il avait 15 ans. Il quitta sa famille et fut envoyé seul au Canada pour retrouver une connaissance qui l'aida à trouver un logement.

Même si les coups durs que vous connaissez ne sont pas aussi terribles que ceux de Sam, le fait de vous en sortir forge votre confiance. Ces périodes difficiles façonnent votre résistance et vous endurcissent pour affronter le prochain obstacle.

Exemple

Dans le tableau 2-1, vous allez pouvoir énumérer certains des coups durs que vous avez vécus et indiquer en quoi ils ont été bénéfiques. Il n'est pas nécessaire que vos épreuves atteignent le cas extrême de Sam.

2-1 Vos coups durs.

Coups durs	Obstacles à surmonter	Avantages	Comment exploiter les avantages
L'exemple de Sam :			
Expulsion de son pays natal	Séparation familiale Problèmes financiers	Confiance en soi Indépendance Résistance	Oser se lancer dans de nouveaux projets Poursuivre ses rêves personnels

Coups durs	Obstacles à surmonter	Avantages	Comment exploiter les avantages
Votre exemple 1 :			
Votre exemple 2 :			
Votre exemple 3 :			

Balayer les aspects négatifs

Le moment est venu de faire un grand nettoyage de printemps. Commencez par affronter ce qui détruit votre confiance. Nous sommes persuadés que vous êtes né plein de confiance et que, au fil du temps, vous avez laissé les gens et les circonstances entraver votre progression.

Exemple

Travailler ou vivre dans le désordre peut vous pomper de l'énergie. Pour vous sentir bien, prenez immédiatement quinze minutes pour tout ranger. Si vous êtes au travail, rangez votre bureau et videz vos tiroirs. Si vous êtes à la maison, arrangez la pièce dans laquelle vous passez le plus clair de votre temps de façon qu'elle vous plaise. Ça y est, l'obsession du rangement vous a gagné ? Alors, félicitez-vous d'être si bien organisé, allongez-vous et détendez-vous pendant dix minutes.

Façonner sa vie, comme la section suivante vous aide à le faire, est bien plus amusant que de dépenser constamment son énergie à résoudre des problèmes.

S'attaquer aux suppositions néfastes

Vous avez peut-être quelques suppositions ou idées néfastes sur vous-même (c'est le cas de la plupart des gens) qui vous empêchent de ressentir une confiance totale. Vous pensez peut-être que la vie ou votre travail nécessitent des efforts gigantesques et représentent une bataille féroce de tous les instants. Il se peut que vous vous sentiez inférieur aux autres.

Voici des suppositions que nous entendons souvent dans notre cabinet et qui vous rappellent peut-être quelqu'un :

» « Je n'ai pas confiance en moi parce que j'ai arrêté l'école à 15 ans. »

» « C'est facile pour toi d'avoir confiance au bureau parce que tu sais te vendre. »

» « Je n'aurai pas confiance en moi tant que je ne travaillerai pas à temps partiel. »

» « C'est obligé qu'il ait confiance en lui : il a plein de fric. »

» « J'aurai confiance en moi quand j'aurai perdu mes kilos superflus. »

» « Mon patron a une dent contre moi, pas surprenant que je n'aie pas confiance en moi. »

» « Je n'ai pas les bons amis pour pouvoir renforcer ma confiance. »

La plupart de ces commentaires sont empreints de jugements et de comparaisons avec les autres et ne sont pas fondés sur des faits.

L'inconvénient de ces suppositions néfastes, c'est que vous agissez comme si elles étaient vraies et, pour finir, ce sont des prédictions qui se réalisent.

Exemple

Prenez quelques instants pour passer en revue les suppositions qui nuisent à votre confiance et vous empêchent d'aller de l'avant, puis notez par écrit une supposition contraire plus positive.

Par exemple : « Depuis que j'ai 40 ans, je ne me rends jamais avec confiance à un rendez-vous galant. » Transformez cette supposition en : « Maintenant que j'ai 40 ans, je peux demander à n'importe qui, avec une confiance extraordinaire, de sortir avec moi. »

Remémorez-vous régulièrement vos nouvelles suppositions. Pour ce faire, vous pouvez l'insérer dans une affirmation (voir chapitre 20).

N'oubliez pas

Il peut y avoir une part de chance dans n'importe quelle activité, mais, comme vous le diront tous les grands champions, plus vous vous entraînerez, plus vous aurez de la chance.

S'occuper sans être débordé

Si vous aimez la vie, il n'est pas étonnant que votre agenda comprenne de nombreuses activités : tant de personnes à voir, tant de choses à faire ! Mais, pour conserver votre niveau de confiance maximal, vous devez trouver un équilibre entre les moments où vous êtes occupé et les périodes de temps libre. Si vous êtes constamment sur la brèche, vous risquez de ressentir les méfaits d'un certain déséquilibre et allez finir par détruire votre confiance.

N'oubliez pas

Être occupé ne rime pas forcément avec efficacité.

Identifiez les signaux qui indiquent que vous avez atteint vos limites. Les indices suivants vous annoncent que vous allez bientôt être submergé :

- Vous êtes en retard à vos rendez-vous ou vous les oubliez carrément ;
- Vous oubliez souvent ce que vous étiez en train de faire ;
- Vous vous laissez facilement distraire et commencez plusieurs projets sans en finir aucun ;
- Vous perdez des choses telles que vos clés, votre portable ou la liste des courses ;
- Votre maison ou vos papiers au bureau sont en désordre ;
- Vous êtes nerveux ;
- Vous envoyez sur les roses les gens que vous aimez ;
- Vous n'écoutez pas ce qu'on vous dit ;
- Vous mangez mal, tard le soir, ou vous vous nourrissez surtout de sandwichs ;

» Vous annulez au dernier moment des rendez-vous avec des amis ;

» Vous vous faites peur quand vous vous regardez dans le miroir.

Si plus de deux ou trois de ces signaux vous rappellent quelque chose, félicitations ! Vous avez identifié certains symptômes de votre surmenage, et c'est la première étape nécessaire vers le changement.

Faire le point

Si vous avez l'impression d'avoir trop de choses à faire et pas assez de temps pour tout mener à bien, sachez que vous n'êtes pas seul dans ce cas-là. Ensuite, dites-vous bien qu'il existe des solutions.

Exemple

Le meilleur moyen de faire disparaître votre blocage est de vous arrêter et de faire le point, idéalement au début de chaque journée. Pour fixer une priorité à chaque tâche de votre liste, procédez comme suit :

1. **Dressez la liste de tout ce que vous voulez accomplir aujourd'hui.**

   (Si vous êtes bien organisé, vous aurez dressé cette liste la veille au soir.)

2. **Donnez une couleur à chaque élément de votre liste.**

   Rouge pour les **urgences et les problèmes :** des tâches importantes ayant un délai serré, que vous souhaitez accomplir rapidement.

   Vert pour les **plans et perspectives d'avenir :** les activités à long terme importantes auxquelles vous aimeriez vous adonner. Aussi bien des loisirs que des projets d'envergure.

   Bleu pour les **affaires pressantes :** ce que les autres vous poussent à faire mais qui ne figure pas dans votre liste de priorités.

   Jaune pour **l'accessoire :** les bavardages avec les amis et autres activités insignifiantes.

   Votre objectif est d'étoffer la liste de vos plans et perspectives d'avenir (couleur verte) et de réduire la taille des autres. Ce domaine est le plus important, car il vous permet de mettre de l'énergie dans ce qui vous importe et vous évite d'être stressé par les délais ou de vous laisser aller à des activités qui ne figurent pas dans votre liste.

3. **Établissez votre programme du jour :** résoudre certains problèmes de votre liste rouge, préparer le terrain pour vos plans et perspectives d'avenir de votre liste verte et voir combien de choses pressantes (bleu) et accessoires (jaune) vous pouvez éliminer.

Pour l'heure, il est important de prendre conscience du type d'activités généralement le plus présent dans votre emploi du temps. Le code couleurs est un moyen de contrôler rapidement votre efficacité.

Rediriger ses voix intérieures

Pendant des années, j'ai (Kate) entendu une petite voix qui me disait : « Très correct... mais très quelconque. » À l'âge de 7 ans (c'est-à-dire dans l'Antiquité, comme mes filles le disent si gentiment), quand j'étais à la Dulwich Hamlet Junior School, je rédigeai un jour un petit poème. Mon instituteur inscrivit en rouge au bas de la copie ce commentaire qui n'a l'air de rien, probablement lors d'une correction de copies effectuée tard le soir. Il en avait peut-être assez. Il n'avait peut-être jamais voulu devenir instituteur. Ce n'est peut-être pas lui qui a écrit ces mots, mais ils sont restés gravés dans mon esprit. C'était un filtre, une méchante voix intérieure, un vilain petit diablotin qui s'insinuait quand j'étais stressée et qui a sapé ma confiance. « Qui es-tu pour croire que tu es capable d'écrire ? » murmurait-il, même si la rédaction de texte faisait partie intégrante de mon métier.

Avec le temps, ce diablotin a disparu parce que j'ai prêté plus attention aux voix qui me disaient : « Tu peux le faire. Ton travail peut bénéficier aux autres. » Ce changement s'est notamment produit quand je me suis mise à écouter les commentaires réconfortants de diverses sources et quand je me suis décidée à considérer que je valais mieux que ces commentaires couchés sur une feuille. Aujourd'hui, avec du recul, j'admets que mon instituteur avait les meilleures intentions du monde : me pousser à développer mes talents. Je l'en remercie.

Et vos voix intérieures à vous, celles qui résonnent dans votre tête ? Que vous disent-elles sur vous-même ? Nous autres coachs entendons souvent parler des diablotins, éternels jacasseurs, de nos clients, qui nous rapportent : « Ma petite voix me dit : "Tu te prends pour qui, tu vas relever ce défi ? Tu vas être démasqué très vite. Tu es un imposteur. Tu te crois suffisamment bon ? Tu ferais mieux de rester à ta place. Tu n'as pas confiance en toi, alors tu n'as rien à faire là." »

Exemple

Comment dompter ces voix ? Il existe de multiples manières originales de s'attaquer au problème.

- **Imaginez le gentil perroquet sur votre épaule** (celui qui a surgi dans la section « Arrêter la machine à reproches », plus haut dans ce chapitre), programmé avec un message positif qu'il répétera chaque fois qu'il entendra une pensée négative : « J'ai été choisi parce que je suis le meilleur » ; « Je peux le faire » ; « Je suis suffisamment bon » ; « Je vais te montrer ma véritable valeur ».
- **Imaginez les voix négatives sortant de votre lecteur de CD, puis baissez le son jusqu'à ce qu'elles deviennent un murmure et, enfin, pressez doucement sur le bouton arrêt.** Sortez le CD du lecteur, cassez-le et jetez-le à la poubelle.
- **Recherchez l'intention positive de la voix négative.** Découvrez comment elle tente de vous aider. Remerciez-la et dites-lui de partir maintenant qu'elle a rempli son objectif.

Vous *pouvez* vous débarrasser de ces messages indésirables.

Truc

Chaque fois que la voix négative se met en marche, faites systématiquement une tâche que vous détestez effectuer (laver les carreaux, ranger le garage, par exemple), et ceci sans faillir, quelle que soit l'heure. Elle risque de se taire dans les prochains jours ! Confiance...

Découvrir ce qui vide vos batteries

Les personnes confiantes ont de l'énergie positive à revendre et sont déterminées. Elles sont contentes d'elles-mêmes, leur vie les satisfait et leur bonheur est contagieux. Elles savent où elles en sont et où elles vont. Les personnes moins confiantes peuvent épuiser l'énergie de leur entourage. Passez du temps avec elles et vous finirez épuisé. L'idéal est de savoir sélectionner ses amis et de se protéger au quotidien des ondes néfastes de certaines personnes en souffrance.

> *Trois sortes d'amis sont utiles, trois sortes d'amis sont néfastes.*
> *Les utiles : un ami droit, un ami fidèle, un ami cultivé.*
> *Les néfastes : un ami faux, un ami mou, un ami bavard.*
>
> Confucius

Ensuite, vous avez les *situations toxiques*, des moments et endroits qui ne vous conviennent pas. Dans les sections suivantes, nous vous invitons à faire le tour de tous ces éléments nuisibles auxquels vous êtes confronté et à prendre la décision de ne plus les supporter. Vous pouvez vous en débarrasser une bonne fois pour toutes. Vive la liberté !

N'oubliez pas

Pensez également à recharger vos accus. Qu'est-ce qui vous ressource ?

Évaluer son seuil de tolérance

Quand nous avons rencontré Julie pour la première fois, son travail la rendait malheureuse et l'épuisait, ce qui avait provoqué chez elle une perte de confiance en ses compétences techniques. Elle avait été arrêtée pour maladie, souffrant de stress et de dépression, par suite d'un manque de soutien dans son travail, lequel consistait à mener à bien des projets publics dans des délais très serrés. Ses collègues lui donnaient de plus en plus de travail, mais, consciencieuse, elle tenait à respecter les délais imposés bien que totalement irréalisables. Cet environnement toxique la faisait puiser au plus profond de son être, jusqu'à ce qu'elle apprenne à repousser la charge de travail et à se protéger.

Arrêtons-nous un instant et voyons les éléments tolérés qui minent progressivement votre confiance. Dans le tableau 2-2 de la page suivante, vous allez pouvoir classer les choses qui nuisent à votre confiance selon la fréquence à laquelle vous les rencontrez. Passez la liste en revue et cochez une réponse pour chaque élément.

2-2 Définir la fréquence d'apparition des éléments qui sapent la confiance.

Élément	Fréquence			
Travail	**Jamais**	**De temps en temps**	**Fréquemment**	**Toujours**
Débordé / horaires interminables				
Talents non exploités				
Formation insuffisante				
Salaire ou récompense injuste				
Persécution				
Manque de soutien de la part du chef				
Mauvaises conditions de travail, outils inadaptés				
Maison et vie sociale				
Répartition injuste des corvées				
Manque de sécurité financière				
Logement peu attrayant, mal rangé				
Comportement désagréable, état d'esprit négatif				
Bruit excessif				

Élément	Fréquence			
Travail	**Jamais**	**De temps en temps**	**Fréquem-ment**	**Toujours**
Manque de bons moments				
Amis toxiques qui exigent beaucoup				
Mauvaise santé				
Pratique du sport insuffisante				

Regroupez ensuite vos réponses et classez-les par ordre décroissant de dommages infligés à votre confiance.

- » Quel est l'élément qui sape le plus votre confiance et vous épuise le plus ?
- » Quel effet a-t-il sur vous à la longue ?
- » Par exemple, est-ce que cela vous rend malade ? Est-ce que cela détériore vos relations avec les autres ? Cela vous coûte-t-il de l'argent ?
- » Si vous résolviez ce problème, quel bénéfice majeur en retireriez-vous ?
- » Par exemple, si vous rangiez votre fouillis dans votre maison, pourriez-vous recevoir quelqu'un pour une soirée romantique ?
- » Quelle sera votre première mesure ?
- » Au-delà de votre plan général, pensez à ce que vous pourriez faire pour atteindre votre objectif *aujourd'hui*. Faites quelque chose *maintenant*, même s'il s'agit d'un tout petit pas en avant.

N'oubliez pas

Vous n'êtes pas obligé de lutter tout seul. Faites-vous aider par des amis, un mentor à votre travail ou un coach indépendant pour lequel seul votre intérêt est important.

Essayer de répondre aux besoins de tout le monde sauf aux siens

Les personnes occupées ont tendance à se charger de plus en plus de tâches, car elles voient ce qu'il faut faire et savent comment s'y prendre. Cela vous rappelle quelqu'un ?

Il est très tentant d'être par monts et par vaux pour aider tout le monde excepté soi-même. Mais, ce faisant, vous risquez d'épuiser petit à petit votre énergie jusqu'à n'en avoir plus conscience. Vous courez après tout le monde et mobilisez votre énergie à vous faire du souci pour les autres au point que vous en oubliez de vous occuper de vous.

Quand vous commencez à identifier ce qui ronge votre confiance et vous empêche d'aller de l'avant, voici une question essentielle à vous poser : comment savoir que mes besoins sont satisfaits ?

Pour répondre à cette question, étudiez votre vie et vérifiez si vous dormez bien toutes les nuits, si votre alimentation est équilibrée, si vous nouez des relations, si vous aimez votre travail et si vous avez le temps de vous consacrer à des loisirs, de sortir et de faire du sport, de rire. Si ce n'est pas le cas, vous passez peut-être trop de temps à vous occuper des autres.

Exemple

À la fin de la journée, vérifiez si vous avez fait quelque chose de bénéfique pour vous-même en plus d'aider les autres. Si ce n'est pas le cas, inscrivez-le au programme de demain.

N'oubliez pas

Les personnes les plus confiantes sont généreuses envers les autres mais aussi envers elles-mêmes. Elles ont une estime de soi élevée, savent qu'elles doivent penser à leur vie et à leur programme aussi bien qu'à ceux des autres.

S'aimer soi-même est le début d'une histoire d'amour qui durera toute une vie.

Oscar Wilde

PARTIE 2
PRÉPARER SON ARSENAL

« JE RECHERCHE QUELQU'UN QUI M'AIMERAIT POUR L'IMAGE QUE J'AI DE MOI-MÊME. »

DANS CETTE PARTIE...

Vous découvrirez comment passer à l'action quand votre motivation est mise à rude épreuve. Vous serez invité à vous mettre en phase avec les idées et objectifs qui vous font avancer et à mieux comprendre vos valeurs les plus profondes. En apprenant à vivre avec les fluctuations de votre humeur, vous plongerez dans l'univers des émotions. Chose essentielle : vous en saurez plus sur vos passions, ce qui vous permettra d'entrer dans la lumière et de vous lancer dans la réalisation de vos rêves.

Chapitre 3

Planifier son itinéraire

DANS CE CHAPITRE :

- » **Choisir sa voie**
- » **Choisir et exploiter des modèles**

Si on ne connaît pas exactement les caractéristiques de l'œuvre à créer, il est plus difficile de la réaliser. Et cela vaut également pour la confiance. Dans ce chapitre, vous allez explorer en détail le moi plus confiant que vous voulez devenir et définir les actions à entreprendre pour y parvenir.

Savoir où aller

Le voyage est un retour vers l'essentiel.

Proverbe tibétain

De nombreux ouvrages sur le développement personnel expliquent de multiples techniques pour vous aider à atteindre vos objectifs. Ces méthodes vont des outils très pratiques utilisés par les chefs de projet professionnels aux méthodes plus ésotériques consistant à établir un calendrier et peupler votre inconscient de visions et sentiments. Mais toutes ces techniques ont un point commun : vous devez savoir ce que vous voulez accomplir ou connaître l'endroit où vous souhaitez aller.

Ça vous rappelle quelque chose ? Vous seriez surpris de découvrir le nombre de personnes qui ressentent la nécessité d'emprunter un autre chemin, sans avoir une idée claire de la direction à prendre. Vous savez qu'il vous faut apporter quelque chose de nouveau dans votre vie, mais vous n'avez pas encore découvert exactement ce dont il s'agit. Et vous éprouvez un sentiment d'insatisfaction face au statu quo ou l'impression de vous sentir capable de réaliser bien plus de choses. Cela allait jusqu'à présent, mais, pour prendre en main votre vie, certaines décisions s'imposent.

N'oubliez pas

Savoir précisément et en détail où vous voulez aller et pourquoi cette destination est importante pour vous est absolument essentiel pour accomplir vos rêves et avoir confiance dans le monde qui vous entoure.

Déterminer ses domaines de prédilection

Outil utile pour définir les domaines à prendre en compte, la roue des talents est très souvent utilisée par les coachs d'entreprise et les personnels du monde entier. La figure 3-1 vous donne un exemple de roue. À vous ensuite de choisir vos catégories et votre notation.

3-1 Un exemple de roue des talents.

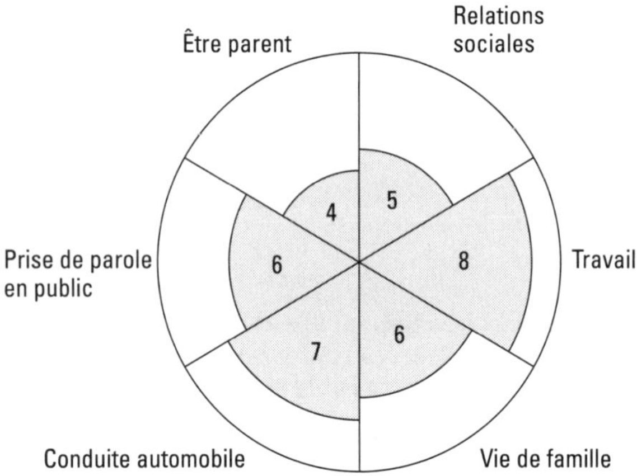

Pour construire votre propre roue des talents, procédez comme suit :

1. **Dressez une liste des domaines de votre vie dans lesquels la confiance joue un rôle prépondérant.**

   Cette liste doit comprendre des éléments tels que les relations sociales, le travail, la vie de famille, etc.

Vous pouvez choisir librement le nombre d'éléments, mais six ou huit est généralement un bon nombre. Il s'agira donc des domaines sur lesquels vous travaillerez afin d'améliorer votre confiance en vous d'un point de vue général.

2. **Fixez-vous une note sur 10 pour chaque domaine, 10 correspondant au niveau de confiance maximal.**

   Cette note correspond au niveau de confiance généralement éprouvé par rapport au niveau souhaité.

   Par exemple, d'une manière générale, vous vous sentez peut-être confiant dans votre travail et vous vous attribuez une note de 8/10, alors que, concernant votre vie sociale, votre confiance est moindre et vous ne vous donnez que 4/10.

3. **Dessinez un grand cercle sur une feuille et divisez-le en plusieurs quartiers, selon le nombre de domaines figurant sur votre liste. Nommez ensuite chaque segment afin de représenter les domaines dans lesquels vous souhaitez développer votre confiance.**

4. **Dessinez une ligne pour matérialiser la note donnée à l'étape 2.**

   Si la note est de 5/10, placez la ligne à mi-chemin entre le centre du cercle et le bord du segment. Il est inutile de faire preuve d'une précision absolue, l'idée est de créer une représentation visuelle de votre confiance dans les domaines les plus importants de votre vie.

La roue des talents obtenue vous permet de comparer les différents domaines de votre vie, de ceux dans lesquels vous avez le plus confiance à ceux dans lesquels votre confiance est à son niveau minimal. Elle peut vous servir à rétablir un certain équilibre et à mettre en évidence les sphères sur lesquelles vous devez avant tout vous concentrer. Ces informations sont utiles pour se fixer des objectifs et comprendre la confiance ressentie face à une nouvelle situation. Globalement, votre roue des talents vous donne également une indication du degré d'équilibre ou de déséquilibre des divers domaines de votre vie en termes de confiance. Vous obtenez ainsi une idée précise des domaines à traiter en priorité.

Grâce à cette connaissance de vous-même, vous pouvez tracer un itinéraire jusqu'à votre destination. Elle est indispensable.

Définir les étapes de son voyage

Les chapitres de ce livre vous aident à bien comprendre vos valeurs et votre but dans la vie. À ce stade où votre but dans la vie commence à se dessiner, quelques domaines à améliorer ou changer suffisent.

Le *modèle SMART* est un système très prisé et facile à utiliser pour matérialiser ce changement. Il vous suffit d'appliquer les uns après les autres les critères correspondant aux lettres de l'acronyme SMART. Pensez à quelque chose que vous souhaitez introduire immédiatement dans votre vie et écrivez vos réponses à mesure que vous déroulez la liste suivante :

- **S** comme **spécifique**. Soyez le plus précis possible. Si vous rêvez d'une voiture, indiquez la marque, le modèle, la couleur, l'habillage et les finitions extérieures, l'année et le prix que vous êtes prêt à payer. Cherchez une ou deux photos du véhicule en question et épinglez-les à des emplacements où vous les verrez tous les jours. Plus vous serez précis, plus la poursuite de votre objectif sera efficace.
- **M** comme **mesurable**. Avec un objet tel qu'une voiture, mesurer votre réussite est simple : vous avez votre voiture ou vous ne l'avez pas. Mais votre progression vers certains objectifs est plus difficile à mesurer. Supposons que votre objectif soit d'être plus présent au sein de votre famille. Vous devez d'abord décider ce que cela signifie précisément (le temps passé chez vous, les moments consacrés à écouter votre conjoint, etc.), puis vous pouvez définir vos *mesures* précises. Et n'oubliez pas de les consigner par écrit.
- **A** comme **ambitieux**. Votre objectif doit combler un écart réel et significatif entre la situation actuelle et la situation souhaitable. Il devra donc être stimulant sans être inaccessible.
- **R** comme **réaliste**. Prenez en compte les moyens, les compétences disponibles et le contexte. Le réalisme passe par l'acceptation de soi ! Devenir président de la République d'ici cinq ans est sans doute vain, à une exception près.
- **T** comme **délimité dans le temps**. Disposer d'une date limite peut s'avérer très motivant. Vous demeurez ainsi focalisé sur la réalisation de votre plan, et cela vous permet de fixer des buts intermédiaires pour vos objectifs plus compliqués. Si votre objectif est d'atteindre votre poids idéal d'ici à Noël, le 25 décembre devient alors votre date limite, et vous pouvez fixer une série d'objectifs intermédiaires.

N'oubliez pas

Votre connaissance grandissante de la façon de fixer des objectifs et de réaliser des souhaits dans votre vie contribue grandement à renforcer votre confiance. S'il est impossible de connaître son destin, vous pouvez vous appuyer sur l'amélioration de vos aptitudes et la compréhension des méthodes pour parvenir à vos fins. Alors, en avant !

Quand votre niveau de confiance est optimal, les obstacles que vous acceptez d'affronter, la façon dont vous vous comportez, vos habiletés, expériences et compétences, ce qui est important à vos yeux, vos croyances, votre identité, votre rôle dans ce monde sont autant d'éléments complémentaires qui constituent votre être, en termes de développement personnel.

Poser des jalons

Une bonne technique pour fixer un objectif d'ordre général est de réfléchir à la vie que vous souhaitez mener une fois que vous serez parvenu à un âge avancé. Choisissez un âge, disons 85 ans, et projetez-vous dans votre milieu familial et amical, en train de faire ce que vous espérez être en mesure de réaliser à cet âge-là. Concentrez-vous sur ce que vous faites, sur la forme et la santé que vous affichez, sur votre poids, sur la façon dont vous occupez votre temps et sur ce que vous aimez faire.

Maintenant, imaginez à quoi vous ressemblerez à 65 ans, puis à 50 ans, etc. afin de pouvoir être le personnage souhaité à 85 ans. En procédant à ce retour en arrière, vous accumulez les détails nécessaires pour avoir une idée très précise de ce que vous devez faire dans les cinq à dix prochaines années afin de vivre la vie espérée.

Suivre la recette du succès garanti

Il existe de nombreuses versions de la recette du succès garanti. Elles visent toutes essentiellement à vous permettre d'obtenir le résultat escompté. Vous pouvez utiliser immédiatement la version suivante, très simple, en six étapes :

1. **Décidez ce que vous voulez.**
2. **Concevez un plan d'action pour obtenir ce que vous voulez.**
3. **Prenez les mesures nécessaires.** (C'est là qu'entre en scène la confiance.)

4. **Prenez note du résultat obtenu.**
5. **Adaptez vos actions en fonction des résultats obtenus.**
6. **Répétez les étapes 2 à 5 jusqu'à obtention du résultat souhaité.**

Prenons l'exemple du Français Gary Chorostecki, arrivera-t-il avec cette méthode à inventer sa voiture volante ? Ce fils d'ingénieur en aéronautique développe actuellement un adav, un « Aéronef à décollage et atterrissage verticaux ». Symbole de l'expatriation des talents français, faute d'aides, il va poursuivre son plan d'action dans la Silicon Valley. À suivre...[1]

UTILISER LA RECETTE DU SUCCÈS GARANTI POUR AMÉLIORER SA VIE PERSONNELLE

Supposons que vous soyez attiré par une personne appartenant à votre cercle d'amis. Il vous est même peut-être déjà arrivé de rêver de faire de longues promenades dans la campagne en sa compagnie et de vous sentir sur la même longueur d'onde. Alors, qu'allez-vous faire ?

Selon la recette du succès garanti, vous décidez ce que vous voulez (l'inviter à la campagne le temps d'un week-end) et vous planifiez les mesures à prendre pour obtenir ce résultat (inviter un autre couple à se joindre à vous). Ensuite, vous passez à l'action, lui demandez si elle aimerait venir, et vous prêtez ensuite attention au résultat obtenu. Que vous obteniez comme réponse un « oui » enthousiaste ou un « non » poli, vous devez faire attention à la façon dont vous interprétez la réponse. (Après tout, vous n'êtes pas encore marié, vous devrez donc continuer d'agir et de prêter attention à ce que vous obtenez en retour.) Si sa première réponse est « non », vous devrez peut-être approfondir la raison pour laquelle vous souhaitez sortir avec cette personne. Si cela vous convient, vous souhaiterez peut-être lui proposer à la place d'aller au cinéma.

Tant que le résultat vous intéresse toujours, continuez de diversifier les approches tout en restant attentif aux résultats obtenus. Si vous adoptez cette approche très proactive de la réalisation des objectifs, vous aurez toujours une idée précise de ce qui se passe dans votre vie, et vous éviterez bien souvent de vous ridiculiser.

---

1. Source : http://www.france-amerique.com/articles/2014/04/16/un_inventeur_francais_prend_ses_ailes_aux_etats-unis.html

Choisir des modèles

Pour accélérer la phase de tâtonnement dans la recette du succès garanti, une solution consiste à trouver l'exemple d'une personne qui se comporte comme vous aimeriez le faire et de vous inspirer de ce qu'elle fait, mais également de la façon dont elle s'y prend (en notant, dans la mesure du possible, ses pensées et sentiments).

Truc

Les autobiographies sont un excellent moyen de découvrir la méthode que les personnes importantes utilisent pour réussir. Quel que soit le domaine concerné – le sport, les affaires, la politique ou la philosophie –, l'autobiographie peut s'avérer une source d'inspiration et d'émulation très riche. Une bonne autobiographie trace un portrait très précis d'un individu, à tous égards.

Trouver des guides fiables

Qui admirez-vous le plus et pourquoi ? Si vous souhaitez ressembler à cette personne, trouvez alors tous les détails possibles sur la façon dont elle s'y prend, et exploitez ces éléments pour appliquer vous-même la recette du succès garanti. Plus vous êtes précis en la matière, mieux c'est.

N'oubliez pas que même les vrais héros ont des pieds d'argile. Nous sommes tous dans ce cas. Votre attention doit surtout porter sur la façon dont la personne est parvenue à réaliser un exploit ou à développer un trait de caractère que vous souhaitez faire vôtre. Concentrez-vous sur l'excellence en sport plutôt que sur la volonté d'inscrire un maximum de femmes à votre tableau de chasse ou sur le talent artistique plutôt que sur l'usage de stupéfiants. Ne vous laissez pas influencer par l'aura de vos héros lorsque vous les mettez sur un piédestal, puis ne soyez pas horrifié lorsque vous découvrez dans la presse à scandale leurs fautes et défauts.

Anecdote

ENRICHIR SA VIE AVEC CELLE DES AUTRES

Sophie est une passionnée d'autobiographies ; elle les considère comme une source d'inspiration pour sa vie, qu'elle consacre pendant la mise entre parenthèses de sa carrière à prendre soin de son conjoint, de ses enfants et de ses parents âgés.

Elle adore les récits de triomphe contre l'adversité tels que celui de Lance Armstrong, qui a vaincu un cancer avant de battre le record de victoires dans le Tour de France, et celui du ténor irlandais Ronan Tynan, qui a également battu des records du monde malgré un handicap congénital, le développement avorté de ses jambes et pieds.

De même, elle adore lire l'histoire de personnes qui se sont fixé et ont atteint des objectifs « impossibles », telles que Sir Steve Redgrave, qui a remporté cinq médailles d'or aux Jeux olympiques dans une carrière qui l'a vu dominer l'aviron pendant plus de vingt ans.

Mais elle adore surtout lire les récits de personnes qui s'investissent dans une cause, telles que la magnifique reine Noor de Jordanie, de son vrai nom Lisa Halaby, architecte américaine qui a rencontré et épousé le roi Hussein et a œuvré pour la cause des femmes et des enfants, de l'éducation, de l'art et de la culture dans le monde arabe.

C'est dans ces récits de première main que Sophie trouve le réconfort, les connaissances et l'inspiration pour maintenir ses propres exigences et performances à un niveau élevé et garder le cap dans la vie qu'elle a choisie. Quand elle finira par reprendre sa carrière, elle apportera dans l'exercice de sa profession une nouvelle sagesse et profondeur d'esprit reposant sur les normes et valeurs élevées qui caractérisent les formidables récits de vie dont la lecture la tient en haleine.

Une métaphore intéressante est celle de Steve Austin, héros du vieux feuilleton *L'Homme qui valait trois milliards*. Après s'être gravement blessé dans un accident, il fut « reconstruit » par les scientifiques afin d'être plus rapide, plus fort et, d'une manière générale, meilleur qu'avant son accident. Vous souhaitez peut-être sauter dans les airs comme Renaud Lavillenie, être drôle comme Florence Foresti ou sage comme le dalaï-lama. Quel que soit votre objectif, soyez précis.

Note technique

Pour aller plus loin : la PNL (programmation neurolinguistique) traite de la modélisation à différents niveaux. Quand il s'agit de valeurs et de croyances, on se réfère à la modélisation interne. La modélisation au niveau externe porte sur la posture, le ton de la voix, etc.

Devenir son propre coach

À mesure que vous apprenez à comprendre comment exploiter pleinement votre potentiel, vous avez la possibilité de devenir votre propre coach. Ce n'est pas aussi difficile que cela en a l'air de prime abord et, pour commencer, vous pouvez suivre quelques conseils.

Pensez aux qualités d'un coach. Il a une vision dépassionnée des performances de son client. Il cherche à étudier minutieusement ce qui se produit avant de faire naître des suggestions de changement ou d'amélioration. Les coachs disent ce qu'ils voient, ni plus ni moins. Ils font miroir.

Exemple

Voir et s'exprimer objectivement est une aptitude très utile que vous pouvez facilement acquérir avec un peu d'entraînement. Commencez immédiatement. Arrêtez-vous un instant et imaginez-vous, dans la pièce où vous êtes, en train d'observer le « vrai vous » qui lit ce livre. Décrivez la scène en termes simples, clairs et non ambigus : « Elle est assise et lit le livre. Elle le repose de temps en temps et semble réfléchir à quelque chose. Il lui arrive de noter quelque chose dans la marge. »

Les coachs tendent à employer un langage simple et direct pour décrire, sans aucun jugement de valeur. Vous ne les entendrez jamais dire : « Elle semble de nouveau rêvasser, elle est incapable de se concentrer sur quelque chose plus de quelques minutes ; elle est encore distraite, elle n'y parviendra jamais », ni tout ce que vous pouvez dire de vous-même. Quand *vous* êtes le coach, vous devez d'abord observer ce qui se passe vraiment, et, par la suite seulement, réfléchir de manière constructive au meilleur moyen d'améliorer les résultats ou la situation.

Devenir le héros de sa propre vie

L'un des moyens les plus efficaces d'améliorer vos résultats est de « hausser votre niveau de jeu », c'est-à-dire augmenter vos attentes et vos normes d'évaluation personnelles (le « A » de votre objectif SMART). Qui est le vrai héros de votre vie ? Vous, bien sûr, et ce sont vos critères de performance qui auront le plus d'influence sur la façon dont sera façonnée la vie que vous allez vivre.

La plupart des gens considèrent un héros comme une personne née avec un caractère, un courage et une bravoure exceptionnels. Le héros a peut-être un objectif imposé par son environnement, tel que la reconquête du royaume après qu'un usurpateur a pris place sur le trône de son père (Simba dans *Le Roi Lion*).

Un héros, c'est celui qui fait ce qu'il peut. Les autres ne le font pas.

Romain Rolland

Bien entendu, la vraie vie ne ressemble pas à cela, mais on ne peut pas en conclure qu'il n'existe pas de héros parmi nous. Shakespeare nous rappelle que certains sont grands de naissance, d'autres se haussent jusqu'à la grandeur et d'autres encore en sont revêtus. Et cela s'applique indifféremment aux hommes et aux femmes, même si les héros classiques sont généralement des hommes.

Alors, à quoi ressemble un vrai héros ? Regardez dans votre miroir. Eh oui ! un vrai héros vous ressemble beaucoup, là, maintenant ! Chaque vie est la reprise de l'histoire du héros classique que vous avez lue étant petit. Chacun de nous, à sa façon, doit faire face aux choix du héros entre le bien et le mal, la lumière et l'obscurité, le vrai et le faux, aller de l'avant et grandir ou se recroqueviller dans la peur et régresser.

Exemple

Pour devenir la vedette de l'histoire de votre vie, procédez comme suit :

1. **Décidez d'opérer un changement personnel afin d'obtenir ce que vous voulez dans la vie, puis passez à l'action.**

   Soyez gentil envers vous-même et encouragez-vous. Vous n'allez pas tout réussir du premier coup, alors attendez-vous à essuyer des revers et réfléchissez à la façon de les supporter et de vous en remettre. Trouvez comment vous replacer avec efficacité sur la bonne voie.

2. **Sachez où vous voulez aller ou décidez ce que vous voulez vraiment.**

   Fixez vos objectifs à l'aide des techniques exposées dans ce chapitre. Certains peuvent s'inscrire à court terme et s'avérer amusants, tandis que d'autres sont plus sérieux, et les atteindre demandera plusieurs années. Visez haut ! Votre périple durera toute votre vie, et vous ne souhaitez certainement pas achever celle-ci trop tôt.

3. **Planifiez votre travail et soignez votre plan d'action.**

   Vous en faites toujours plus, plus rapidement et efficacement quand vous avez un plan d'action. Mais ce dernier n'a qu'une utilité relative si vous ne le travaillez pas. Variez-le, changez-le, mais suivez-le fidèlement. Votre plan est votre ami, et un héros a toujours besoin d'un ami digne de confiance.

4. **Ne vous battez pas : créez !**

   Ne considérez pas votre vie comme une compétition et les personnes que vous croisez comme des concurrents. Dans les aventures des héros, les autres sont des messagers, des alliés et des ressources. Parfois ils vous avertissent, parfois ils vous donnent les clés et les réponses aux questions que vous vous posez. Il est rare que vous rencontriez un ennemi, à part vous-même. L'ennemi prend souvent la forme des diablotins qui sont dans votre tête et vous empêchent d'avancer. Vous devez être créatif pour vous montrer plus malin qu'eux.

5. **Prêtez attention aux leçons avant de les mettre en pratique.**

   Écoutez les vérités que les inconnus vous livrent avant de les étouffer à l'aide de vos propres vérités et de votre enthousiasme. La vie tend à vous présenter de nouveau les leçons que vous n'avez pas tirées la première fois. Alors, soyez vigilant et tirez profit de ce que la vie vous réserve.

6. **Prenez soin de vos compagnons lors de votre périple.**

   Comme l'a dit également Shakespeare, le monde entier est un théâtre. Nous avons tous un rôle à jouer. Vous avez modifié votre rôle pour vous placer au centre de votre épopée héroïque, mais d'autres personnages sont nécessaires pour donner richesse et couleurs à votre épopée. Vous ne souhaitez pas finir vos jours dans la peau d'un vieux roi solitaire dans son magnifique château de rêve, n'est-ce pas ? Soyez gentil avec ceux dont le périple croise le vôtre.

7. **Écoutez votre coach intérieur.**

   Votre coach intérieur vous connaît et sait ce dont vous avez besoin. Écoutez et respectez vos besoins quotidiens en songeant à votre avenir.

À mesure que vous percevrez mieux ce que vous faites, comment et pourquoi vous le faites, ainsi que les choix que vous opérez, vous prendrez plus conscience de votre véritable potentiel. Cet éveil est une étape essentielle du voyage de chaque héros.

Si vous adoptez cette façon d'être, vous serez surpris des changements que vous apportez à votre vie. Et si jamais vous faites appel à un coach professionnel pour vous aider, vous ferez des progrès plus rapides, car vous aurez appris à être coaché.

Chapitre 4

Trouver sa motivation

DANS CE CHAPITRE :

- **Comprendre ce que signifie la motivation et ce qui vous motive**
- **Mettre en pratique les théories de la motivation dans son travail et sa vie sociale**
- **Exploiter sa compréhension des mécanismes de la motivation pour s'ouvrir les portes du succès**

Votre motivation personnelle est la force qui vous permet de sortir du lit le matin et vous fournit l'énergie nécessaire pour travailler toute la journée. Vous êtes-vous déjà demandé pourquoi, certains jours, vous semblez en regorger alors qu'à d'autres moments, elle vous fuit carrément ?

Ce chapitre porte sur la compréhension du fonctionnement de la motivation et sur les moyens d'accéder à votre motivation naturelle, dans l'optique de vous aider à vivre, plus facilement et avec une confiance en vous plus importante, la vie que vous souhaitez. Vous aurez ainsi un aperçu de ce qui est nécessaire pour poursuivre votre marche en avant malgré les difficultés rencontrées.

L'enseignement le plus important à retenir de ce chapitre est que vous n'avez pas à subir les sentiments de faiblesse et de démotivation. Si vous gérez intelligemment les obstacles qui entravent la libre circulation de votre énergie, vous pourrez retrouver celle-ci, multiplier les succès en fournissant moins d'efforts et mieux vivre votre vie. Vous serez plus content de vous, plus confiant et performant.

Mener sa vie avec allant

Plus vous vous sentez motivé, plus vous êtes enclin à affronter les obstacles qui vous empêchent d'aller de l'avant. Le fait d'être capable d'accroître sa motivation permet d'augmenter automatiquement la confiance en soi. Dans les sections suivantes, nous allons étudier la pyramide des besoins d'Abraham Maslow, essentielle pour avoir une idée de ce qui vous motive, vous et tous ceux avec qui vous êtes en contact.

Grimper la pyramide des besoins de Maslow

L'un des fondateurs du Mouvement potentiel humain, Abraham Maslow, est surtout connu pour ses travaux sur la motivation de l'homme. Il était fasciné par ce qui pousse certaines personnes à relever de grands défis et à refuser de baisser les bras malgré des probabilités de succès incroyablement faibles. Il a développé un modèle qui l'a rendu célèbre, la hiérarchie ou pyramide des besoins (figure 4-1), pour expliquer les forces qui motivent les êtres humain

4-1 La pyramide des besoins de Maslow.

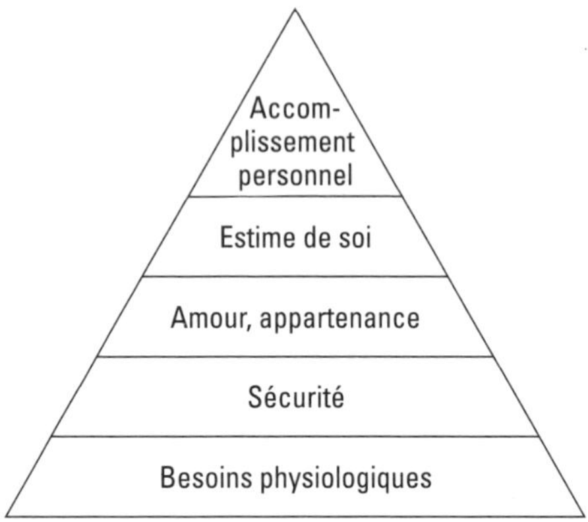

Maslow considérait que les hommes et les femmes étaient en permanence poussés à aller de l'avant dans la vie à cause de l'irrésistible force des besoins insatisfaits. Il a regroupé les besoins de

l'être humain dans une hiérarchie dont tous les éléments sont partagés et doivent être satisfaits par tout un chacun. Ce modèle est très largement utilisé dans les cours de management, mais va bien au-delà du monde de travail et s'inscrit au cœur de notre humanité.

Maslow estimait nécessaire de satisfaire d'abord ses besoins physiologiques primaires (respirer, boire, manger, dormir, etc.) avant d'en satisfaire d'autres. La satisfaction de ces besoins est très largement assurée par notre société moderne mais, si vous avez déjà manqué d'air sous l'eau, vous savez et comprenez à quel point ces besoins physiologiques primaires dominent tous les autres tant qu'ils ne sont pas satisfaits.

Mais, une fois vos besoins physiologiques assouvis, vous passez automatiquement au niveau supérieur de la pyramide, à savoir le besoin de sécurité. Là encore, la société moderne tend à fournir des environnements sûrs, mais, quand vous vous sentez vraiment menacé, vous produisez une réponse physique automatique et ne pouvez évacuer ce besoin de votre esprit jusqu'à ce que la situation soit résolue et que vous vous sentiez de nouveau en sécurité.

Au niveau suivant, vous devez vous investir plus personnellement pour assurer la satisfaction de vos besoins dans le cadre offert par la société. À ce stade, ce sont vos besoins d'amour et de relations qui s'expriment, et ils ne sont pas toujours satisfaits automatiquement. En cas d'insatisfaction et de naissance d'un sentiment d'isolement ou de solitude, il vous est alors presque impossible de satisfaire les besoins du niveau supérieur. Vous ressentez un besoin d'*appartenance*, vous avez besoin de savoir que vous comptez pour les autres.

Le niveau suivant renferme les besoins d'estime de soi et de reconnaissance. Ils n'ont peut-être jamais constitué un problème lorsque vous vous battiez pour faire votre place dans votre groupe social mais, maintenant que vous êtes installé, ils peuvent prendre une grande importance. Il n'est plus seulement question pour vous d'appartenir à un groupe, mais de disposer d'un certain pouvoir et statut au sein de celui-ci.

Mais, heureusement, il y a une fin à tous ces efforts, et une fois parvenu au sommet de la pyramide de Maslow, vous êtes un être humain au développement accompli. Au stade de l'accomplissement de soi, vous décidez ce qui est vraiment important pour vous dans la vie, et votre motivation première devient d'être épanoui. Souvent, c'est là que vous rendez au monde ce qu'il vous a si royalement apporté quand vous grimpiez la pyramide. Une minorité de personnes parvient à ce cinquième niveau.

La hiérarchie des besoins de Maslow permet de bien expliquer la fluctuation des comportements humains. À un instant T, des individus peuvent évoluer à différents niveaux de la pyramide et rechercher à satisfaire divers besoins.

La motivation que vous affichez le lundi peut être différente de celle qui est la vôtre le vendredi lorsque le week-end approche. Et, bien entendu, vous ne vous sentez peut-être pas le même au travail et à la maison. Plus vous comprenez ce qui vous fait avancer, plus vous êtes en mesure d'exploiter cette prise de conscience pour obtenir ce que vous voulez dans la vie.

Attention

Si vous vous sentez dans une impasse ou avez l'impression de stagner, demandez-vous quels besoins ne sont pas satisfaits. Il est parfois très intéressant de revisiter la base de la pyramide, c'est-à-dire soigner son sommeil, son alimentation, respirer... avant même de songer à ses objectifs ou de souhaiter booster sa confiance en soi.

Note technique

Distinguez « besoin » et « désir ». Un besoin doit être satisfait sous peine de compromettre l'équilibre de la vie, tandis qu'un désir serait davantage un luxe. Avez-vous besoin de votre téléphone portable ?

Saluer le monde avec grâce

On associe souvent Maslow à la motivation au travail, mais ses recherches s'appliquent également aux situations sociales, et vous pouvez vous servir de ses découvertes pour vous sentir à l'aise.

Quand vous arrivez dans un nouveau groupe social (en faisant la connaissance de personnes à une soirée ou lors de la prise de nouvelles fonctions, par exemple), vous pouvez vous attendre à être anxieux car, à ce moment-là, vous vous situez au troisième niveau de la pyramide de Maslow, étant désireux de vous faire accepter. Dans cette situation, la première chose à faire est d'accepter la légère anxiété ressentie. Il n'y a pas de mal à être anxieux ou à admettre que vous êtes nerveux (au cas où votre petite voix commencerait à vous dire que vous êtes une mauviette).

N'oubliez pas

Tout le monde occupe une place dans la pyramide de Maslow et a donc des besoins à un niveau ou à un autre. Les personnes que vous rencontrez ayant déjà une certaine ancienneté dans le groupe figurent aux deuxième et troisième niveaux ; certaines, comme vous, recherchent encore l'acceptation (et elles tiendront à ce que vous les acceptiez comme elles vous acceptent). D'autres seront motivées par leur besoin de reconnaissance sociale et souhaiteront gagner votre respect.

Selon les fêtes auxquelles vous participez, vous pouvez vous attendre à voir, sur la piste de danse, divers comportements de la part d'individus cherchant à satisfaire des besoins, de la faim à l'accomplissement de soi en passant par la soif, le sexe, les relations, la camaraderie. Ne jugez pas vos compagnons de fête trop sévèrement, fichez-leur plutôt la paix, ainsi qu'à vous-même !

Dans un contexte social ordinaire et potentiellement ennuyeux, tenez compte de ces nouveaux facteurs en prêtant attention à l'expression curieuse et intéressante des comportements motivés par des besoins.

Anecdote

TIMIDE... À LA PHOBIE

Charles était extrêmement timide et réservé depuis le début de son adolescence. Et, même s'il arrive à tout le monde de se sentir tendu en société, sa grande nervosité se transformait très souvent en peur et anxiété disproportionnées.

Ses symptômes s'exprimaient de manière intense par une peur persistante des situations où il ne connaissait personne et où il avait l'impression d'être jugé par les autres. Cela l'incitait à éviter ces situations, au point de nuire à sa vie sociale et professionnelle. Mais, même avec ce comportement d'évitement, il avait encore peur d'être gêné ou humilié, et il redoutait particulièrement que les autres le voient rougir, transpirer et parfois même trembler. Il fut enfin capable d'admettre que ce n'était pas simplement de la timidité, et que ses peurs étaient exagérées par rapport aux situations rencontrées.

»

»

Charles découvrit que, lorsque l'anxiété sociale atteignait ces extrémités et perturbait sa vie, elle avait tout d'un état appelé phobie sociale ou trouble de l'anxiété sociale. Il en rechercha les symptômes sur Internet, et cela suffit à le décider à rechercher de l'aide auprès d'un médecin.

Dans le cas de Charles, il s'agissait de phobie sociale généralisée, état qui se manifeste dans presque toutes les situations sociales et peut donc être facilement confondu avec la timidité. On lui dit que cela pouvait déboucher sur la toxicomanie, l'alcoolisme, la dépression et même le suicide, mais qu'il existait un traitement facile à suivre.

Son traitement était l'association de médicaments destinés à équilibrer son niveau de sérotonine (la sérotonine est une hormone qui permet de contrôler l'humeur en régulant le sommeil, en calmant l'anxiété et en soulageant la dépression) et d'une thérapie comportementale et cognitive basée sur le principe que cette réaction extrême était provoquée par ses pensées et non par les situations qu'il rencontrait.

Environ 5 % des lecteurs de cet ouvrage sont susceptibles de souffrir de phobie sociale et de continuer en privé, parfois pendant des années, à éviter des événements et à souffrir dans les situations sociales. Ce n'est que lorsqu'ils admettent, à l'instar de Charles, avoir besoin d'une assistance médicale qu'il devient possible de diagnostiquer leur maladie et de commencer un traitement. Les effets de l'intervention médicale sont souvent libérateurs et profonds, ouvrant la porte à une vie beaucoup plus gratifiante et épanouissante.

Aujourd'hui, le niveau de sérotonine de Charles est plus stable, et il pourrait être en mesure d'arrêter les médicaments bientôt. La thérapie l'a aidé à apprendre à réfléchir différemment, tout comme les idées exposées dans ce livre vous aideront à raisonner de manière plus positive et salutaire, renforçant ainsi votre confiance dans de nombreuses situations.

Si vous vous intéressez aux personnes du groupe et aux événements qui se produisent, quand vous rencontrerez d'autres individus, vous serez attentif et brillerez dans la conversation. Ce sera plus amusant pour vous et pour les autres. Très vite, vous serez convié à toutes les fêtes.

Truc

En étant plus curieux et attentif en société, vous diminuez votre anxiété, car vous vous concentrez sur l'impression que les autres vous font et non sur celle que vous faites aux autres. Vous serez toujours jugé charmant par ceux que vous rencontrez si vous êtes captivé par leurs propos. Les gens ne sont pas habitués à cela, et ils vont adorer.

Savoir écouter est un art.

Épictète

Prendre les choses en main au travail

Votre motivation personnelle est essentielle pour vos activités et votre confiance dans la vie en général, mais, au travail, elle est également très importante pour votre employeur. C'est ainsi que, depuis cinquante ans, la motivation est le thème central de nombreux travaux de recherche en sciences sociales. Dans cette section, nous allons vous montrer comment exploiter certains de ces principes pour assurer votre bien-être au bureau.

L'enthousiasme est à la base de tout progrès.

Henry Ford

Une théorie exploitable

La théorie de Maslow sur les besoins de l'homme est universelle et s'applique donc à toutes les situations. D'autres éminents théoriciens, surtout Frederick Herzberg et Douglas McGregor, se sont penchés sur la motivation au travail, essentielle pour vous-même et votre employeur. Dans cette section, vous allez découvrir comment mieux contrôler votre motivation et la renforcer si besoin est. Vous trouverez également un test pour évaluer vous-même vos progrès.

En quête de satisfaction avec Herzberg

Frederick Herzberg est un autre spécialiste de la motivation fréquemment étudié dans les cours de management (ce qui signifie que vos collègues plus anciens doivent déjà en avoir entendu parler). Son élégante théorie révèle les facteurs qui vous donnent de l'énergie au travail et également ceux qui épuisent votre énergie naturelle. Il distingue les forces qui motivent les gens, appelées éléments *de motivation*, de celles qui sapent la motivation, éléments *de démotivation*. Il a découvert que ces forces opèrent d'une manière surprenante, apparemment illogique.

Prenez votre salaire. Vous pensez peut-être que l'argent que vous percevez vous motive, et la plupart des employeurs font comme si c'était le cas, mais, selon Herzberg, c'est tout simplement faux. Le salaire est un élément de démotivation et non de motivation. Si votre salaire n'est pas à la hauteur du travail que vous fournissez, cela va certainement vous mécontenter mais, chose surprenante, un salaire qui dépasse vos espérances ne va pas vous motiver outre mesure (même si cela va faire entrer en jeu d'autres facteurs tels que la reconnaissance et le statut au sein d'une équipe).

En revanche, la reconnaissance est un élément de motivation. Voilà pourquoi un bon intitulé de poste, un mot de remerciement du patron ou une citation dans le journal interne pour la réalisation d'un excellent travail peuvent être si motivants.

Le tableau 4-2 comprend une liste de certains des principaux éléments de motivation et de démotivation identifiés par Herzberg. Les éléments de démotivation doivent être traités avec prudence sous peine de provoquer un fort mécontentement mais, en tout cas, ils ne peuvent pas vous motiver. Les éléments de motivation vous donnent l'allant nécessaire pour évoluer à votre niveau optimal, mais ils ne jouent aucun rôle tant que les éléments de démotivation n'ont pas d'abord été neutralisés.

4-2 Les facteurs influant sur les attitudes au travail.

Éléments de démotivation	Éléments de motivation
Politique de l'entreprise	Accomplissement
Style d'encadrement	Reconnaissance
Relations avec le patron	Travail proprement dit
Conditions de travail	Responsabilité
Salaire	Promotion
Relations avec les collègues	Développement personnel

Vous remarquerez que les facteurs de la colonne de gauche sont extérieurs au travail proprement dit et largement imposés par l'environnement extérieur. Les éléments de motivation sont bien plus personnels en ce sens qu'ils sont plus en rapport avec le travail que vous effectuez. Ils sont également plus d'ordre psychologique, et vous les ressentez d'une façon plus ou moins marquée.

Si cet aperçu vous intéresse, vous souhaiterez peut-être en lire un peu plus sur la théorie des facteurs de motivation d'Herzberg avant d'en discuter avec votre patron. Ce dernier est peut-être en mesure de neutraliser facilement les éléments de démotivation que vous rencontrez dans votre travail, ce qui vous libérera psychologiquement et vous permettra d'afficher votre motivation.

N'oubliez pas

Tant que vous ne ressentirez pas suffisamment dans votre travail la présence des éléments de motivation, vous ne serez pas motivé ou satisfait de vos fonctions, malgré tout ce que pourra faire l'entreprise pour vous.

La théorie X et la théorie Y de McGregor

Les travaux de Douglas McGregor sont peu connus des directeurs, ce qui est bien dommage, car ils sont axés sur le style de management (l'un des éléments de démotivation-clés de Herzberg). McGregor a souligné les effets des pratiques et principes de management réactionnaires et tyranniques dans ses deux modèles : la *théorie X* et la *théorie Y*.

La *théorie X* part du principe qu'en tant que salarié, vous avez une aversion innée pour le travail et que vous allez vous arranger dans la mesure du possible pour vous en tenir éloigné. Par conséquent, il faut vous surveiller pour s'assurer que vous fournissez tous les efforts requis et vous dire précisément quoi faire et comment procéder. Votre motivation, la satisfaction éprouvée au travail et enfin votre confiance en vous peuvent en pâtir. Les études montrent que, si votre patron vous traite ainsi, vous pourriez commencer à vous comporter comme si c'était vrai. (Si c'est justement ce qui vous arrive, utilisez le modèle de commentaire du chapitre 15 pour en informer votre supérieur ou le représentant de votre département.)

La *théorie Y* prend le point de vue inverse. Elle part du principe que le travail est important à vos yeux et aussi naturel que les autres domaines de votre vie. S'il vous satisfait, il devient une source d'accomplissement. Vous vous investissez dans vos fonctions et il faut très peu vous surveiller.

Vous êtes plus performant et productif si vous pouvez gérer vous-même votre charge de travail, votre production, etc., car vous savez mieux que quiconque comment être à votre meilleur niveau.

Dans ces circonstances, votre supérieur devient un collègue que vous pouvez consulter lorsque vous avez besoin d'un deuxième avis et qui peut dialoguer avec la direction pour vous permettre de faire le meilleur travail possible.

Où se situe votre situation professionnelle par rapport à ces deux modèles ? Il est probable que votre encadrement présente, pour vous, des aspects appartenant aux deux théories. Comme toujours, il vous incombe de mieux connaître certains éléments de votre vie. Ensuite, c'est à vous d'agir.

Truc

Passer à l'action peut nécessiter toute la confiance qui est en vous et, dans ce cas, vous serez payé directement en retour, car cela contribuera à la renforcer pour relever les défis à venir.

Le défi à relever ne met pas tant en jeu les individus et leurs attitudes que le type d'organisation et la façon dont les postes sont organisés. Si vous dirigez une équipe ou en êtes simplement un membre, vous aurez bien plus de chances d'obtenir les résultats souhaités si vous appliquez la théorie Y. Formez vos collègues autant que vous le pouvez et contribuez à faire entrer votre équipe dans le XXIe siècle.

Mettre la théorie à l'épreuve

Dans cette section, vous allez voir comment utiliser les principes théoriques des sections précédentes pour affronter le monde armé d'une solide confiance. Et, dans la mesure où la plupart des théories sur la motivation ont pour cadre le lieu de travail, c'est là que se situera l'action.

Exemple

Que vous travailliez pour vous-même ou pour quelqu'un d'autre, vous devez satisfaire vos besoins en termes de motivation. Le tableau 4-3 vous soumet un test pour évaluer votre motivation au travail. Le remplir ne vous prendra que cinq minutes. Si vous travaillez seul, modifiez les questions afin de les adapter à votre situation. Vous pouvez obtenir un maximum de 5 points par question (de 5 si vous êtes tout à fait d'accord à 1 si vous n'êtes pas du tout d'accord).

4-3 Test de la motivation au travail.

Énoncé	Tout à fait d'accord (5 points)	D'accord (4 points)	Neutre (3 points)	Pas d'accord (2 points)	Pas du tout d'accord (1 point)
Je contrôle complètement mon environnement de travail. Du moment que je remplis mes objectifs, je suis libre de choisir ma charge de travail et ma prochaine tâche.					
J'ai établi de bonnes relations de travail avec mon chef. Il me laisse travailler à ma façon et, généralement, je fais ce qu'il attend de moi.					
J'ai des avantages sociaux et de bonnes conditions de travail. Si un problème se présente, il est généralement résolu assez vite.					
Dans l'ensemble, mes collègues me sont d'un grand secours et ne me mettent pas des bâtons dans les roues. Nous formons une bonne équipe, et chacun œuvre très efficacement à la réalisation de l'objectif. Si des problèmes surviennent, nous parvenons généralement à les résoudre.					

Énoncé	Tout à fait d'accord (5 points)	D'accord (4 points)	Neutre (3 points)	Pas d'accord (2 points)	Pas du tout d'accord (1 point)
Je m'épanouis vraiment dans ma vie professionnelle. Mon travail est reconnu et j'y mets le meilleur de moi-même. Il n'y a rien à changer.					
Je sens que mon employeur est content de ce que je fais et sait quelles tâches sont sous ma responsabilité. Il suit ma carrière et s'efforce de me faciliter la vie.					
Mon travail est très visible. On sait ce que je fais et j'en suis très fier. Il n'est pas rare que l'on me remercie pour mes bons offices.					
J'ai l'entière responsabilité du travail fourni, de la réalisation de mes objectifs et du respect des délais. Mon chef sait que j'ai atteint mon meilleur niveau et me laisse réunir les conditions qui me permettront de le garder.					

Énoncé	Tout à fait d'accord (5 points)	D'accord (4 points)	Neutre (3 points)	Pas d'accord (2 points)	Pas du tout d'accord (1 point)
Je sens que mon travail exige beaucoup de moi et me permet de m'épanouir. Les défis à relever et la variété des tâches me permettent de m'investir totalement sans être submergé.					
À travers mon travail, je dévoile ma vraie personnalité. Même si je n'étais pas payé, j'aurais besoin de m'exprimer à travers ce métier. Si je n'étais pas capable de le faire, ce serait comme perdre un bras ou une jambe.					

Passez maintenant à l'analyse de votre score :

- **40-50 :** félicitations, vous avez peut-être trouvé le travail de votre vie. Il vous permet de satisfaire la plupart de vos besoins, non seulement en termes de motivation mais également de développement personnel et d'accomplissement de soi.
- **30-40 :** très bon score. Vous devriez être en mesure d'identifier les domaines qui vous affaiblissent et vous allez pouvoir fixer des objectifs pour remédier à cela. Utilisez la technique de fixation d'objectifs SMART du chapitre 3 pour vous aider à définir les changements nécessaires.
- **10-30** : vous savez déjà que ce score n'est pas très bon. Vous devriez peut-être revoir sérieusement votre motivation professionnelle, par exemple en changeant de travail ou d'entreprise. Jetez un œil aux techniques du chapitre 15 pour vous aider à avoir une plus grande maîtrise de votre travail.

Reconnaître l'importance de la réussite

Avoir des résultats dans votre travail ne consiste pas simplement à faire plaisir à votre patron et à empocher une prime. C'est un élément essentiel qui influe sur l'image de soi et le bien-être à mesure que l'on grimpe la pyramide des besoins (voir figure 4-1). La réussite est au tout premier rang des éléments de motivation de Herzberg (voir tableau 4-2).

À mesure que vous évoluez dans votre travail, il vous faut davantage réfléchir à ce que représente la réussite à *vos yeux*. Pensez à ce que vous voulez vraiment faire personnellement et professionnellement, puis, sans travailler forcément plus dur, vous devriez en avoir une idée plus claire et nette, à la fois pour vous-même et votre employeur. Cela renforcera votre sentiment d'accomplissement, augmentera votre satisfaction et vous fournira une motivation plus grande, pour encore plus de succès.

C'est par le travail que l'homme se transforme.

Louis Aragon

Décrocher une promotion

Comme la plupart des gens, quand une occasion d'obtenir une promotion se présente, vous souhaitez peut-être saisir votre chance immédiatement (notamment parce que, si vous ne la saisissez pas, quelqu'un d'autre s'en chargera). Mais, auparavant, réfléchissez bien à ce que va engendrer cette promotion.

Il n'est pas rare qu'un salarié heureux et brillant se transforme après sa promotion en chef ou directeur moins brillant et bien moins heureux. Dans ce cas, il peut se retrouver dans une impasse, ses mauvaises prestations ruinant toute perspective d'avancement et sa hiérarchie l'empêchant de retrouver le poste dans lequel il était performant et heureux.

Si vous connaissez quelqu'un à qui pareille mésaventure est arrivée, vous comprenez que ce n'est guère la recette du succès professionnel, et encore moins de la confiance en soi et de l'accomplissement. Comme vous êtes armé de tout ce que vous avez appris dans ce chapitre, il n'y a absolument aucune raison pour que cela vous arrive.

Exemple

Avant d'accepter un nouveau rôle, posez-vous les questions suivantes :

- Qu'est-il arrivé à la personne qui occupait ce poste ? Elle a peut-être progressé dans la hiérarchie ou est longtemps restée à ce poste sans s'y épanouir.
- Que risque-t-il de m'arriver si je reste à mon poste actuel ? Une promotion encore meilleure va-t-elle se présenter bientôt ? Un éventuel refus de ma part serait-il bien ou mal perçu par mon encadrement ?
- Comment pourrais-je utiliser la situation actuelle pour créer le poste dont je rêve ? Serait-il possible de modifier le nouveau poste de façon qu'il me convienne mieux, par exemple en conservant mes responsabilités actuelles ? À moins qu'il ne me soit possible de diviser le nouveau poste et de n'en prendre que quelques aspects que j'intégrerais à mes fonctions actuelles.
- Comment profiter du changement proposé pour faire comprendre à mes collègues et supérieurs que je m'investis pleinement dans mon travail, celui-ci n'étant pas « alimentaire » à mes yeux ? Sur le long terme, cela pourrait s'avérer l'aspect le plus précieux de la situation.

Désormais, quand une possibilité de promotion se présentera, vous serez bien plus en mesure de savoir pourquoi le poste proposé vous intéresse, ce qu'il vous apportera en dehors de l'aspect financier et ce que vous perdrez. Et si vous décidez de tenter votre chance, vous aurez bien plus d'atouts, ferez bonne impression à vos collègues et en sortirez gagnant, que vous obteniez ou non satisfaction.

Chapitre 5

Rester fidèle à ses principes

DANS CE CHAPITRE :

- » **Identifier ses valeurs**
- » **Se forger la vie rêvée depuis toujours**
- » **Mener une vie authentique**

Si vous saviez ce qui est vraiment important pour vous dans la vie et si cela vous demandait soixante-dix à quatre-vingts ans pour vraiment exceller dans les domaines en question, pensez-vous que votre vie y gagnerait en qualité ? Est-ce que le fait de le savoir vous permettrait de fixer bien plus clairement vos priorités ? Cela vous permettrait-il d'éliminer ce qui ne contribue pas à votre épanouissement et tout ce qui vous éloigne de votre but ? Vous voulez parier ?

Savoir ce qu'on veut vraiment et comment on souhaite vivre, puis rester fidèle à ses principes, est le meilleur moyen de parvenir à vivre la vie rêvée. Dans ce chapitre, vous allez découvrir de quoi votre vie est vraiment faite et apprendre à la bonifier.

Comprendre ses valeurs

Qu'y a-t-il de plus important pour vous dans la vie ? C'est probablement l'une des questions les plus capitales qu'un être humain puisse se poser, mais, pourtant, peu de gens savent y répondre. Pour arborer votre visage le plus confiant et vivre une vie réellement digne de vous, il est essentiel que vous puissiez y répondre.

Vos réponses pourront vous guider dans votre vie. Ce chapitre est destiné à vous aider à découvrir vos réponses et à vivre en conséquence.

Découvrir ses valeurs

C'est étrange mais, si vous êtes comme la plupart des gens, en y regardant de plus près, vous avez seulement une vague idée du genre de vie que vous souhaitez. Vous voulez sans nul doute être heureux et vous pensez peut-être que, pour l'être, il vous faut certaines choses : par exemple la santé, un bon travail, un conjoint qui vous plaît, une famille aimante, une jolie maison et une voiture convenable (voire une très jolie voiture). En plus de cela, vous êtes attaché à certaines valeurs qui vous paraissent nécessaires : honnêteté, intégrité, respect, etc. Pour le reste, de nombreuses personnes ne savent pas très bien.

Si vous êtes dans ce cas, courage ! Le travail que vous allez faire en lisant ce chapitre vous aidera à préciser vos valeurs, vous donnera une idée très claire de ce qui vous rend heureux et vous mettra en position d'obtenir ce que vous voulez.

Réfléchissez à la question suivante : qu'est-ce qui vous importe le plus dans la vie ? Qu'est-ce qui vous vient immédiatement à l'esprit ? Des sujets très personnels (votre santé, les êtres chers) ? Est-ce que cela concerne votre travail ou votre vocation (votre art, votre travail à l'hôpital) ? Pensez-vous immédiatement à d'importants problèmes d'ordre général (écologie, pauvreté ou paix dans le monde) ?

Pour découvrir vos valeurs les plus importantes, celles qui vous inspirent les sentiments qui comptent le plus pour vous, recherchez ce qui vous tient vraiment à cœur, ce que vous êtes prêt à défendre quitte à « descendre dans la rue », ce que vous souhaitez léguer aux générations suivantes.

Exemple

1. **Faites émerger vos quatre grandes valeurs.**
2. **Disposez un tas de catalogues et revues très variés face à vous. Munissez-vous d'une feuille format A3, de ciseaux et de colle.**

   À présent, laissez parler vos mains et votre cerveau droit (intuitif et créatif). Feuilletez les revues et découpez les images qui vous évoquent les valeurs identifiées au début de l'exercice. Distinguez quatre zones sur votre feuille et collez les images. Même si l'esthétique n'est pas le but recherché, faites-vous plaisir en personnalisant le plus possible cette œuvre. Vous êtes l'artiste de votre vie !
3. **Une fois la composition achevée, demandez-vous quelle est votre devise et inscrivez-la sur la feuille. Enfin, accrochez votre feuille au mur.**
4. **Faites une pause, puis présentez votre travail à un proche. Pour terminer, demandez-lui ce que cela lui évoque, partagez vos ressentis.**

Vos valeurs conditionnent vos comportements et votre motivation. Elles vous poussent à agir. Elles vous permettent également de juger si une action est bonne ou mauvaise. Elles ont également des répercussions sur vos choix (amis, partenaires, travail, produits, temps libre...). Vos valeurs se façonnent tout au long de votre vie au contact des autres.

Résoudre les conflits de valeurs

Il se peut que plusieurs de vos valeurs vous fassent partir dans différentes directions. Cependant, essayer de respecter en même temps deux priorités, comme la famille et le travail, peut vous conduire à vous disperser et vous donner le sentiment de ne pas bien respecter vos valeurs dans les deux domaines. Dans le pire des cas, quand vous travaillez, vous avez l'impression de devoir passer plus de temps avec votre famille et, quand vous êtes chez vous, vous estimez que vous devriez être en train de travailler. Vous pouvez alors être enclin à éprouver des sentiments que vous fuyez, tels que la culpabilité, la frustration et l'insatisfaction. Si ce genre de conflit de valeurs vous afflige, courage ! En les résolvant, vous améliorerez grandement votre vie.

Truc

Avec un peu d'effort et d'application, il est possible de transformer une défaite en victoire. Mais, avant, vous devez connaître la hiérarchie et les règles en matière de valeurs.

Classer ses valeurs

Dans le chapitre 4, nous avons parlé de la hiérarchie des besoins de Maslow et de la façon de l'utiliser. Il s'agit d'un modèle général de valeurs qui illustre les influences des besoins sur tout un chacun. Mais, armé du savoir présenté dans le présent chapitre, vous pouvez faire mieux et découvrir votre propre hiérarchie des valeurs. Bien qu'en grande partie inconsciente, cette dernière est désormais taillée sur mesure pour les composantes de votre vie, et il est important de l'exploiter de façon qu'elle serve au mieux vos intérêts.

Toutes vos valeurs sont importantes, mais il vous faudra toujours en garantir une ou deux afin de pouvoir apprécier les autres. Prenez un temps pour les classer.

Fixer ses propres règles

Comment se fait-il que deux personnes à bord d'un manège à sensations puissent vivre totalement différemment l'expérience ? L'une pourra être terrifiée et détester chaque seconde passée à bord du manège, tandis que l'autre, euphorique, sentira l'adrénaline couler à flots. Que se passe-t-il donc ? C'est dû aux croyances de chacune de ces personnes, qu'elles utilisent pour déterminer si, oui ou non, leurs valeurs sont respectées. Ces croyances particulières, que vous avez vous aussi, sont les règles relatives à vos valeurs.

Les sensations physiques sur le manège sont à peu près identiques pour les deux personnes, mais c'est la *signification* donnée à l'expérience qui diffère. Chaque personne applique inconsciemment un ensemble de croyances spécifiques à propos de l'expérience physique, sous forme de règles. Pour l'une, la règle pourra être « je me mets inutilement en danger, de manière irresponsable », tandis que, pour l'autre, il pourra s'agir de « j'adore la sensation de vitesse, je me sens alors pleinement vivre ».

N'oubliez pas

Toutes les croyances vous aident à prendre rapidement des décisions sur la base d'une précédente expérience, mais, quand elles prennent la forme de règles inconscientes, elles peuvent vous sembler contrariantes et vous faire éprouver des sentiments indésirables.

Inutile de vous soucier de l'origine de vos règles, que vous la deviniez facilement ou non. Vos règles étant de simples croyances, à savoir uniquement une impression de certitude, vous pouvez facilement les modifier en faisant preuve d'un peu de bon sens.

Exemple

Si vous avez peur à la foire, posez-vous cette question : « Quelle est la probabilité pour que le manège dans lequel je me trouve se décroche à cet instant précis et provoque un grave accident dans lequel je serai blessé ? » Les vraies probabilités importent peu, il ne faut pas grand-chose pour être inquiet. Pouvez-vous raisonnablement croire que vous allez être gravement blessé dans ce manège ? Non. Puisqu'il n'existe aucune certitude que vous soyez blessé, cette croyance ne tient pas. Maintenant, appliquez la même logique pour trouver un bienfait à monter dans ce manège et cherchez jusqu'à ce que vous en trouviez un.

Attention

Ce genre de croyances, si elles passent le cap de l'examen logique, peuvent se révéler être des *phobies*. Elles peuvent être éliminées relativement facilement, mais vous pourriez avoir besoin de l'aide d'un thérapeute (voir chapitre 10).

Voici l'aspect passionnant de cette situation : quelles fausses croyances concernant cette situation pourriez-vous consciemment transformer en certitudes ? Eh bien, ce pourrait être effrayant et enthousiasmant (*euphorie*) et, après coup, vous pourriez ressentir la fierté d'avoir accompli quelque chose de nouveau (*développement personnel*). Vous pourriez désormais monter dans les manèges avec vos amis au lieu de rester sur la terre ferme à garder les manteaux et les sacs (*appartenance* à *un groupe*). Votre nouvelle règle pourrait être d'éprouver *de l'euphorie, un sentiment de développement personnel et d'appartenance* à *un groupe chaque fois que vous vous dépassez pour faire des choses nouvelles avec vos amis.* Quel moyen plus beau d'orner votre vie des valeurs que vous souhaitez ?

Pour changer l'une de vos valeurs, il vous suffit de choisir une option vous convenant mieux, vous apportant donc du plaisir et non la douleur de l'ancienne règle. Vous pourriez raisonnablement vous demander si ce procédé n'est pas un peu artificiel, et il l'est en effet. Mais ne considérez pas vos règles actuelles comme plus

« réelles ». Elles ne sont pas plus réelles que les anciennes et, si vous les choisissez judicieusement, elles vous permettront bien mieux de vous sentir comme vous le souhaitez.

Par exemple, la valeur n° 1 d'Antoine est d'être en bonne santé, mais ses règles pour y parvenir étaient les suivantes : je dois faire trois séances par semaine à la salle de sport, courir 8 kilomètres trois fois par semaine, être à 1,5 kg de mon poids de forme, manger uniquement des aliments nourrissants à base d'eau et n'avoir mal nulle part.

Malheureusement, Antoine n'était pas capable de respecter facilement ces règles, et il ne se laissait donc pas l'occasion de se sentir en bonne santé très souvent. Dès qu'il modifia ses règles, son problème fut résolu comme par magie. Il exprima ses nouvelles règles pour se sentir en bonne santé sous la forme d'affirmations qu'il pouvait répéter aussi souvent que nécessaire pour les garder à l'esprit :

- Je me sens vraiment en bonne santé et en forme quand je fais du sport ;
- Je me sens vraiment en bonne santé et en forme quand je me couche sans me sentir épuisé ;
- Je me sens vraiment en bonne santé et en forme quand j'évite les boissons ou les aliments mauvais pour la santé ;
- Je me sens vraiment en bonne santé et en forme quand je marche au lieu de prendre ma moto ;
- Je me sens vraiment en bonne santé et en forme quand je médite.

Demandez-vous ce qu'il faut pour que vous ayez ce sentiment d'appartenance tant désiré. Et si vous faisiez une pause dans votre journée bien remplie pour visualiser votre partenaire ou vos enfants ou vos parents ou ce qui est lié à ce sentiment ? Cela peut suffire à vous emplir de ce sentiment d'appartenance. Mais ne vous limitez pas à une seule chose.

Exemple

Créez une demi-douzaine de nouvelles règles qui vous permettront de ressentir chacune des valeurs figurant dans votre hiérarchie personnelle, puis dressez votre propre liste d'affirmations pour chaque valeur.

Le fait d'exploiter vos affirmations peut vous permettre de vous sentir comme vous le souhaitez la plupart du temps. De plus, cela élimine les conflits de valeurs qui proviennent d'un nombre réduit de règles difficiles à suivre.

N'oubliez pas

En vous réservant différentes manières de vous sentir bien, vous vous mettez dans les conditions idéales pour remporter des succès et disposer d'une belle confiance, car vous pouvez toujours au moins respecter l'une de vos règles ou affirmations.

Agir chaque jour selon ses valeurs

Quand vous avez conscience de vos valeurs et disposez d'un ensemble de règles réalistes pour ressentir leur présence dans votre vie, toutes les conditions sont réunies pour que vous viviez votre existence comme une série de journées presque parfaites. Dans les sections suivantes, vous allez apprendre à appliquer ces principes.

En vous acquittant de ces modestes tâches qui ne prennent que quelques minutes chaque jour, vous pouvez à coup sûr donner à votre existence quotidienne une assurance inconnue à ce jour. Vous contrôlerez bien mieux votre réussite et les expériences vécues, vous traiterez vos valeurs et vos sentiments de manière bien plus proactive et vous accorderez chaque jour une signification forte et nouvelle à vos actes. Essayez de suivre pendant une semaine les conseils des trois prochaines sections, et vous serez émerveillé par votre transformation.

Se concentrer sur ce qui est important

Chaque soir, avant d'éteindre la lumière, mettez par écrit la demi-douzaine de choses les plus importantes que vous souhaitez faire le lendemain. Il peut s'agir de n'importe quelle tâche à partir du moment où elle est importante. Pendant votre sommeil, votre inconscient cherche comment vous pouvez atteindre vos objectifs le plus facilement possible.

Le matin, avant de vous lever, prenez votre liste et décidez de la façon dont vous allez caser dans votre emploi du temps les tâches et activités choisies. S'il vous semble difficile de tout faire, laissez de côté la chose la moins importante, puis la seconde, jusqu'à ce que votre programme vous paraisse réalisable.

Vous disposez maintenant d'un emploi du temps journalier garantissant que vous consacrerez votre temps et votre énergie aux activités *les plus importantes*.

Répartir ses valeurs sur l'ensemble de la journée

Mais ce n'est pas encore suffisant pour créer une journée au cours de laquelle vous vivrez pleinement les sentiments prioritaires à vos yeux. Pour vous assurer qu'ils peupleront bien la journée qui s'annonce, énumérez mentalement et une par une vos valeurs, puis utilisez vos affirmations afin de voir où les placer dans votre programme et être le plus à même de les ressentir. Plusieurs emplacements peuvent convenir, visualisez chacun d'eux.

Vous avez désormais plus de chances de vivre votre journée parfaite, concentré sur les activités importantes et riche de vos sentiments les plus précieux. Vous avez plus conscience de la tournure que votre journée *peut* prendre et êtes plus susceptible de *la vivre* ainsi.

Faire le bilan de la journée

En fin de journée, faites le bilan de ce qui s'est produit et voyez comment vous avez vécu les événements. Tout s'est peut-être passé exactement comme vous l'aviez prévu mais vous n'avez pas eu le temps de tout faire. Vous pouvez alors en tirer un enseignement : vous avez peut-être l'habitude de trop charger votre programme. Au lieu de vous culpabiliser de n'avoir pu achever toutes vos tâches, veillez à en limiter le nombre jusqu'à ce que vous trouviez le bon équilibre.

Votre journée ne s'est peut-être pas du tout passée comme vous l'escomptiez. Une crise imprévue s'est déclenchée au travail ou un événement s'est produit. Pas de souci. Voyez si vous êtes parvenu malgré tout à respecter vos valeurs. Aviez-vous le sentiment d'appartenir à un groupe ou d'aimer votre famille quand vous y pensiez, et avez-vous pris le temps de penser à votre chance de les avoir ?

Quels que soient les événements, ne les jugez pas. Analysez simplement ce qui s'est passé aujourd'hui et consignez par écrit les choses les plus importantes que vous souhaitez faire demain. Ensuite, allez vous coucher.

Vivre de façon authentique

Vous devez maintenant être capable de voir que c'est dans le monde extérieur que se produisent les événements. Votre esprit ne fait que générer un ensemble d'expériences et de significations en réponse à ce qui se produit. Tous ces événements enrichissent votre vie. Vous habitez bien plus souvent ce monde intérieur d'expériences et de significations que le monde extérieur dans lequel se produisent les événements. Voilà une perspective radicalement différente, source de transformation.

Si la signification des choses est surtout une question d'interprétation et de choix, votre transformation personnelle est non seulement possible mais instantanée. Pour qu'elle se produise, vous devez devenir *authentique*, à savoir être capable d'interpréter librement les événements et vous créer leur signification, sans consulter ou demander à quelqu'un l'autorisation (même dans votre tête). Votre façon de vivre votre vie est en vous, et vous avez bien plus de latitude pour être vous-même que vous ne le pensez peut-être.

Pour favoriser votre développement et vous aider à savoir précisément qui vous êtes et ce que vous pouvez être et faire dans ce monde, il est important que vous ayez confiance en cette conscience de vous-même en train de naître, malgré la résistance de ceux qui estiment vous connaître le mieux, et même de ceux qui vous aiment le plus. Soyez authentique, fidèle à vous-même, et vous commencerez vraiment à faire des progrès. C'est une étape-clé pour acquérir influence et confiance.

Rien, en dehors de toi-même, ne peut t'apporter la paix.

Ralph Waldo Emerson

À un moment, vous pourrez peut-être pousser les êtres qui vous sont chers à accomplir un périple analogue au vôtre. Pour l'heure, vous devez vous investir totalement dans votre propre développement et avoir confiance en votre faculté de le mener à bien. Pour devenir complètement authentique, il vous suffit :

» D'arrêter de prétendre être ce que vous n'êtes pas et d'arrêter de prétendre ne pas être ce que vous êtes ;

» D'arrêter de prétendre vous préoccuper de ce qui n'a aucune importance pour vous et d'arrêter de prétendre ne pas vous préoccuper de ce qui vous importe ;

» D'arrêter de prétendre croire ce que vous ne croyez pas et d'arrêter de prétendre ne pas croire ce que vous croyez.

Maintenant, posez-vous la question suivante : quels principes est-ce que je défends vraiment ? Qu'est-ce qui a vraiment de l'importance pour moi ? En quoi est-ce que je crois vraiment ? Si vos réponses à ces questions diffèrent de celles que vous avez données plus haut dans ce chapitre, vous pouvez recommencer l'exercice avec vos vraies réponses. La différence traduira votre transformation.

Développer son identité

Bien qu'il soit essentiel d'être soi-même, il est également important de faire connaître son moi en cours de transformation. Dites à vos amis et collègues que vous avez une nouvelle façon de penser et que vous êtes déterminé à diriger votre vie. C'est une étape importante mais qui peut être délicate, car votre changement peut facilement perturber, voire menacer votre entourage.

Le mouvement homosexuel a un nom pour décrire le repositionnement psychologique et social d'un homme ou d'une femme homosexuelle qui revendique sa véritable identité : l'*affirmation de son identité sexuelle*, ou *coming-out*. Bien que la révélation de votre moi authentique ne comporte sans doute pas les mêmes risques et n'ait pas les mêmes conséquences, les différentes étapes à franchir sont les mêmes.

Le *modèle CASS* décrit les six étapes du développement de l'identité ; nous l'avons adapté pour qu'il convienne à notre propos.

Étape 1 : la confusion

Lors de cette première étape, l'identité que vous avez toujours considérée comme une évidence est remise en question. Quand vous commencez à penser que vos précédents rôles de fidèle ami, sœur dévouée, mère attentionnée, salarié consciencieux, etc. n'exprimaient pas votre vrai moi, une certaine confusion peut apparaître dans votre esprit. « Mais qui suis-je alors ? » est une question légitime quand vous recherchez votre vrai moi.

Étape 2 : la comparaison

Vous acceptez peut-être d'avoir une plus grande conscience de vous ou d'être différent de votre famille, de vos amis et de la plupart des gens appartenant à votre réseau social. Cela peut déclencher la peur d'être rejeté, et vous adopterez peut-être des stratégies afin de minimiser les risques (par exemple, ne parler à personne de votre insatisfaction grandissante face au *statu quo* dans votre vie).

Vous vous mettrez peut-être à lire en cachette des livres sur le développement personnel, ou vous consulterez un coach ou un psychologue sans le faire savoir. Vous en conclurez peut-être que vos problèmes ne concernent que le travail et que vous n'avez pas changé sinon.

Le meilleur conseil est d'aller doucement. Les changements ne doivent pas s'opérer dans la précipitation, et il est tout aussi difficile de l'empêcher. Laissez ce changement se produire. Lisez les livres et écoutez les CD qui peuvent vous aider. Vous ne vous sentez peut-être pas prêt à affronter le monde, et ce n'est pas une obligation.

Étape 3 : la tolérance

À ce stade, votre ancienne façon de vivre ne vous plaît peut-être plus (quelle que soit l'opinion des autres). Même s'il se peut que le sens donné à votre vie et à votre destinée ne soit pas très précis dans votre esprit, vous vous habituez probablement à l'idée que vous êtes actuellement en voie de changement.

Vous avez peut-être fait la rencontre de personnes de même sensibilité, même si le fossé entre votre prise de conscience grandissante et votre entourage est en train de se creuser. Il peut s'agir d'une phase éprouvante si vous ressentez un grand besoin d'acceptation et d'approbation.

Étape 4 : l'acceptation

En public, vous prétendez peut-être toujours être le même mais, intérieurement, vous avez accepté votre différence et vous ressentez un changement irrévocable. Vous vous posez ouvertement les questions : « Qui suis-je véritablement ? » et « Comment est-ce que je m'intègre dans le monde ? »

Étapes 5 et 6 : la fierté et la synthèse

Lors de ces étapes, étroitement liées, vous passez de l'idée d'éduquer les autres et soi à l'acceptation du fait que votre vision du monde a vraiment changé, et non le monde proprement dit. Vous faites toujours partie de ce monde, comme avant, mais vous avez plus conscience de votre identité et êtes plus à même de vivre selon vos valeurs et de faire concorder vos actes et vos pensées. Votre moi authentique est plus fort et confiant, et vous vous sentez moins menacé par ce que peut vous réserver l'existence.

Truc

Cette dernière étape est votre identité héroïque, votre moi authentique affiché quotidiennement à la face du monde à travers la mission et les valeurs que vous avez choisies : c'est le parcours de votre héros. Vous vivez avec force et totalement selon vos valeurs.

Affronter ses démons

Votre périple vers votre moi authentique est le projet de toute une vie. Et, à l'instar des héros de la mythologie grecque et romaine et des superhéros des bandes dessinées et de Hollywood, vous choisirez d'affronter vos démons.

N'oubliez pas

Qu'est-ce qu'un démon dans notre monde moderne ? C'est quelque chose dont vous avez peur et que vous n'affrontez pas. C'est précisément ce qui entrave votre évolution et, pour le vaincre, il vous faut la confiance nécessaire pour passer à l'action. Ce livre regorge de conseils à suivre pour renforcer votre confiance, alors utilisez-le et vivez votre vie à la manière d'un héros.

La plupart du temps, vous pouvez aborder les épreuves avec confiance et un vrai sens de l'engagement. Mais certaines épreuves sont effrayantes et uniques. Face à elles, gardez à l'esprit que, de toute manière, la vie allait vous les faire subir. Là, au moins, vous avez fixé les conditions et c'est pour une noble cause.

Dans ces moments difficiles, pensez à tous les progrès que vous avez effectués et félicitez-vous du chemin parcouru. Si vous êtes fatigué, prenez du repos. Si vous êtes désorienté, demandez conseil. Vous avez toujours le choix entre aller de l'avant vers le développement personnel ou revenir en arrière vers la peur. Quand vous êtes prêt, choisissez le développement personnel.

Chapitre 6

Faire ami-ami avec ses émotions

DANS CE CHAPITRE :

- » **Gérer ses émotions**
- » **Prêter attention à ses humeurs**
- » **Tester ses intuitions**
- » **Se défaire de l'emprise des émotions désagréables**

Repensez à la semaine dernière, et vous allez sans doute vous souvenir avoir éprouvé toute une palette d'émotions. Le bonheur, l'amour, la joie, la peur, la tristesse, la colère et la culpabilité sont naturellement et quotidiennement ressentis par l'être humain.

Les émotions sont essentielles pour le renforcement de votre confiance, car elles conditionnent votre comportement et la façon dont vous vous sentez. Elles ont également une très grande influence sur votre corps et votre santé. Vous trouverez de plus amples informations sur le lien entre l'esprit et le corps dans le chapitre 10.

Ce chapitre va vous aider à prendre conscience de la façon dont vous vivez la réalité à travers vos émotions.

Apprivoiser ses émotions

Quand vous faites ami-ami avec vos émotions, vous les écoutez et apprenez à les connaître. Vous obtenez ainsi des informations essentielles sur ce qui vous arrive et assumez la responsabilité de vos réactions. En ayant davantage conscience de vous-même, vous pouvez mieux vous motiver et agir comme vous le souhaitez au lieu de vous laisser dicter votre comportement par les autres et les circonstances.

Vous vous demandez peut-être pourquoi vous vous êtes mis en colère ou avez eu subitement peur. Ne serait-il pas préférable de vous séparer de ces « amies » ? Non. Vraiment pas. Même vos émotions les plus désagréables sont là pour prendre soin de vous. C'est le signe que vous êtes vivant. Votre mission est de prendre note de vos réactions émotionnelles et d'exploiter l'énergie qu'elles dégagent de manière adéquate.

L'étymologie du mot émotion est très éclairante : le préfixe latin *ex* signifie sortir et le radical *movere* veut dire mouvement. Il s'agit bien d'un moteur ou d'un cheval un peu sauvage (choisissez l'image que vous préférez) qui va vous faire bouger tant à l'intérieur qu'à l'extérieur. En cela, une émotion, qu'elle soit agréable ou désagréable, peut être considérée comme positive, car elle est chargée de sens. À vous de découvrir lequel ! Le sens caché de l'émotion sera bien plus riche à comprendre que sa cause. Les sections suivantes vont vous aider à y parvenir.

Accéder à son intelligence émotionnelle

Rendue populaire par l'auteur Daniel Goleman, la notion d'*intelligence* émotionnelle (QE, quotient émotionnel) fait référence à la faculté de maîtriser ses pulsions émotionnelles, de percevoir les sentiments les plus intimes d'autrui et d'entretenir des relations harmonieuses. Le QE est de plus en plus prisé dans le monde du travail, car les entreprises en ont mesuré tout l'impact sur la rentabilité, et dans d'autres domaines tels que l'éducation.

L'intelligence émotionnelle est liée à un ensemble de compétences qui ont une double dimension :

- **La compétence personnelle :** c'est-à-dire votre façon de vous prendre en main, la connaissance des émotions qui vous animent et la compréhension de vos capacités.
- **La compétence sociale :** votre façon de gérer vos relations avec les autres, en particulier la manière dont vous maîtrisez vos réactions néfastes, votre faculté de comprendre ce que ressentent les autres et votre capacité à faire preuve de souplesse dans les situations délicates.

N'oubliez pas

Que vous soyez étudiant ou PDG d'une entreprise, c'est votre faculté à gérer vos émotions et à mettre en valeur ce qu'il y a de mieux chez les autres qui peut vous mener vers le succès. Perdez votre calme et vous pourrez dire adieu à un client important ou vous ruinerez une relation.

La bonne nouvelle, c'est qu'avec le temps, vous pouvez améliorer votre intelligence émotionnelle. Votre QE n'est pas inné et immuable. De nombreux outils d'évaluation officiels sont commercialisés. Ils vous permettent de comprendre les dimensions subtiles de l'intelligence émotionnelle et de procéder à une autoévaluation. Pour tirer le meilleur parti d'un outil d'évaluation, il est souhaitable de prendre connaissance des impressions d'autrui tout en faisant le test. Faites-le en compagnie de votre coach, car les informations recueillies peuvent s'avérer difficiles à traiter tout seul.

Pensées rationnelles contre émotions

Chaque fois que vous pensez à un événement passé, il vous revient à l'esprit légèrement différent. Généralement, avec le temps, l'intensité de l'émotion décroît. Cependant, certains souvenirs peuvent continuer de vous agacer ou de vous bouleverser, surtout s'il s'agit d'un événement injuste ou gênant. Vous désirez le considérer avec logique et rationalité mais, pourtant, vous ne parvenez pas à tirer un trait dessus. Chaque fois que vous y pensez, l'émotion remonte à la surface. Un moyen de passer ce cap est de séparer le souvenir d'un événement de l'émotion associée.

Truc

Si un souvenir négatif suscite toujours chez vous une forte émotion, vous pouvez essayer de prendre un peu de recul par rapport à l'événement en question. Imaginez que l'événement s'est déroulé il y a très longtemps. Visualisez-le comme une vieille photo en noir et blanc, sans couleur ni vie, ni aucune émotion.

Exemple

Utilisez les étapes Événement, Souvenir, Émotion, Enseignement, Mesure présentées ci-dessous pour éliminer les effets négatifs de vos souvenirs :

1. **Rappelez-vous l'événement :** que vous est-il arrivé ?

   Nous allons utiliser l'exemple d'Anne, extrêmement nerveuse, qui a raté six fois son permis de conduire. En ce qui la concerne, l'événement est donc d'avoir raté l'examen du permis de conduire.

2. **Faites remonter le souvenir :** quel est votre souvenir de l'événement ?

   Anne se rappelle avoir rencontré l'examinateur et être montée dans la voiture.

3. **Évaluez votre émotion :** quelle émotion ressentez-vous lorsque ce souvenir vous revient ? Quelle est l'intensité de cette émotion sur une échelle de 1 (faible) à 10 (forte) ?

   L'émotion d'Anne est une peur qu'elle évalue à 8 sur 10.

4. **Découvrez l'enseignement à tirer de l'événement :** quel enseignement susceptible de vous aider à l'avenir pouvez-vous tirer de ce souvenir ?

   Pour Anne, il s'agit de maîtriser son émotion, son comportement et sa pensée (l'ordre varie selon les individus) quand elle est au volant avec un inconnu comme passager.

5. **Décidez d'une mesure à prendre :** quelle mesure pouvez-vous prendre en conséquence ?

   La mesure prise par Anne est de réserver ses trois prochaines leçons de conduite avec trois moniteurs différents.

LES MOTS POUR LE DIRE

Sébastien est directeur général dans une entreprise de construction. En suivant des cours de développement personnel, il se rendit compte à quel point il avait du mal à exprimer ses sentiments et il découvrit comment dire à sa famille combien il l'aimait. Au travail, il avait également l'habitude de se comporter comme une machine, toujours à analyser les résultats financiers et à mesurer la productivité. Un jour où tout allait de travers, il décida de se montrer courageux et d'exprimer ses sentiments aux autres directeurs. Il commença la réunion de service mensuelle par un tour de table, en disant à chaque personne ce qu'il appréciait chez elle. L'équipe fut surprise mais ravie de découvrir un directeur général plus humain.

Résultat : les participants à la réunion s'attaquèrent d'emblée aux problèmes épineux et prirent d'importantes décisions restées jusque-là au stade de tâches fastidieuses à accomplir.

Grâce à cette méthode, vous allez pouvoir extraire la valeur de ce souvenir et tirer les enseignements de l'événement tout en faisant disparaître toutes les émotions désagréables.

Note technique

L'EMDR (*Eyes Movement Desensitization and Reprocessing* ou intégration neuro-émotionnelle) est une thérapie rapide et efficace qui permet de traiter des événements traumatiques émotionnels (deuils, accidents violents, catastrophes naturelles, attentats...) grâce aux mouvements oculaires.

Associer la créativité et la confiance

Les trente dernières années ont vu les recherches sur le fonctionnement du cerveau se multiplier. La neuroscience continue d'enrichir la compréhension de l'être humain. Or en partant du principe qu'une division du travail se produit à l'intérieur du cerveau, on est amené à penser que les deux hémisphères cérébraux traitent différemment les informations. L'hémisphère gauche est responsable du traitement verbal, analytique et logique, tandis que l'hémisphère droit gère les informations d'une manière plus globale, intuitive et créative, pour lesquelles il faut du temps et de l'espace.

La créativité consiste à se servir de son imagination pour concevoir quelque chose qui n'existe pas, qu'il s'agisse d'une idée ou d'un élément plus tangible tel qu'une œuvre d'art ou un écrit. Elle implique de percevoir le lien entre des choses en apparence sans rapport. La plupart des personnes brillantes se réservent du temps et de l'espace pour mobiliser leur imagination créative, ce qui correspond à une activité du cerveau droit. Malheureusement, à mesure que les pressions s'intensifient dans le milieu professionnel, de nombreuses entreprises négligent d'octroyer à leurs employés le temps de s'adonner à des séances de réflexion et de lever la tête de leur travail.

N'oubliez pas

Renforcer sa confiance implique de trouver de nouvelles idées, approches et solutions. Pour ce faire, il est essentiel que vous mobilisiez toutes les parties de votre cerveau et que vous laissiez votre créativité s'exprimer au lieu de la contraindre. Si vous êtes à court d'idées, introduisez davantage de rire dans votre vie. En effet, « rire assurément, c'est vivre intensément », et d'autre part, au-delà de ses nombreux bienfaits sur la santé, le rire augmente considérablement votre créativité (voir une étude américaine concernant l'effet du rire sur l'efficacité personnelle : H. Beckman, N. Regier et J. Young, « Effect of Workplace Laughter Groups on Personal Efficacy Beliefs », *The Journal of Primary Prevention*, 28, 2007, p. 167-182).

Pour approfondir davantage le sujet, consultez l'ouvrage *Remettre du rire dans sa vie* (Robert Laffont, 2014) de Corinne Cosseron, fondatrice de l'École Française du rire et du bien être.

Trouver le courage d'exprimer ses émotions

Exprimer ses émotions demande du courage, surtout si vous avez l'habitude de vous comporter de manière rationnelle, sur la base de faits. Mais ce sont les émotions qui permettent de vous mettre en phase avec vous-même et les autres de manière plus profonde.

Évidemment, il ne s'agit pas de confier à tous vos collègues de travail vos émotions les plus intimes ou vos sentiments les plus refoulés. Mais il se présente probablement des occasions de mieux vous confier que vous n'avez l'habitude de le faire. Vérifiez si vous réprimez vos réactions émotionnelles et sentiments dans un domaine de votre vie. Vous arrive-t-il d'avoir l'impression de devoir dire quelque chose d'important, sans parvenir à franchir le pas ? Essayez de déterminer les avantages à long terme de la démarche consistant à exprimer ce que vous pensez et ressentez. Toute relation établie sur l'expression franche et honnête des sentiments a toutes les chances de demeurer passionnante et pleine de vitalité et continuera d'évoluer au lieu de stagner.

Surveiller ses humeurs

Dans le courant de la journée, vous avez différentes *humeurs*, à savoir des états d'esprit temporaires. Considérez vos humeurs comme un indicateur de température affichant le chaud et le froid à différents moments en fonction du temps qu'il fait. Quand vous êtes d'une humeur particulière, cela influe sur votre comportement et donc sur les résultats que vous obtenez. Il existe ainsi un réel avantage à prêter attention à ce que vous ressentez. À travers les expressions adoptées et les gestes effectués, votre humeur en dit autant que votre discours ou l'absence de discours et a donc des répercussions sur votre entourage.

Si vous sentez que vous n'êtes pas dans un état d'esprit optimal, vous savez d'instinct que ce n'est pas la journée pour prendre des décisions importantes. Et si votre humeur n'est pas bonne, vous déciderez peut-être de la modifier.

Observer ses changements d'humeur

À la différence d'une émotion, l'humeur n'a pas de déclencheur facilement identifiable. En renforçant la connaissance de votre humeur et de celle des autres, vous affinez votre observation de ce qui provoque un changement d'humeur, bon ou mauvais, chez vous.

Si vous connaissez désormais mieux vos humeurs, pensez aux couleurs et teintes de vos émotions et sentiments profonds, cette légère différence de température que vous détectez chez vous et ceux qui vous entourent.

Exemple

Un jour précis de la semaine, notez votre humeur à des moments-clés de la journée (tôt le matin, à midi, en milieu d'après-midi, en début de soirée et, enfin, au moment de vous coucher). Commencez à prêter attention à la façon dont vous vous sentez et aux nuances présentes dans la description de ces sentiments.

Créez-vous un répertoire d'expressions pour décrire vos légers changements d'humeur et prêtez attention à ce qui peut l'influencer. Vous déciderez alors peut-être de procéder à des ajustements dans votre programme journalier, et de chanter une chanson positive qui vous donne de l'élan lorsque vous ressentirez un petit coup de mou (*Le printemps* de Michel Fugain, *J'irai au bout de mes rêves* de Jean-Jacques Goldman...).

Mieux connaître son état naturel

Quand Élise se promène, elle se surprend souvent à fredonner un célèbre air de musique classique du compositeur tchèque Smetana, *Vltava*. Il la ramène à un événement délicieux, la fois où elle l'a entendu jouer en concert. Pour elle, cela signifie que tout va bien, qu'elle est de bonne humeur et que sa vie se déroule paisiblement.

Votre état est plus qu'une simple humeur : c'est une façon d'être, par opposition à une façon de faire. Pour trouver votre état naturel, votre état de base quotidien, vous devez déterminer votre façon d'être normale. Par exemple, prenez-vous la vie de façon très détendue, sans vous en faire, ou êtes-vous du genre à afficher une vitalité et une envie d'aller de l'avant ? Éprouvez-vous un sentiment particulièrement fort d'anxiété ou de culpabilité ou attendez-vous et anticipez-vous les événements à venir ?

Notez bien les mots que vous utilisez pour décrire votre état de base. Mettez par écrit les images et sentiments qui vous viennent à l'esprit.

Votre état de base est votre façon d'être dans la vie. C'est une habitude. Il peut vous convenir ou vous déplaire, au point que vous souhaitiez peut-être en changer. En le connaissant précisément, vous êtes mieux à même de l'ajuster si besoin est.

Exemple

Au début de chaque journée, décidez quel état vous souhaitez adopter. Vérifiez régulièrement dans la journée comment vous vous sentez.

Anecdote

AFFRONTER CE SENTIMENT DE SUBMERSION

Maxime est un homme d'affaires à la tête d'un véritable empire de l'industrie alimentaire. Entrepreneur travaillant très dur, il est dans un état de stress permanent et souvent submergé. Il court de réunion en réunion, ne prend jamais le temps de réfléchir ou de planifier et doit faire face à un nombre croissant de crises. Il a pris conscience de l'effet de son anxiété sur son corps et du stress sur son cœur et sa tension artérielle. Il s'est aperçu que cela nuisait à sa faculté de prendre des décisions en toute lucidité et a donc choisi de faire appel à un coach pour recadrer ses objectifs personnels et professionnels.

Truc

La vie est naturellement faite de hauts et de bas. Mais, si vous éprouvez régulièrement le sentiment négatif d'être submergé ou anxieux, disons plus de 20 % du temps, prenez rendez-vous avec votre médecin ou votre praticien.

Faire confiance à son intuition

Vous avez de l'intuition, mais comment l'exploitez-vous ? L'intuition est votre instinct, ce sentiment intérieur magique qui vous guide si vous l'écoutez. L'intuition prend souvent la forme d'un flash de clairvoyance, d'une révélation instantanée. L'*intuition* peut être définie comme « le fait de savoir quelque chose sans utiliser consciemment son raisonnement ». C'est ce qui se produit quand vous prêtez vraiment attention à votre inconscient bienveillant et utile. Quand vous entrez en contact avec votre intuition, vous êtes en phase avec ce que vous voulez vraiment dans la vie et vous suivez ce vrai sens de l'orientation dont disposent les personnes confiantes.

Écouter la voix éclairée de l'intuition

En écoutant votre intuition, vous récoltez de précieuses informations sur ce qui se passe au plus profond de vous. Quand vous suivez votre moi intérieur, vous créez un lien avec l'énergie physique, émotionnelle et spirituelle présente dans votre corps. Votre intuition vous donne ou non la « bonne » réponse, mais l'exploiter plutôt que s'y opposer peut s'avérer incroyablement précieux. Votre intuition peut vous aider à :

- Trouver de nouvelles manières d'aborder les problèmes ;
- Comprendre une situation ;
- Améliorer votre faculté à prendre des décisions ;
- Remarquer les choses qu'il vous faut prendre en compte ;
- Atteindre vos objectifs.

Écouter son moi intérieur

Einstein a dit : « Le monde que nous avons créé est le résultat de notre niveau de réflexion, mais les problèmes qu'il engendre ne sauraient être résolus à ce même niveau. » Les grands scientifiques, ainsi que les grands artistes, musiciens et toutes les personnes au sommet de leur art dans leur domaine d'activité se servent de leur intuition pour tirer de leurs réflexions des découvertes capitales.

Exemple

Vous pouvez libérer votre intuition en vous servant de votre imagination pour réfléchir à des problèmes d'une manière totalement différente. Faites cet exercice lorsque vous êtes confronté à une difficulté :

1. **Énoncez mentalement votre problème.**
2. **Laissez de côté les faits et mettez en veille votre esprit rationnel.**
3. **Asseyez-vous dans le silence pendant quinze minutes.**
4. **Laissez les intuitions vous parvenir.**

   Des images ou des sensations corporelles peuvent apparaître, ou vous pouvez ressentir un lien avec une personne ou un lieu bien précis.

5. **Réveillez votre esprit analytique et laissez-le exploiter vos pensées intuitives.**

Anecdote

VRAIS OU FAUX SOURIRES ?

Jusqu'à présent, il était admis que les femmes présentaient un meilleur « sixième sens » que les hommes. Mais il se pourrait que le vent soit en train de tourner. Il semblerait que les hommes fassent une place à leur côté intuitif, selon une étude menée lors du Festival des sciences d'Édimbourg par l'université de Hertfordshire. Les chercheurs ont demandé à 15 000 personnes de regarder des photos de visages souriants et de repérer les « vrais » sourires. Les hommes ont débusqué 76 % des faux sourires de femmes, et les femmes, seulement 67 % des faux sourires d'hommes.

Truc

Les gens se vendent à coups d'émotions et se justifient par les faits. Que vous vous vendiez lors d'un entretien, que vous vous battiez pour promouvoir une idée ou que vous vendiez un produit à un client, notez les ondes émotionnelles qui apparaissent, ainsi que les faits. Vous pouvez être certain qu'ils jouent un rôle.

Exploiter ses plus sombres émotions

Les émotions sombres font partie de la vie et de votre personnalité, aussi naturellement que la nuit fait suite au jour. N'oubliez pas que toutes vos émotions sont utiles, car elles vous informent sur ce qui vous arrive.

Certaines émotions vous donnent de l'énergie, tandis que d'autres vous affaiblissent. La peur et la colère, par exemple, vous poussent à passer à l'action. En revanche, la tristesse et la culpabilité agissent comme des dépresseurs : elles vous bloquent et vous empêchent de vous imposer.

Il faut parfois du temps pour que les émotions se forment, jusqu'à ce qu'elles surgissent de manière incontrôlable. Imaginez les événements chargés d'émotions de votre vie comme un collier de perles. Supposez que vous ressentiez de la colère pendant plusieurs années sans pouvoir l'exprimer. À l'âge de 5 ans, on vous retire votre jouet préféré sans vous demander votre avis. À l'âge de 11 ans, on vous persécute dans la cour d'école. À l'âge de 15 ans, la première personne dont vous tombez amoureux vous délaisse pour quelqu'un d'autre. À l'âge de 18 ans, vous ne gagnez pas une compétition parce qu'un autre a triché. À l'âge de 25 ans, au moment d'acheter une maison, le vendeur revient sur la promesse de vente parce qu'il a reçu une meilleure offre. Enfin, à l'âge de 30 ans, vous ratez le putt capital sur le dernier trou, perdez le tournoi de golf, et votre colère éclate de manière incontrôlable.

Ce genre de réaction en apparence injustifiée ou excessive provient souvent de l'accumulation inconsciente d'événements frustrants dans votre vie pour former un immense sentiment d'injustice. L'explosion est bien plus grande que la minuscule goutte d'eau qui fait déborder le vase. Tant que vous n'aurez pas découvert comment enrayer ce phénomène, vous risquez de vous brouiller pour un rien avec les autres, ce qui est loin de favoriser votre équilibre émotionnel.

En analyse transactionnelle, ces émotions non exprimées et qui s'accumulent sont appelées des *timbres*. La personne fait une collection pendant toute la journée (ou plusieurs années !). Elle attendra que le carnet soit plein pour s'autoriser à exprimer cette émotion souvent de manière peu adéquate (au mauvais moment, au mauvais endroit, avec une personne non concernée). Pour éviter de tels dérapages, l'idée serait d'identifier l'émotion et de se laisser traverser sans la « stocker », donc de rendre les timbres au fur et à mesure sans les collectionner.

Dans les sections suivantes, nous allons étudier des moyens d'éclairer ces moments sombres.

Transformer sa colère en énergie

Pour gérer une situation au cours de laquelle vous êtes en colère contre quelqu'un, vous devez exprimer votre émotion efficacement, et il est utile de connaître la différence entre se plaindre et mener une attaque personnelle contre quelqu'un : la *plainte* concerne un comportement, alors que la *critique personnelle* vise la personne. Il est important de séparer l'action de son auteur.

Dans le cas d'une critique personnelle, l'autre ressent une émotion intense et se met alors sur la défensive, avant de passer lui aussi à l'attaque. Les deux personnes se trouvent alors prises dans un cercle vicieux. Dire à quelqu'un : « Tu manques d'égards, tu es égocentrique et paresseux » est une attaque personnelle qui favorise la montée de la colère.

Il vaut mieux opter pour la plainte, dire précisément ce que la personne incriminée vous a fait et comment vous avez pris la chose. Voici une plainte plus productive : « Tu m'as laissé toute la vaisselle et j'en ai marre de passer du temps enfermé dans la cuisine pendant mon jour de repos. » Poursuivez en demandant à l'autre de faire quelque chose : « Tu pourras faire la vaisselle après avoir fini de dîner ? » Vous exprimez votre colère, puis demandez un changement d'attitude raisonnable. La plainte permet d'orienter son énergie vers la résolution du problème plutôt que de la gaspiller dans un accès de colère.

N'oubliez pas

Pour vous plaindre, procédez comme suit :

1. **Énoncez les faits.**
2. **Faites part de vos sentiments.**
3. **Demandez une action simple de la part de l'autre personne.**

D'autres clefs vous sont données dans les chapitres 14 et 15.

Anecdote

LE PARDON AU SEIN DU RÈGNE ANIMAL

Offrir son pardon à ceux qui agissent mal avec vous est un signe de compassion. Des études ont démontré l'incroyable capacité des animaux à régler les conflits et à passer à autre chose. Les animaux ne peuvent pas se permettre d'avoir de la rancune dans des situations où ils dépendent des autres pour trouver de la nourriture ou se battre contre d'autres groupes. Pour leur part, les êtres humains semblent avoir beaucoup plus de difficultés à résoudre leurs conflits.

Un article du *New Scientist* (« Kiss and make-up », 7 mai 2005) analyse les conflits entre divers animaux, des hyènes aux dauphins. Ce sont les chimpanzés qui présentent les signes les plus flagrants de réconciliation. Lors d'une étude sur le terrain, des chercheurs ont observé un chimpanzé mâle dominant battre une femelle. Moins de quinze minutes après, après avoir léché ses blessures, elle se rapproche de son agresseur et lui présente le dos de sa main pour qu'il l'embrasse. Le groupe se réunit de nouveau très vite et joyeusement pour se câliner et partager de la nourriture.

Éliminer les ruminations inutiles

Les émotions telles que la jalousie et l'amertume peuvent anéantir votre confiance. Elles vous rongent, vous prennent énormément de temps et d'énergie et vous empêchent d'aller de l'avant si vous n'en découvrez pas le sens caché. Souvent, ces sentiments se dissipent avec le temps, mais vous pouvez les aider à disparaître en faisant l'exercice Événement, Souvenir, Émotion, Enseignement, Mesure de la section « Pensées rationnelles contre émotions », plus haut dans ce chapitre.

Si vous ressassez continuellement d'anciens griefs ou blessures, faites appel à un thérapeute professionnel pour tourner la page. Un thérapeute spécialiste de la ligne de temps peut vous aider à vous débarrasser des émotions désagréables vous empêchant d'apprécier pleinement votre vie.

Anecdote

REPROGRAMMER DES PHOBIES

Certaines réponses émotionnelles sont particulièrement réfractaires au changement. Une phobie, qui est une peur très intense d'un événement ou d'une personne rencontrée par le passé, peut s'avérer difficile à faire disparaître. Les phobies semblent échapper à toute logique, et il se peut que vous ne sachiez pas comment cette peur s'est développée. Que votre phobie concerne l'avion, les escalators, les ponts autoroutiers, les araignées, les grenouilles ou n'importe quoi d'autre, elle peut vous rendre la vie impossible.

En tant que coachs formés à la programmation neurolinguistique, nous avons appliqué le traitement rapide des phobies par la PNL, technique qui vous permet d'extraire le contenu émotionnel du souvenir en question.

Ce traitement est détaillé dans *La PNL pour les Nuls* (Éditions First), coécrit par Kate et Romilla Ready. Il consiste essentiellement à se dissocier du souvenir d'une réponse phobique. Cette technique permet à des personnes souffrant de phobies depuis plusieurs années de se soigner en l'espace de vingt minutes. Le soulagement et le plaisir d'être libéré d'une phobie sont extraordinairement puissants. Le plus important, c'est que les personnes surmontant leur phobie recouvrent le contrôle de leurs réponses émotionnelles.

Savoir pardonner et passer à autre chose

L'art de développer des relations abouties repose sur la faculté de se maîtriser et de comprendre ce que ressent l'autre. Dans ses travaux sur l'*intelligence* émotionnelle, Daniel Coleman suggère que les racines de la moralité se trouvent dans l'empathie.

Avoir une relation aboutie avec quelqu'un demande de l'*empathie*, à savoir la faculté de pénétrer et partager les émotions de l'autre. Quand vous vivez une situation difficile avec quelqu'un, essayez de vous mettre à sa place et de comprendre sa perception de la vie, ses pensées ou sentiments à propos de la situation en question.

Truc

L'empathie est une caractéristique absente chez les criminels. Gardez cela à l'esprit si vous êtes attaqué ou persécuté et considérez toujours votre sécurité comme la première des priorités.

Entretenir des griefs du passé peut épuiser votre énergie. Le souvenir associé peut vous empêcher d'aller de l'avant.

Exemple

Dites à une personne qui vous a fait de la peine ou du tort par le passé que vous lui pardonnez en lui écrivant une lettre. Revenez sur les faits reprochés et sur vos sentiments de l'époque. Dites-lui que vous lui pardonnez pour le rôle qu'elle a joué dans l'affaire. Vous n'avez pas besoin de poster cette lettre. Vous pouvez maintenant la déchirer et la voir tomber dans la corbeille en sachant que, par ce geste, vous venez de faire disparaître l'objet de votre émotion.

Note technique

Ho'oponopono est une méthode hawaïenne, un rituel de pardon, simple et très efficace pour résoudre les conflits dans un amour inconditionnel illimité.

LA MÉTHODE HO'OPONOPONO

De plus en plus de personnes utilisent cette approche après avoir lu un livre de Joe Vitale. Il y raconte comment le Dr Len a guéri une salle complète de patients aliénés criminels, sans jamais voir aucun d'eux. Quand Joe lui demanda comment il arrivait à ce résultat incroyable, voilà ce que le thérapeute répondit : « *Si je veux changer ma vie, je dois commencer par me changer moi-même. Si je veux guérir quelqu'un – même un criminel malade mental – je le ferai en me guérissant moi-même, car l'humanité est reliée par un lien d'amour universel. Alors, je prends chaque dossier et je répète simplement : Désolé, pardon, merci, je t'aime.* »

Morrnah Simeona (1913-1992), célèbre guérisseuse hawaïenne, qui a enseigné cette méthode à travers le monde, explique le Ho'oponopono ainsi : « *Nous sommes la somme totale de nos expériences, ce qui revient à dire que nous sommes chargés de nos passés. Lorsque nous expérimentons du stress ou de la peur dans nos vies, si nous nous appliquions à voir avec attention, nous pourrions nous rendre compte que la cause est en fait une mémoire. Ce sont les émotions qui sont liées à ces mémoires qui nous affectent maintenant. Le subconscient associe une action ou une personne dans le présent avec quelque chose qui s'est produit dans le passé. Lorsque cela se produit, les émotions sont activées et le stress survient.* »

La formule *Désolé, pardon, merci, je t'aime* consiste en un nettoyage de ces mémoires par l'amour inconditionnel. Prêt pour le grand ménage ?

Chapitre 7

Libérer sa passion

DANS CE CHAPITRE :

- **Comprendre comment utiliser sa passion**
- **Élever son niveau de jeu**
- **S'engager à suivre le périple de son héros**
- **Entraîner les autres par sa passion**

Vivre selon ses valeurs (thème traité dans le chapitre 5) dépend en grande partie de l'intensité donnée à son existence. Admettons que vos valeurs soient les couleurs présentes sur votre palette d'artiste. Vous souhaiterez bien sûr qu'y figurent vos couleurs préférées. Mais, pour peindre un tableau riche et complet de votre vie, ces couleurs doivent apparaître dans des tons vifs mais également pâles. Vous ne souhaiterez pas toujours employer des tons éclatants, tout en les gardant à disposition pour les moments où votre vie justifie leur utilisation.

Il en va de même avec vos valeurs, vos sentiments. Vous ne privilégiez pas toujours la passion et l'enthousiasme, mais souhaitez être capable d'accéder sur commande à votre passion, surtout quand celle-ci est incontournable pour obtenir les résultats escomptés. La passion est la clé pour vivre intensément. Ce chapitre vous dit comment la trouver et l'exploiter.

Découvrir son moi passionné

Prenez un moment pour vous rappeler la dernière fois que vous avez vibré pour quelque chose. Aviez-vous trouvé que l'énergie produite vous avait fait grandir ? Êtes-vous parvenu au résultat pour la réalisation duquel vous étiez si passionné ? Y seriez-vous parvenu sans cette passion ?

Les Anglo-Saxons ont tendance à être gênés par les émotions puissantes. En dehors de la passion sexuelle (qui suscite souvent toutes sortes de problèmes), ils associent souvent la passion à des émotions et résultats négatifs tels que la vengeance, la jalousie et la haine. C'est vraiment dommage, car, en adoptant cet étroit champ d'action passionnel, ils se privent de l'un des vecteurs émotionnels les plus puissants.

Le bonheur, c'est savoir ce que l'on veut et le vouloir passionnément.

Félicien Marceau

Si vous avez fait le serment de vivre avec confiance et à fond chaque journée, la passion est une émotion essentielle de votre arsenal. Elle vous permet de relever de grands défis et d'obtenir de fantastiques résultats.

Mais si une partie de vous-même a très envie de laisser s'exprimer le côté passionné et dynamique que vous avez, une autre partie se méfie et ne souhaite pas vous laisser vivre sans retenue. Vous avez probablement peur de commettre des erreurs, d'avoir une mauvaise image, de vous couvrir de honte ou d'éprouver de la gêne à faire votre possible sans récolter les fruits de vos efforts. Vous faites alors preuve de retenue pour éviter d'être mal à l'aise.

La retenue devient une habitude, et éviter d'être mal à l'aise va à l'encontre du but recherché, car vous perdez ainsi tout accès à votre passion. Pire : l'émotion contenue que vous évitez ou refusez vous rend sournoisement la pareille par une maladie ou une dépression.

Il vaut bien mieux profiter de cette merveilleuse occasion pour élargir votre palette d'émotions et accueillir à bras ouverts votre passion, qui compte parmi les plus puissantes expressions de votre être.

N'oubliez pas

La passion est une intensité émotionnelle. C'est une excitation totale, une motivation surcomprimée, une force extraordinaire qui peut s'attaquer bille en tête à presque tous les défis. C'est une façon pour la nature de vous donner la puissance nécessaire pour obtenir un résultat très important à vos yeux. Point de salut sans elle. Vous gagnerez donc à comprendre la puissance de votre passion et à trouver comment la laisser s'exprimer.

Devenir plus passionné

En matière de passion, vous avez les mêmes capacités que n'importe quel artiste, orateur ou sportif (ou que n'importe quel groupe d'individus connu pour sa passion). Ce que vous avez aussi probablement, ce sont des blocages qui étouffent votre passion naturelle pour la vie et vous empêchent de déchaîner votre moi passionné et de l'afficher ainsi aux yeux du monde.

Pour vous débloquer et laisser votre passion s'exprimer (ce que vous ferez en étudiant les autres chapitres de cet ouvrage), vous devez ouvrir quelque peu votre cœur pour contrecarrer les voix de votre esprit qui vous disent ce que vous *devriez* faire. Cela signifie qu'il faut vous conformer à vos *valeurs*, vos sentiments les plus précieux, et commencer à leur accorder la priorité qu'elles méritent.

N'oubliez pas

À cet instant, *rien* n'est plus important pour vous que la façon dont vous vous *sentez*. C'est le reflet de la signification que vous accordez aux choses qui vous arrivent, et cela détermine ce que vous en faites.

Les sentiments importants pour vous peuvent vous guider d'une manière très sûre pour savoir ce qui vous convient le mieux. Et, si vous *agissez* ensuite conformément à ces sentiments, vous commencerez alors à débloquer votre passion jusqu'alors entravée. Robert Dilts, psychologue américain créateur du modèle des niveaux neurologiques que nous expliquons dans la section suivante, appelle *congruence* le fait d'agir conformément à ses sentiments en référence aux travaux de Carl Rogers.

Explorer ses niveaux neurologiques avec Dilts

Se laisser guider par ses seuls sentiments, c'est un peu se retrouver naufragé sur une île déserte. Cette expérience peut être belle, voire idyllique, mais, à moins qu'elle ne soit intentionnelle, riche et attrayante, elle peut se dégrader avec le temps et même finir en véritable désastre. Il vous faut un but cohérent et, pour avoir une vie enthousiasmante de passionné, un dessein de grande envergure est nécessaire, peut-être plus grand que ce que vous pourriez vous imaginer capable d'accomplir en une seule vie.

Pour vous aider à comprendre et à développer la congruence des sentiments, pensées et actions, vous pouvez utiliser les *niveaux neurologiques* de Dilts, terme compliqué pour nommer une manière simple et efficace d'observer le fonctionnement des êtres humains (le livre de Kate, *La PNL pour les Nuls*, Éditions First, traite en détail des niveaux neurologiques).

Les niveaux à la loupe

Dilts pense que vous vous exprimez dans votre vie à six niveaux, lesquels s'associent pour former votre expérience complète d'être humain. Du fait de leur caractère indépendant, ces niveaux peuvent perdre de leur synchronisme. Vous devenez alors *incongruent*, ce qui signifie que vous perdez votre pouvoir naturel, la confiance en votre passion et votre faculté à prendre des mesures décisives.

Voici une description de ces niveaux et de la façon dont ils se définissent dans votre vie généralement :

- **Environnement :** c'est l'endroit où vous vivez et travaillez, les personnes avec lesquelles vous vivez, la culture prédominante et les traditions. Vous créez ces environnements avec les autres par votre intervention et le rapport que vous entretenez avec eux.
- **Comportement :** l'une des influences les plus marquées que vous avez sur l'environnement est la manière dont vous agissez en son sein. Souvent, vous sentez que vous contrôlez complètement ce que vous faites. Mais parfois, des faits imprévisibles se produisent, par exemple la façon dont vous agissez et réagissez à des événements.
- **Aptitudes :** vivre demande beaucoup d'aptitudes. Vous devez communiquer, et il vous faut pour cela développer des capacités sociales et économiques. Vous devez prédire la façon dont les autres vont se comporter et intégrer cela dans vos relations avec eux.
- **Valeurs et croyances :** dans leur forme la plus pure, vos *valeurs* sont les états émotionnels que vous souhaitez connaître. Les *croyances* sont vos règles générales en matière de sentiments. Elles vous permettent de prendre rapidement des décisions mais, si vous ne les remettez pas en question, elles peuvent vous emprisonner dans le passé.

» **Identité :** c'est votre réelle identité au sens holistique du terme. Elle englobe dans un tout votre perception de votre environnement, votre comportement, vos aptitudes, vos valeurs et vos croyances et vous permet d'entretenir des rapports dans les systèmes que sont le travail, la famille et la nation.

» **Ontologie ou esprit :** c'est votre perception de votre mission sur terre. Vous pouvez ou non en avoir une idée claire. De nombreuses pratiques religieuses, techniques de méditation et de développement personnel tentent d'accroître votre perception de votre moi.

Ces six niveaux constituent donc votre perception de vous-même dans ce monde. Pour être véritablement confiant, vous devez afficher une grande congruence sur l'ensemble de ces niveaux, lesquels doivent se compléter, se renforcer et non entrer en conflit. Quand vous y parvenez, toutes ces composantes de votre être forment une combinaison harmonieuse qui vous permet de tendre vers un seul objectif.

Il vous arrive de ressentir épisodiquement et intérieurement cette version totalement congruente de votre personnage, mais il vous faut souvent lutter pour la manifester avec cohérence aux yeux de tous. Pour acquérir du pouvoir personnel et disposer d'une confiance en soi totale, il est essentiel que vous deveniez plus congruent.

Exposer ses niveaux

Exemple

Dans cette section, vous allez utiliser le modèle Dilts pour découvrir ce que vous savez et sentez être vrai à propos de vous-même.

Exercice préliminaire facultatif : Disposez au sol six feuilles successivement (dans le sens de la marche avant) portant le nom de chaque niveau (Environnement, Comportement, Aptitudes, Valeurs et croyances, Identité, Esprit). Mettez-vous physiquement, debout, sur chaque feuille en prenant le temps d'éprouver ce que chaque niveau signifie aujourd'hui pour vous. Puis faites demi-tour, redescendez un à un les échelons en pensant à ce que vous vous êtes dit. Prenez votre temps et fermez les yeux si nécessaire. Vous êtes prêt pour la suite de l'exercice.

Rédigez un petit paragraphe sur la façon dont vous vivez votre vie pour chacun des six niveaux, de votre environnement à votre esprit. Ensuite, décrivez la façon dont *vous aimeriez vivre chaque niveau*, en commençant cette fois-ci par l'esprit pour terminer par l'environnement.

Cette analyse personnelle va vous permettre de mesurer l'écart existant entre l'« état » actuel de votre vie et l'« état » souhaité. Vous pourrez ensuite vous fixer des objectifs personnels pour éliminer les divergences observées. Les encadrés suivants vous fournissent l'exemple de Nicolas.

Ne soyez pas surpris par le degré de congruence que présente déjà votre vie. Vous avez d'immenses capacités que vous sous-estimez. Il vous arrive alors de vous focaliser dessus et de faire un complexe dans des domaines où vous êtes perfectible. Observez maintenant tous les éléments de votre modèle vous posant problème et, comme Nicolas, prenez les mesures nécessaires pour y remédier. La première autoanalyse de Nicolas est présentée dans l'encadré p. 115.

La perception qu'a Nicolas de sa vie est déformée par son ressenti actuel et par des émotions refoulées telles que le regret, la culpabilité et la frustration. De l'extérieur, il donne l'impression d'être un brillant homme d'affaires, mais il estime avoir fait trop de concessions pour y parvenir.

Il a maintenant l'occasion de se « redessiner » comme il aimerait être. Cette fois-ci, il va parcourir les six niveaux neurologiques en commençant par l'ontologie. La perception de soi que Nicolas aimerait avoir est présentée dans l'encadré p. 116. Elle ne reflète pas exactement la façon dont il se sent aujourd'hui, mais on le reconnaît encore et elle correspond à ce qui lui semble réalisable.

La nouvelle description à laquelle il aspire est bien plus congruente que le portrait dressé dans le premier encadré. Il possède déjà la plupart des éléments qu'il désire. Simplement, il ne les vit pas de la sorte. En réfléchissant, il lui vient à l'esprit des choses qu'il pourrait facilement faire ou aisément envisager. Il dispose désormais d'un objectif de changement ambitieux.

L'ANALYSE DE MES NIVEAUX

Environnement – Je suis marié et j'ai quatre enfants. Nous vivons dans la banlieue d'une grande ville, en bordure de la ceinture verte. Ainsi, je ne suis pas loin de mon travail, et ma famille apprécie la vie à la campagne. Je suis prestataire de services pour quelques-unes des plus grandes multinationales mondiales. Je n'approuve pas toujours leur stratégie commerciale ou les produits qu'elles fabriquent, mais il est généralement génial de travailler avec celles qui sont loyales et honnêtes. Je gagne bien ma vie, et cela nous permet d'inscrire les enfants dans le privé, d'avoir le mode de vie que nous aimons et de mettre de l'argent de côté pour nos vieux jours.

Comportement – Je me considère comme quelqu'un de facile à vivre. Dans le travail, j'aime l'autonomie et non les situations me forçant à être constamment derrière le dos des autres. Au travail, faire des remontrances me gêne parfois, et je n'excelle pas en la matière. À la maison, je préfère éviter les situations épineuses avec les voisins, ce qui me fait plutôt paraître comme quelqu'un de réservé. Je pense que certains me trouvent distant, à tort.

Aptitudes – J'ai un diplôme universitaire et je travaille dans mon secteur d'activité depuis plus de dix ans. J'ai la réputation d'être original dans mes analyses, et je me suis constitué une base de clients fidèles. Je suis curieux de nature et doté d'un bon sens de l'innovation. Je parviens ainsi souvent à devancer mes collègues plus jeunes dans la production et la mise en œuvre d'idées novatrices pertinentes. À la maison, je ne suis pas trop bricoleur, mais je me considère comme un mari patient et un père compétent et affectueux pour mes quatre enfants.

Valeurs et croyances – J'ai grandi dans les années 60 et 70 quand nous croyions pouvoir changer le monde grâce à la liberté de pensée et la remise en question de l'immobilisme ambiant. La liberté de pensée est à mes yeux la chose la plus importante et, quand d'autres en manquent, cela me perturbe. Je m'inquiète pour le monde dans lequel nous vivons aujourd'hui et je ne vois pas grand-chose qui pourrait laisser penser que cela ira mieux demain. La politique libérale semble de nouveau ne plus avoir le vent en poupe après une courte reprise dans les années 90. Nous détruisons la planète, et il manque une réelle volonté politique de remédier à cela.

Identité – Bien que je ne me soucie plus d'être « démasqué », j'ai parfois encore un peu l'impression d'être un imposteur. J'ai eu une brillante

»

carrière dans les affaires sans pour autant vraiment me sentir à ma place. J'ai travaillé avec succès avec des personnes dont je ne partage pas du tout les valeurs. J'ai l'impression de ne pas avoir été vraiment moi pendant de longues périodes, et j'ai eu tendance à me définir comme ce que je ne suis pas et ce que je ne veux pas être plutôt que comme ce que je suis vraiment et ce que j'aspire être.

Ontologie ou esprit – J'ai l'impression que mon esprit est en cage. Qui sait à quoi ma vie aurait ressemblé si j'avais suivi ma vocation à l'âge de 20 ans au lieu de me lancer dans les affaires ? J'ai poussé mes enfants à vivre leurs passions et je leur ai permis de penser à eux. Il se peut que, sur le tard, je réussisse à accomplir ma destinée et que je contribue au bien-être de la planète en suivant ma vocation.

LE RÉAJUSTEMENT DE MES NIVEAUX NEUROLOGIQUES EN FONCTION DE MES ASPIRATIONS

Ontologie ou esprit – J'ai toujours ressenti un lien profond avec l'univers, la nature et la planète. Je ressens le besoin de vivre en harmonie avec la planète, d'une manière écologique et dans le respect de tous ses habitants. Je pense que ma mission sur terre est de représenter le point de vue holistique et de l'exprimer à mes semblables, au monde des affaires et à notre jeunesse. Je ne me qualifierais pas de religieux, malgré les divers itinéraires religieux successivement empruntés. Ma voie est celle de la pureté, de la pensée libre, du respect dans tous les domaines et de la responsabilité pour nos décisions et contributions personnelles.

Identité – Ce que je suis est la personnification de la liberté, de la tolérance et du respect de l'autre. Je choisis d'être l'exemple type de l'homme d'affaires cultivé et éclairé. Quand j'évolue à mon meilleur niveau, je me sens soutenu par une force naturelle invisible qui régit le monde et veille sur mon honnêteté. Je connais parfaitement mes rôles et ma contribution et je les choisis avec soin. Je suis fiable : je tiens toujours mes promesses. D'autres me considèrent comme un modèle, une source d'inspiration et une force qui fait le bien dans le monde.

»

Valeurs et croyances – J'accepte et je respecte le besoin d'être commercialement intègre, riche et de réaliser des bénéfices, mais le profit n'est pas le seul élément important dans les affaires, et je ne le ferai jamais passer avant le facteur humain, l'honnêteté et l'intégrité. Je crois en l'existence d'un ordre dans la nature et l'univers, régi par des forces que nous ne comprenons pas complètement. Je pense que nous sommes payés en retour, sous de multiples formes dont nous n'avons pas conscience, pour le bien que nous faisons sur terre. Dans la vie, la chose la plus importante est la liberté de devenir la personne que nous sommes censés devenir.

Aptitudes – Je suis un étudiant de la vie qui s'engage à apprendre toute sa vie. Je suis un homme d'affaires à l'expérience riche et variée. Je suis un orateur et un professeur qui aime s'intéresser à l'apprentissage des autres. J'ai une certaine vision des choses, je suis passionné et j'ai de l'énergie à revendre. Je peux m'enthousiasmer pour de nouvelles perspectives, et me rallier à la cause des autres me passionne. Je suis un père et un conjoint aimant et dévoué. Je peux faire tout ce qu'il faut pour le bien d'une cause que je défends.

Comportement – Je suis calme et rationnel. Je suis concentré sur les tâches que je dois accomplir. Je suis de bonne compagnie et respectueux des autres (mais pas au détriment de ma mission ou d'un engagement passé). Je préfère être tolérant, mais je suis également capable de m'affirmer, et cela ne me pose pas de problème de mener des luttes ou même de m'opposer à une foule quand je suis persuadé que c'est justifié. Les gens savent que je suis toujours en accord avec mes croyances et valeurs et ne s'attendent pas à ce qu'il en soit autrement.

Environnement – Je préfère vivre dans le calme et l'ordre, avec des objectifs clairs et des résultats attendus. Je choisis la compagnie de personnes qui me ressemblent et m'acceptent comme je suis. Je résous les désaccords avant qu'ils ne se transforment en conflits et inimitiés. J'évolue dans des entreprises à succès au sein desquelles les gens connaissent mes convictions, savent ce que je peux apporter et apprécient ma contribution.

N'oubliez pas

Pour libérer votre moi passionné, vous devez venir à bout de ces incohérences jusqu'à présent ignorées. Ainsi, vous transformerez la façon dont vous vivez votre vie.

Accéder à sa passion naturelle

Le moyen le plus rapide de débloquer votre passion naturelle est peut-être d'avoir une idée claire de ce que vous voulez, de la raison pour laquelle vous tenez à cette chose et de ce que vous pouvez faire pour l'obtenir. Le philosophe Friedrich Nietzsche a dit : « Si une personne a une raison de vivre, elle peut supporter presque tout ! »

Alors, pourquoi voulez-vous certaines choses ? Est-ce qu'elles respectent vos valeurs ? Correspondent-elles à l'image que vous avez de vous-même ? Sont-elles dignes de quelqu'un censé accomplir ce qu'il estime être son destin ? Les actions que vous devez mener sont-elles conformes à vos croyances et valeurs ? Confortent-elles ou ébranlent-elles votre identité ? Seriez-vous fier de lire un article sur elles dans les journaux ? Souhaiteriez-vous que votre mère soit au courant ?

Si vous répondez « non » à l'une des questions précédentes, vous sapez votre faculté d'être passionné, vous l'épuisez comme si vous essayiez de remplir une baignoire sans l'avoir bouchée. Voici d'autres éléments à éviter :

- **La peur :** la peur contrecarre la confiance. Ce livre regorge de recettes permettant de l'identifier et d'en faire une force une fois qu'elle est démasquée.
- **Le doute :** pourquoi souhaitez-vous adopter une certaine ligne de conduite ? Vous devez avoir une idée claire de ce que vous souhaitez accomplir et une raison suffisamment solide.
- **L'aversion pour le risque :** l'aversion pour le risque est une autre manifestation de la peur. Ne considérez pas le risque comme quelque chose à éviter, mais plutôt à maîtriser.
- **Les tergiversations :** vous remettez à plus tard l'exécution de tâches difficiles afin de vous rendre la vie plus agréable, mais cela produit toujours le contraire. Habituez-vous à commencer par le plus difficile. Vous libérerez ainsi votre passion pour le reste (si les tergiversations constituent un réel problème pour vous, ce thème est analysé en détail au chapitre 9).

N'oubliez pas

Être passionné et plein d'énergie est naturel quand vous vous investissez dans des projets qui vous tiennent vraiment à cœur. Pour être plus passionné, ayez plus d'affection. Examinez en détail votre but dans la vie et les raisons qui vous poussent à le poursuivre, puis utilisez les outils de ce livre pour agir avec plus de détermination, d'énergie et de cohérence afin d'atteindre vos objectifs.

Réaliser ses rêves

Les rêves (nocturnes et éveillés) peuvent s'avérer un excellent moyen d'être en phase avec sa passion. Avez-vous des rêves ? Sigmund Freud a attribué la cause des rêves à des désirs non réalisés, et les rêves proprement dits au désir qu'ils se réalisent. Pour être en bonne santé, nous avons besoin, semble-t-il, que les désirs profonds remontent au niveau de notre conscience.

I have a dream.

Martin Luther King

Mais tous les rêves ne sont pas égaux. Il y en a de grands et de petits. Certains sont à la hauteur d'une vie accomplie, tandis que d'autres le sont moins par rapport à vos objectifs et valeurs. Vous devez toujours décider si vos rêves méritent toutes les ressources, l'énergie et le temps qu'ils requièrent pour être réalisés.

Dans notre société de consommation, vous êtes bombardé de messages élaborés par des experts dont l'objectif est de vous implanter des rêves et désirs que vous n'avez pas. Ces rêves fabriqués sont si puissants qu'il peut vous être difficile de dissocier ce que vous voulez vraiment de ce que vous souhaitez uniquement à un instant donné.

Nombre de personnes soit succombent à la pression de la consommation (très souvent en s'endettant), soit résistent, en se déconnectant du monde mercantile et, dans la mesure du possible, en refusant de jouer le jeu. Quel que soit le camp auquel vous appartenez, le résultat est le même : vous perdez trop facilement de vue ce que vous désirez vraiment et les mesures qui vous permettront d'obtenir ce que vous souhaitez.

Si, à l'instar des vedettes les plus fortunées, vous pouvez vous offrir tout ce que vous voulez, quelles sont les conséquences de votre richesse sur votre vie ? Est-ce qu'elle contribue à votre épanouissement ? Manifestement pas, si l'on en croit les journaux.

Alors, quel genre de rêve permet d'accroître votre confiance et votre influence et comment pouvez-vous en prendre conscience ? En faisant les exercices présentés dans ce chapitre et d'autres destinés à vous aider à comprendre quelle *tournure* vous souhaitez que prenne votre vie, et en vous souciant moins de tous ces biens matériels que vous souhaitez *acquérir*.

Quand vous poursuivez le rêve d'être quelqu'un, vous entreprenez un voyage pour devenir la personne que vous rêvez d'être, et bien plus encore. Quand votre rêve est d'*avoir* quelque chose, vous perdez de vue la personne que vous devenez au cours de l'acquisition. Vous êtes à l'image du personnage de Faust qui a vendu son âme pour obtenir ce qu'il voulait.

Concrétiser sa passion en passant à l'action

Est-il réaliste d'attendre d'une personne ordinaire qu'elle ait de grands rêves et qu'elle les réalise ? Oui, puisque les livres, films et journaux regorgent d'histoires de personnes qui y sont parvenues, souvent en obtenant des résultats plus incroyables les uns que les autres. Mais, d'une certaine manière, c'est se tromper lourdement.

À bien y regarder, n'importe quelle vie contient tous les ingrédients des épopées que nous lisons tous depuis que nous sommes enfants. *Ulysse*, de James Joyce, l'un des plus grands romans du XXe siècle, dissèque une journée de son héros très ordinaire Leopold Bloom. Joyce montre dans ce livre que cette journée contient tout l'aspect dramatique et héroïque de l'*Odyssée* d'Homère.

Votre vie est également une entreprise héroïque que vous accomplissez quotidiennement. Vous n'avez aucun besoin d'inventer quelque chose. Vous pouvez simplement décider de prendre plus conscience de ce qui vous arrive et de mieux percevoir ce qui vous tient le plus à cœur. Vous pouvez même choisir de devenir le héros de votre entreprise héroïque, le héros de votre propre vie. Imaginez un peu !

Commencer son voyage

Votre vie est déjà le voyage de votre héros mais, selon toute probabilité, vous la traversez comme un somnambule, avec la plupart de vos émotions en sommeil. La plupart des gens sont dans votre cas. Mais vous avez là l'occasion de vous réveiller ! Si votre vie doit prendre la forme d'un voyage, pourquoi ne pas en faire une épopée ?

Exemple

Si vous souhaitez vivre votre quotidien plus intensément, commencez par être plus inspiré en le considérant comme une épopée. Vous en êtes bien sûr le personnage central, mais d'autres héros vous entourent et jouent un rôle plus ou moins important dans votre histoire. Leur héroïsme se révèle à travers leur caractère et l'attention que vous portez aux détails de l'histoire qui se déroule.

Le mythologue américain Joseph Campbell a décrit les étapes fondamentales du voyage du héros. Vous pouvez utiliser cette description pour analyser les épisodes-clés de votre aventure personnelle. Partez du principe que vous allez réussir tout ce que vous entreprendrez. Comme notre héroïne Jeanne dans l'exercice ci-dessous, si vous n'abandonnez pas, vous réussirez.

1. **Acceptez votre vocation.**

   Quel but estimez-vous avoir dans la vie ? Vous l'avez peut-être découvert en analysant vos niveaux neurologiques dans les sections précédentes de ce chapitre. Il peut s'agir d'une véritable vocation ou simplement d'une chose dont vous rêvez.

   Si vous n'avez pas d'idée précise, imaginez-vous âgé et en bonne santé en train de raconter à toute votre famille réunie la merveilleuse histoire de votre vie. Inventez-la, tout simplement. De toute façon, votre voyage comportera de multiples péripéties et rebondissements, alors commencez-le et espérez que votre vocation deviendra plus claire. En suivant une vocation, vous affrontez et repoussez vos limites.

   Pour cet exercice, nous prendrons le cas de Jeanne, infirmière. Elle a toujours voulu faire ce métier, mais son expérience dans les hôpitaux n'a pas répondu à ses attentes. De longues heures à exécuter des tâches pénibles et souvent dégradantes l'épuisaient et lui apportaient peu de satisfactions par rapport à l'idée qu'elle se faisait d'un métier consistant à aider des malades à recouvrer la santé. Elle décida un jour de partir du principe qu'elle poursuivait le périple d'un héros et de réagir de manière plus positive à l'exercice de sa vocation.

2. **Franchissez le pas.**

   Faites votre maximum pour mobiliser toute la confiance qui vous permettra de franchir le pas. Une fois celui-ci franchi, vous vous retrouvez immédiatement en territoire inconnu, absent de vos anciennes cartes et où votre expérience ne vous aidera peut-être pas. Ayez confiance en votre capacité à relever de nouveaux défis à l'aide de nouvelles solutions de votre cru adaptées à la situation.

   Jeanne pensa abandonner la profession d'infirmière et se former à un autre métier. Mais elle ne s'imaginait pas renoncer à son rêve d'aider les autres. À la place, elle décida de suivre une spécialisation afin de s'améliorer, c'est-à-dire aller de l'avant, avec une idée de développement personnel en tête, plutôt que de régresser vers la peur.

3. **Trouvez un ange gardien et affrontez vos démons.**

   Comme le dit le proverbe : « Quand le disciple est prêt, le maître apparaît. » Quand vous avez franchi le pas, vous êtes en mesure de trouver les conseils et l'aide dont vous avez besoin. Croyez en ce principe et soyez réceptif aux conseils qui vous parlent.

   Prenez conscience que les démons ne sont pas nécessairement mauvais, ou une incarnation du diable, mais qu'ils sont simplement une énergie (peurs, concurrents, crises intérieures). Pour échapper à leur influence, vous devez les affronter et vous libérer de leur emprise.

   Jeanne commença à chercher conseil. Une amie lui demanda ce qu'elle aimait le plus dans le métier d'infirmière et ce qui lui manquerait le plus si elle l'abandonnait. Elle se rendit compte petit à petit que l'élément le plus important pour elle était l'influence qu'elle avait sur les familles, surtout les mères. Elle décida de se spécialiser dans les soins dispensés aux femmes et dans la gestion de la famille.

   Mais cela signifiait retourner à l'école pour suivre une autre formation, et elle avait déjà lutté pour obtenir ses examens d'infirmière. Y avait-il un moyen de faire autrement ? Non. Elle passa donc finalement en revue les conséquences d'un retour sur les bancs de l'école et, forte de la promesse faite par son mari de la soutenir, elle dit banco.

4. **Transformez ces démons et menez votre mission à bien.**

   Les démons que vous avez vaincus peuvent devenir des ressources à exploiter tout au long de votre voyage, sous la forme de nouvelles compétences ou outils vous permettant de suivre votre vocation.

   En suivant votre vocation et en remplissant votre mission, vous créez un monde nouveau et plus grand dans lequel vous allez vivre, ainsi qu'une nouvelle carte dont vous vous servirez pour avancer. Ces deux éléments comprennent l'évolution et les découvertes que vous offre votre voyage.

   Étudiante désormais mûre, Jeanne vécut l'expérience de l'école différemment de la première fois. Elle était beaucoup plus concentrée sur ce qu'elle devait faire et apprendre. Elle s'y prenait tôt pour faire ses devoirs et réussissait généralement à respecter les délais imposés.

   Malgré tout, les examens allaient constituer une véritable épreuve de vérité. Mais, lorsque le moment vint, elle était bien préparée et ne fut pas autant déstabilisée qu'elle ne l'avait craint. Elle fut même capable d'aider certaines collègues qui n'étaient pas aussi bien préparées au supplice. Elle fut reçue avec mention, expérience qui transforma sa croyance en ses capacités et sa peur des examens.

5. **De retour chez vous.**

   Vous vivez désormais votre vie à un niveau plus élevé. De retour chez vous, vous êtes capable de partager vos découvertes et expériences avec vos proches et d'ouvrir la voie à d'autres qui poursuivront leurs rêves et entreprendront leur propre voyage héroïque.

   Même avec sa nouvelle qualification, Jeanne eut du mal à trouver exactement le rôle qu'elle voulait jouer, mais elle finit par y parvenir dans un centre médicosocial. Une fois qu'elle fut recrutée, son nouveau patron lui confia pourquoi il l'avait choisie : parce qu'elle avait une manière particulière de se comporter. Malgré une meilleure qualification de certaines candidates, Jeanne avait impressionné par sa présence, sa maturité et son allure. C'était comme si « elle savait ce qu'elle voulait », et le centre médicosocial était fier d'être l'établissement choisi par Jeanne !

Vous pouvez adapter ces éléments classiques du voyage à votre journée, votre semaine, votre mois et votre vie. Vous êtes aux commandes, alors prenez le manche ! Faites en sorte que le voyage de votre vie soit à la hauteur du pouvoir, de la passion et de l'éclat qui est en vous.

Arrêtez-vous un instant et, fort de ces idées, repensez à certaines aspirations de la jeune personne que vous avez été. Qu'apporterait à votre vie d'aujourd'hui le degré de désir qui était le vôtre à l'époque ? Avez-vous une vocation ? Ressentez-vous au plus profond de vous-même que votre vie ne correspond pas à votre destin ? Qu'arrivera-t-il si vous changez certaines choses ? Vous en êtes capable. Croyez-y et exploitez cette technique afin d'accéder à votre moi passionné. Que pourrait-il se produire si vous le faites ? En quoi cela changera-t-il le monde ?

Diriger avec passion

Continuez d'avoir soif, continuez d'être fou.

Steve Jobs

Le monde actuel a besoin d'un leadership à tous les niveaux, et cela vous concerne également. Pourquoi voudriez-vous devenir plus confiant si ce n'est pour avoir plus d'influence sur le monde extérieur et être mieux à même de guider les autres à l'aide de votre vision de la vie idéale ? Pourquoi écririons-nous, si ce n'est pour vous permettre de mettre au jour la version la plus confiante de votre moi ?

N'oubliez pas

Quel que soit le niveau auquel vous intervenez, il vous faut de la passion pour diriger.

Dans le monde de l'entreprise, le leadership axé sur la personne est un sujet brûlant. De nombreuses personnes ont pris conscience que le leadership consiste à diriger des êtres aux vies ordinaires mais ayant parfois des espoirs, des rêves et des aspirations exceptionnels. Les leaders capables de nous aider à définir et à réaliser nos rêves peuvent afficher des niveaux de performance extraordinaires. Mais seul un personnage authentique est capable d'y parvenir. Il n'y a pas de place pour la comédie ou les combines.

Warren Bennis, LA référence en matière de leadership axé sur la personne, dit que le processus permettant de devenir un leader n'est pas très différent de celui qui permet de devenir un être humain intégré. Un grand leader est donc un être humain intégré qui a une grande mission et qui fait un grand voyage vers un meilleur avenir.

Si vous avez fait les exercices de ce chapitre, vous êtes cette personne, et votre destin est de devenir un meneur. N'ayez pas peur et foncez ! C'est le destin unique de votre moi passionné, puissant et confiant, à savoir le moi que vous êtes en train de créer.

Chapitre 8

Utiliser ses connaissances

DANS CE CHAPITRE :

- » **Faire le plein de confiance grâce aux expériences de la vie**
- » **Affronter ses peurs**

À certaines périodes de votre vie, même si vous ne pouvez pas vous les remémorer instantanément, vous avez tutoyé les sommets, goûté des moments intenses de joie, de bonheur, de courage, d'excitation. Vous assumiez vos actes, vous vous sentiez plein d'énergie et aviez l'impression d'être carrément invincible. En faisant jouer les muscles de votre confiance, votre tâche est de vous enrichir de nouvelles expériences et d'en tirer parti.

En fait, une grande dose de confiance est enfermée dans votre esprit et se fait prier pour sortir. Il suffit parfois que vous favorisiez sa libération. Ce chapitre est donc consacré au déblocage de cette façon d'être intérieure, intuitive et empreinte de confiance. Nous allons vous expliquer comment transformer vos peurs pour qu'elles vous fournissent de l'énergie au lieu d'épuiser celle que vous avez en vous. Nous allons tout particulièrement vous aider à envisager plus souvent des mesures plus utiles en adoptant une manière d'« être » plus solide, un fonctionnement optimal (*flow*). Dans le sport, on dit que l'on est « dans la zone », à savoir en état de grâce.

Mettre l'accent sur les points positifs

Les états de plénitude sont ces moments où vous avez l'impression d'être au sommet de votre art. Le souvenir de ces moments peut constituer une source de confiance appréciable quand vous affrontez une difficulté ou une situation effrayante.

Valérie aime trouver des parades psychologiques quand elle se sent en difficulté. Elle se souvient des moments où elle atteint son niveau d'enthousiasme maximal : lorsqu'elle est au grand air, à dévaler une montagne à ski, à soigner ses plantes dans sa serre, à courir sur une plage de sable. Son objectif est de faire ressurgir ces états de plénitude dans sa vie de tous les jours. Par exemple, quand elle est dans le fauteuil du dentiste ou sur le point de faire une présentation importante, elle s'imagine en train de faire du ski. Vous pouvez exploiter vos propres moments de bien-être. Les sections suivantes vous disent comment procéder.

Espérer le meilleur

Un proverbe dit : « Faites attention à l'objet de votre rêve, car celui-ci pourrait bien se réaliser. » Il en va de même avec l'objet de votre pensée. Si vous commencez à avoir des pensées négatives, vous finissez presque toujours par vivre une mauvaise expérience. Si vous voulez obtenir des résultats positifs, commencez par avoir des pensées positives. Souhaitez que de bonnes choses vous arrivent.

Anecdote

REPRODUIRE LES RÉSULTATS POSITIFS PASSÉS

Mélanie est une jeune ingénieur concepteur fraîchement diplômée à la recherche de son premier poste en tant que stagiaire. Quand nous nous sommes rencontrés pour une séance de coaching, elle se préparait à une série d'entretiens d'évaluation par simulation qui la rendaient extrêmement nerveuse. L'un de ces entretiens, avec un cabinet-conseil très sérieux, concernait un poste en relation avec la clientèle, tandis qu'un autre entretien, avec un fabricant ambitieux, était pour un poste de créateur de produit.

»

»

Après avoir répété les réponses aux questions que les recruteurs ne manqueraient pas de lui poser, je l'invitai à penser à un merveilleux épisode de son existence au cours duquel elle eut le sentiment de pouvoir conquérir le monde et d'évoluer à son meilleur niveau. Elle repensa à la fois où elle retapa sa vieille Jeep et la conduisit de nouveau sur une route. Je lui demandai ensuite : « Prêtez attention à toutes les sensations, odeurs, goûts, sons et images associés à ce sentiment. » Au moment où elle revivait avec le plus d'intensité l'expérience, j'« ancrai » le sentiment en appuyant fermement sur l'articulation d'un de ses doigts. Je demandai à Mélanie d'appuyer exactement au même endroit lorsqu'elle se rendrait à l'entretien afin de déclencher son souvenir de « conquête du monde ».

Deux semaines plus tard, Mélanie appela pour dire comment s'étaient passés les entretiens. Elle avait été à la hauteur lors des deux entretiens et les avait appréciés sans ressentir aucune nervosité. Mais elle était vraiment ravie d'avoir décroché le poste de créatrice de produit, et estimait avoir eu de la chance qu'on ne l'ait pas choisie pour le poste de consultante, lequel, selon ses mots, « n'était pas pour [elle], mais [elle sentait] qu'il fallait qu'[elle] tente le coup ». L'ancrage de ressources (technique issue de la PNL) lui avait permis de surmonter facilement sa nervosité, et les recruteurs avaient décelé ses talents et centres d'intérêt naturels.

Extraire l'essence des résultats positifs

Vous pouvez contribuer à obtenir les choses que vous souhaitez dans la vie en accédant à vos souvenirs et en les exploitant.

Exemple

L'exercice suivant qui compare des niveaux de confiance va vous aider à extraire de précieux conseils des moments où votre confiance est peu élevée. À titre d'exemple, voici les expériences de notre ami Patrick :

1. **Pensez à trois épisodes où vous étiez le moins confiant.**

   Pour Patrick, il s'agit des fois où sa petite amie l'a largué, où il s'est fait voler son mobile, où il s'est retrouvé avec une facture de 600 euros à payer et où sa promotion lui est passée sous le nez.

2. **Pensez à trois épisodes où vous affichiez une confiance maximale.**

Pour Patrick, il s'agit d'une compétition de salsa, de son mariage et de l'obtention d'une prime inattendue la semaine dernière.

3. **Notez les modèles ou tendances figurant dans vos réponses des étapes 1 et 2.**

   Patrick a remarqué que sa confiance concernait le fait d'être aimé et accepté, de participer à une compétition et de la gagner et enfin de se sentir à l'abri du besoin.

4. **Décidez comment agir différemment en fonction de votre prise de conscience.**

   Patrick a fini par admettre que tout le monde n'allait pas l'aimer mais qu'il pouvait s'occuper de son couple et veiller à être aimable. De même, il accepte de ne pas gagner systématiquement et sait tous les avantages que l'on peut tirer du simple fait de participer à une compétition. Il est préparé aux fluctuations imprévues de ses finances et sait qu'il est judicieux de mettre sa prime de côté en cas de coup dur.

La grâce du fonctionnement optimal

Quand on parle d'état *de grâce*, on pense à l'équilibre parfait de vos compétences et à votre concentration optimale sur la tâche à accomplir. Rien ne saurait vous distraire, vous n'avez plus conscience de vous-même. Vous vivez votre vie harmonieusement, tout vous semble se faire sans effort et naturellement. Quand vous êtes en état de grâce (ou fonctionnement optimal), vos pensées, axées sur vos actes, s'agencent en parfaite harmonie. Vous êtes absorbé et créatif, le tout dans la joie. Souvent, la musique peut vous aider à entrer dans un état de grâce, tout comme la recherche d'un dialogue intérieur positif. Vous pouvez utiliser également des techniques de visualisation positive.

Quand vous êtes en état de grâce, la vie devient plus facile, l'anxiété et la peur diminuent, vous êtes détendu, concentré et vous évoluez à votre meilleur niveau. Vous obtenez plus rapidement de meilleurs résultats dans tout ce que vous faites, qu'il s'agisse de rédiger une proposition au bureau, de faire les corvées à la maison ou de pratiquer votre sport préféré.

Anecdote

LÉGER COMME L'AIR

Marathonien, Michael sait qu'après environ 35 kilomètres de course, un gros coup de fatigue le prend et que son état se dégrade ensuite peu à peu. Quand la douleur augmente, il fait un exercice mental pour accroître son énergie et franchir ce mur du 35e kilomètre.

« À ce stade, je change ma façon de penser. Je crée l'image d'un ballon coloré gonflé à l'hélium qui me soulève dans les airs et me donne l'impression de ne pas courir du tout. J'imagine ce ballon attaché à mes chaussures, et je me sens léger comme l'air. Cette image me permet d'entrer dans ce que j'appelle un "état de grâce", sorte de zone s'apparentant à une transe qui me conduit vers la ligne d'arrivée. J'exploite également l'énergie générée par la foule, qui encourage sans cesse les participants. Ces encouragements ne sont pas simplement agréables, car j'absorbe cette énergie et je la dirige vers la partie de mon corps qui en a le plus besoin, à savoir mes jambes. Je l'intègre ainsi à mon état de grâce. »

Michael utilise également le pouvoir de la musique. « Avant la course, j'écoute plusieurs fois deux morceaux : *It's a Kind of Magic*, de Queen, et *We Share the Same Dream*, de Belinda Carlisle. Quand les choses se corsent pendant la course, j'augmente mentalement le volume. »

Vous pouvez commencer à donner le meilleur de vous-même en mettant toute votre énergie dans les domaines où vous excellez et en vivant en accord avec vos valeurs les plus importantes. (Pour en savoir plus sur le respect de ses valeurs, rendez-vous au chapitre 5.)

Note technique

Ce concept de *flow* a été élaboré par Mihaly Csikszentmihalyi, un des plus grands chercheurs au monde sur la psychologie positive. Jean Heutte et Fabien Fenouillet (2010) retiennent quatre dimensions du *flow*[2] :

- **Le sentiment de maîtrise** (contrôle de l'activité) : on sait que l'activité est faisable, que les compétences sont en adéquation, il n'y a ni anxiété ni ennui ;

2. Heutte, Jean & Fenouillet, Fabien (2010), *Propositions pour une mesure de l'expérience optimale (état de Flow) en contexte éducatif*. Actes du 8e Congrès international d'actualité de la recherche en éducation et en formation (AREF) 2010, Genève (Suisse), 13 - 16 septembre 2010 et http://jean.heutte.free.fr

- **La perception altérée du temps** (hors du temps) : pleinement dans l'instant présent, on ne voit pas le temps passer ;
- **L'absence de préoccupation à propos du soi** (perte de la conscience de soi, sentiment de sérénité) : après coup, on a l'impression d'avoir transcendé l'ego à tel point qu'on ne croyait pas cela possible ;
- **Le sentiment de bien-être lié à l'activité autotélique** (motivation intrinsèque). Ce qui produit le *flow* devient une récompense en soi (sentiment d'extase – impression d'être en dehors de la réalité quotidienne).

Maîtriser ses peurs

Au XIXe siècle, la plus grosse peur des gens était d'être déclarés morts et… enterrés vivants. À l'intérieur des cercueils figurait une clochette pour permettre aux « faux morts » d'appeler au secours. Aujourd'hui, vos peurs sont sans doute très différentes : peur de parler en public, des araignées, des serpents ou de l'avion. Quelle que soit la nature de vos peurs, s'en libérer est un pas en avant positif.

Exemple

Un moyen simple de maîtriser la peur est d'employer la technique de respiration 7/11 :

1. **1… 2… 3… 4… 5… 6… 7… Inspirez en comptant jusqu'à 7.**
2. **1… 2… 3… 4… 5… 6… 7… 8… 9… 10… 11… Expirez en comptant jusqu'à 11.**

Répétez ces deux étapes jusqu'à ce que vous vous sentiez détendu.

Pour diversifier le plaisir de respirer, inspirez et expirez en visualisant ce triangle :

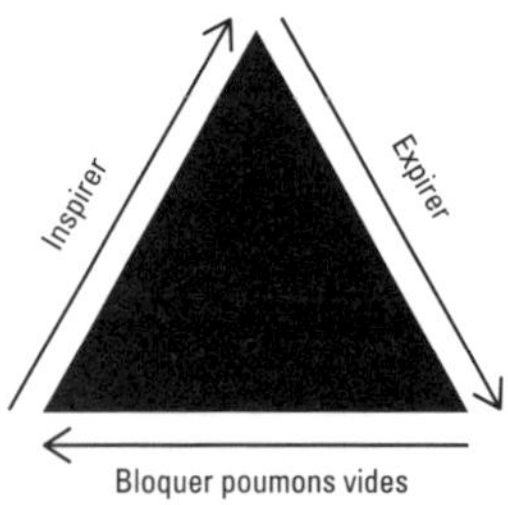

Ou ce carré !

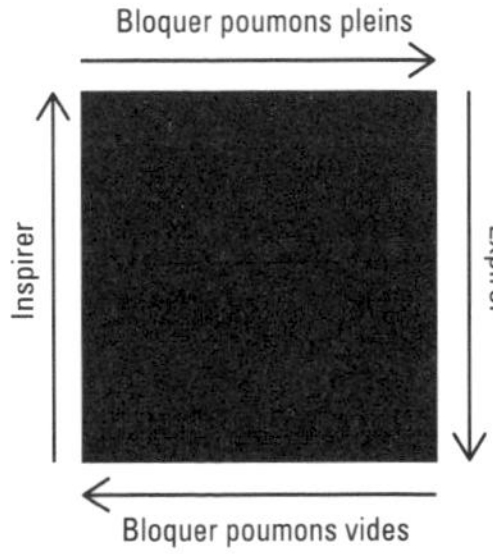

Éviter le piège de la peur

La peur est un piège dans lequel vous pouvez tomber sans vous y attendre. Par exemple, quand Philippe trébucha sur une dalle pendant son footing, il eut ensuite peur, pendant plusieurs semaines, de sortir seul de la maison, craignant que pareille mésaventure ne lui arrive de nouveau. Cette soudaine perte de confiance peut s'exprimer à travers vos gestes timides et les expressions de votre visage. C'est particulièrement visible sur une personne proche dont le regard ressemble à celui d'un lapin effrayé par les phares d'une voiture.

Le sentiment de perdre le contrôle, d'être piégé peut vous affaiblir. Pour commencer, il faut d'abord repérer et admettre ce qui se passe, puis trouver les stratégies et ressources susceptibles de vous aider à tourner la page.

Exemple

Faites cet exercice de PNL pour affronter et diminuer votre peur :

1. **Pensez à une chose que vous ne souhaitez pas voir, un événement que vous redoutez.**

   Notez vos sentiments.

2. **Créez une image très nette de cette chose.**

   Regardez-la en face.

3. **Maintenant, placez un grand cadre noir autour de l'image.**
4. **Regardez l'image et rétrécissez de plus en plus le cadre.**

5. **Déplacez l'image et le cadre dans le coin inférieur gauche de la pièce où vous les avez imaginés jusqu'à ce qu'ils ne deviennent plus qu'un tout petit point noir.**

6. **Notez maintenant les sentiments qui vous animent.**

En réduisant mentalement la taille de la peur, vous réduisez son emprise sur vous.

Transformer ses peurs en confiance

Les peurs concernent très souvent des expériences susceptibles d'être vécues dans le futur. Après tout, les êtres humains sont très enclins à imaginer des catastrophes.

N'oubliez pas

Vos plus grandes peurs peuvent vous pousser à agir. L'expérience peut donc être vraiment profitable. Si vous parvenez à puiser de l'énergie dans cette peur et à faire disparaître l'émotion, vous remarquerez comme cela vous rend plus fort.

Pour faire disparaître votre peur et renforcer votre confiance, il est essentiel de faire face à ce qui vous perturbe vraiment. Voici quelques inquiétudes courantes :

- **Perdre quelqu'un et être rejeté :** est-ce que je vais me retrouver tout seul ?
- **Savoir :** est-ce que j'en sais suffisamment sur le sujet ?
- **Facilité d'élocution :** suis-je capable de trouver les mots appropriés sous pression ?
- **Jugement :** je ne veux pas faire face aux critiques ou voir les autres me juger.
- **Intimité :** que se passera-t-il si je me dévoile ?
- **Mauvaises expériences :** j'ai des souvenirs désagréables.
- **Être vu :** je préfère me cacher dans un coin.

Vous pouvez aussi ajouter vos propres peurs à cette liste.

Le tableau 8-1 est un exercice qui va vous aider à diviser votre peur en plusieurs fractions supportables et à remonter à la cause première. Cette méthode est particulièrement utile pendant les périodes de changement (quitter la maison familiale pour aller à l'université, changer de travail ou faire un gros investissement).

Exemple

La première ligne vous donne un exemple pour saisir le fonctionnement de l'exercice. Remplissez le tableau avec vos propres peurs. Vous remarquerez que la dernière colonne est vraiment importante. En effet, la première mesure est souvent la plus dure mais, si vous ne passez pas à l'action, vous ne passerez jamais du sentiment de peur aux initiatives prises en toute confiance.

8-1 Se pencher sur ses peurs.

De quoi avez-vous peur ?	Comment cette peur a-telle commencé ?	Quelles sont vos idées pour y remédier ?	Quelles mesures allez-vous prendre et quand ?
Exemple			
Emprunter beaucoup d'argent pour acheter un appartement	Mes grands-parents m'ont dit qu'il ne faut jamais devoir de l'argent à quelqu'un.	Parler à des amis qui ont fait des emprunts. Définir un échéancier de remboursement avec différents taux d'intérêt.	Parler à Cyrille après le match de rugby de samedi. Prendre rendez-vous avec mon conseiller financier pour obtenir des informations détaillées.
Votre 1er exemple			
Votre 2e exemple			

De quoi avez-vous peur ?	Comment cette peur a-telle commencé ?	Quelles sont vos idées pour y remédier ?	Quelles mesures allez-vous prendre et quand ?
Votre 3e exemple			

Une fois que vous savez ce qui vous fait peur et que vous l'avez couché sur le papier, vous pouvez trouver des moyens de l'affronter plus facilement.

PARTIE 3

SE FAÇONNER UN MOI PLEIN DE CONFIANCE

« NOUS RECHERCHONS QUELQU'UN AYANT BEAUCOUP DE CONFIANCE EN LUI, MONSIEUR ANTOINE. JE PENSE MALHEUREUSEMENT QUE VOUS ÊTES TROP QUALIFIÉ. »

DANS CETTE PARTIE...

Pour résumer cette partie : oubliez la perfection si vous souhaitez être le plus efficace possible. Vous découvrirez que vous évoluez à votre meilleur niveau quand vous prêtez attention au lien existant entre votre esprit et votre corps et vous apprendrez à créer ce lien.

Chapitre 9

Oublier la perfection

DANS CE CHAPITRE :

» **Se libérer de la pression d'être parfait**

» **Trouver un moyen personnel de vivre heureux**

» **Procéder étape par étape**

Il est impossible d'atteindre la perfection, et s'efforcer de se maintenir à ce niveau nuit à la confiance en soi. Mais, de toute façon, est-ce amusant d'être parfait ? Vous savez, la compagnie de gens « parfaits » est horriblement ennuyeuse. Dans ce chapitre, nous allons donc voir comment évoluer à son meilleur niveau sans pour autant succomber au stress ou se rendre fou à force d'essayer de devenir parfait.

N'oubliez pas que vous êtes un être humain et non une sorte de superhéros. En tant qu'être humain, vous êtes excellent et vous faites de votre mieux. Alors, quand vous lirez les pages qui suivent, abandonnez votre côté « expert de la perfection qui contrôle toujours tout dans votre vie » et adoptez une façon plus simple et philosophique d'avancer. Vous et ceux qui vous entourent faites déjà du mieux que vous pouvez, et votre bonne volonté s'améliore à mesure que vous apprenez.

Il ne faut pas attendre d'être parfait pour commencer quelque chose de bien.

Abbé Pierre

Abandonner les attentes irréalistes

Il est merveilleux d'avoir des objectifs et des rêves qu'on cherche à atteindre tout au long de sa vie. Et nous vous conseillons vivement de vouloir décrocher la lune. Mais il peut arriver que les objectifs fixés et la vitesse à laquelle vous souhaitez les atteindre vous mettent formidablement sous pression (revoir le modèle SMART chapitre 3). Cela revient à vouloir être Premier ministre ou président de la République, alors qu'aspirer à devenir conseiller municipal ou député est un barreau bien plus raisonnable sur l'échelle du succès. Vous vous apercevrez peut-être que vous faites plus bouger les choses et avez une meilleure qualité de vie à un niveau inférieur de la hiérarchie politique.

En allant de l'avant, vous tiendrez peut-être également à ne pas trop vous éloigner du foyer familial.

Admettre de ne pas pouvoir (ni vouloir) être parfait

Élisabeth est fille unique et a été couvée par des parents qui lui répétaient qu'elle était parfaite (belle, brillante et capable de faire tout ce qu'elle avait décidé). Mais la pression qu'elle subissait continuellement pour être la première de la classe, l'étudiante la plus populaire, jolie et mince devint un fardeau lorsqu'elle atteignit la trentaine. Elle souffrit de maladies dues au stress, qui nuisirent à sa carrière de chef de projet dans une multinationale.

Exiger de soi la perfection est néfaste : vous vous dévalorisez constamment par rapport aux autres, vous vous mettez sur un piédestal trop fragile. Or, être juché en permanence sur un piédestal n'est pas bon. Vous n'avez jamais le temps de recharger vos accus, et vous finissez très vite par vous user. Cela revient à être une vedette en tournée toute l'année ou une plante en permanence en fleur. Si vous passez d'un défi à l'autre, vous n'avez jamais l'occasion de décompresser.

Anecdote

FAIRE DE LA PERFECTION UNE EXCUSE

Christian rêvait de partir vivre au bord de la mer une fois à la retraite. C'était également ce que désirait sa compagne, Gisèle. Elle y croyait et l'idée la séduisait elle aussi.

Pendant deux ans, Christian passa ses jours de repos à faire le tour des agences immobilières avec Gisèle sur la Côte d'Azur, à la recherche de la maison idéale. Malheureusement, dans toutes les maisons qu'elle trouvait géniales, Christian décelait un défaut. Ses exigences concernant la maison et l'endroit devinrent de plus en plus grandes, et il abandonna son rêve, le jugeant impossible à réaliser.

Mais Gisèle franchit le pas seule de son côté, vendit son appartement dans le nord du pays et s'installa dans une charmante petite ville de la côte Atlantique. Elle est maintenant très heureuse de se promener sur la plage tous les jours, de faire du vélo sur le front de mer, de respirer l'air marin et d'éprouver un nouveau sentiment de liberté.

De même, être considéré comme l'expert de référence dans votre domaine est certes bon pour votre ego et votre confiance, mais cela peut aussi vous isoler et rendre le reste de l'équipe ou de l'entreprise dépendant de vous. Vous vous retrouvez ainsi terriblement sous pression, à devoir résoudre tout seul les problèmes.

Comment surmonter la pression de la perfection ? Notre stratégie (si, en tant que consultant en entreprise, lors d'un projet, nous nous voyons attribuée l'étiquette d'expert) est de descendre du piédestal de la perfection. Nous préférons partager nos connaissances en nous plaçant au même niveau que nos interlocuteurs et inviter les autres à faire de même. De cette façon, nous tirons profit des forces de l'équipe et protégeons ses membres de l'excès de stress et des maladies qui s'ensuivent quand chaque personne s'évertue à se charger de tout.

Exemple

Pensez à un domaine, au travail ou à la maison, dans lequel vous visez la perfection. Si vous êtes un « maniaque » de l'orthographe par exemple, prescrivez-vous le symptôme. Obligez-vous à faire une faute par message envoyé pendant trois semaines. Observez le changement.

Note technique

L'analyse transactionnelle éclaire cette problématique par le besoin de signes de reconnaissance. Il s'agit d'un message contraignant appelé « Sois parfait » issu d'injonctions entendues par le passé (« tu peux mieux faire », « c'est pas mal mais j'attendais mieux de toi »). Pour en sortir, l'idée est de le remplacer par un message permissif comme « j'ai le droit à l'erreur ».

Être obnubilé par la perfection empêche de viser l'excellence

Au lieu de vouloir être parfait, essayez de vous fixer comme objectif d'être excellent. Quand vous visez l'excellence, vous souhaitez être le meilleur possible, avec un objectif élevé, tout en sachant que, parfois, vous ne parviendrez pas à atteindre le sommet. Remplacer la perfection par l'excellence ne signifie pas que vos attentes et critères manquent d'envergure. Mais vous êtes plus indulgent avec vous-même, et donc plus enclin à réussir ce qui vous tient vraiment à cœur.

Exemple

Comment développer l'excellence ? Pensez à un domaine de votre vie important à vos yeux. Par exemple, vous souhaitez peut-être être heureux dans votre relation amoureuse. Comment saurez-vous si vous y êtes parvenu ? Imaginez ce qui se passera quand vous aurez réussi, ce que vous ferez, direz et ressentirez. Mettez tout cela maintenant par écrit, au présent, pour que cela vous semble plus réel. Par exemple : « Je vis une relation merveilleuse avec cette personne, et c'est avec elle que je préfère passer du temps. Nous nous amusons quand nous sortons et nous apprécions les soirées en tête à tête à la maison. Je lui dis que je suis très attaché à elle et que le simple fait d'être près d'elle me rend heureux. »

Le fait d'avoir une idée précise de ce que vous voulez vous met sur la voie pour atteindre votre objectif.

Être d'abord généreux avec soi-même

Il y a autant de générosité à recevoir qu'à donner.

Julien Green

Pour aider les autres, il faut également être généreux avec soi-même. Nombreuses sont les personnes qui s'épuisent à vouloir s'occuper de tout le monde, y compris du chien de la belle-mère. Résultat : le ressentiment apparaît, ainsi que les ennuis de santé et la détérioration des relations.

Truc

Entraînez-vous à être généreux avec vous-même. Offrez-vous l'amour inconditionnel d'un parent envers son enfant. Accordez-vous chaque jour des instants de solitude (même rien que dix minutes).

Quand votre temps est précieux, posez-vous les questions suivantes : quelles sont les conséquences pour moi ? Est-ce que cela correspond à mon emploi du temps et à mes valeurs ? Écartez poliment les exigences, pressions, besoins et perceptions des autres. Vous aussi, vous avez des besoins, tout aussi importants.

Anecdote

ÉGOÏSME ?

Lors de ses nombreux séminaires et formations, Françoise Dorn, psychothérapeute, prenait un malin plaisir à faire répéter à ses stagiaires l'affirmation suivante : « Je suis la personne la plus importante au monde, pour moi. » Certains, gênés, ne comprenaient pas toujours d'emblée la teneur du message, l'assimilant à de l'égoïsme. Assez rapidement, grâce à un travail conséquent pour renforcer l'estime de soi, ces mêmes personnes comprenaient l'enjeu d'un tel message et la générosité authentique qu'il permettait ensuite de déployer, vis-à-vis de soi... et des autres !

Lorsque vous en serez convaincu, vous vous sentirez pousser des ailes.

Prendre conscience de ses succès

Fred a une extraordinaire soif d'apprendre. Il est détenteur de plusieurs licences et diplômes de troisième cycle, et a suivi de nombreux cours privés, du paysagisme à la photographie en passant par la programmation informatique et la négociation commerciale. Ses placards sont remplis de manuels, méthodes d'apprentissage et diplômes. Mais il est tellement pris par ses cours qu'il n'a jamais le temps de mettre en pratique ce qu'il apprend et, à chaque nouveau projet, il se compare aux spécialistes du domaine.

Vous arrive-t-il de vous surprendre à vivre tellement à cent à l'heure que vous en oubliez de faire une pause et de prendre conscience de ce que vous avez découvert et réussi ? Vous passez d'une chose à l'autre sans vous retourner sur ce que vous avez accompli. Comme vous vous préoccupez toujours du futur et de l'instant présent, vous remarquez ce qui ne s'est pas encore produit et ce qu'il reste à faire, et non ce que vous avez accompli. Vous vous mettez la pression pour en faire plus, gagner plus d'argent, exécuter toujours plus de tâches, et votre liste de choses à faire s'allonge de plus en plus. Pendant vos vacances, vous tenez même une liste des endroits visités et de ce que vous avez vu et fait. Une telle pression peut détruire votre confiance.

Exemple

Pour votre santé mentale, il est important que vous prêtiez attention à ce que vous avez accompli plutôt que d'exiger toujours plus de vous-même. Alors retournez-vous sur l'année écoulée et prenez conscience de vos succès et projets menés à bien.

1. **Mettez vos lunettes spéciales pour percevoir les succès et prenez une grande feuille de papier.**
2. **Inscrivez tous les succès qui vous viennent à l'esprit.**

   Qu'est-ce que vous avez découvert ? Quelles relations avez-vous tissées ? Comment votre vie a-t-elle évolué ?

   Prenez conscience des petites victoires enregistrées chaque jour ainsi que des grands succès. Vous avez par exemple soigné une personne malade, soutenu un ami ou achevé un cursus universitaire. Vous avez découvert l'importance des moments de détente. Vous avez rejoint une nouvelle équipe au travail ou préparé les repas pendant tous les jours de l'année. N'oubliez pas de prendre en compte les fonds rassemblés pour une œuvre caritative ou pour l'école de votre enfant.
3. **Continuez jusqu'à ce que vous ayez rempli votre feuille.**
4. **Maintenant, détendez-vous et applaudissez-vous.**

   Bravo : le succès, vous le connaissez déjà.

Si votre confiance flanche, jetez simplement un œil à votre liste de succès. Rappelez-vous tous vos succès afin de demeurer positif.

Accepter de l'aide et déléguer

Il faut de la confiance pour admettre que vous ne pouvez pas tout faire, tout seul et tout le temps, et laisser des choses de côté. Alors, pourquoi ne pas lâcher du lest et demander de l'aide ? Cela ne signifie pas accabler les autres, mais partager équitablement la charge de travail.

Il semble que les femmes aient plus de mal à déléguer que les hommes, étant donné qu'elles se chargent de la plupart des corvées ménagères en plus des heures passées au travail au même titre que leur conjoint.

Anecdote

JE SUIS BIEN COMME JE SUIS

L'une de nos histoires préférées sur le thème du refus de la perfection est racontée dans *The Search for Healing*, de Rachel Naomi Remen, et concerne un colloque organisé par le thérapeute Carl Rogers.

Lors de ce colloque, Rogers essayait d'analyser son comportement en tant que thérapeute en faisant la démonstration du regard positif qu'il portait en toute circonstance lors d'une séance avec un client. Il dit ainsi : « Je me suis aperçu que je fais une chose avant de démarrer une séance. Je me dis : je suis bien comme je suis, certes pas parfait, mais je suis un être humain, et cela suffit. Il n'y a rien de ce que peut dire ou ressentir cet homme que je ne puisse ressentir moi-même. Je peux l'accompagner. Je suis bien comme je suis. »

Remen fut stupéfaite d'entendre cela. Elle raconte : « C'est comme si une vieille blessure, la peur de ne pas être à la hauteur, avait disparu. Je savais au plus profond de moi-même que ce qu'il avait dit était vrai : je ne suis pas parfaite mais je suis bien comme je suis. »

Exemple

Au travail ou à la maison, dressez la liste des tâches qui prennent du temps, demandent de l'énergie et que vous jugez pénibles la plupart du temps (par exemple, actualiser la base de données de vos clients au travail ou faire la lessive à la maison). Posez-vous les questions suivantes :

- » Pour quelles tâches souhaiterais-je le plus être aidé ou quelles tâches aimerais-je le plus déléguer ?

» Qui pourrait m'aider et qu'en retireraient ces personnes ?

» En dehors du temps et de l'argent, qu'est-ce qui m'empêche réellement d'accepter de l'aide et de déléguer ?

» Que vais-je faire pour recevoir de l'aide ? Et quand ?

Quand vous êtes surchargé, consultez votre liste et trouvez une tâche à déléguer. La charge de travail allégée vous semblera beaucoup plus facile à gérer.

Mettre fin aux tergiversations

Question : à quoi correspondent ces tergiversations ? Réponse : je ne sais pas. On en reparle plus tard ?

Si avoir confiance, c'est centrer son énergie sur quelque chose de bien précis et agir avec détermination, tergiverser est exactement le contraire. Les tergiversations dispersent votre énergie et remettent à plus tard tout passage à l'action (il vous arrive même parfois de ne rien décider). Vous retardez et retardez encore. Vous ter-gi-ver-sez !

Par exemple, vous devez rédiger une proposition ou un essai, et vous ne cessez de repousser la tâche à un moment ultérieur. Il peut aussi s'agir de remplir votre déclaration de revenus, de ranger les placards, de passer un coup de fil pénible, de recoudre un bouton, de nettoyer les toiles d'araignée au plafond ou d'aller se faire faire un bilan de santé. Quelle que soit la chose à l'ordre du jour, elle n'est jamais faite. Il s'agit de procrastination. Pourquoi faire le jour même ce que vous pouvez remettre au lendemain ?

Les tergiversations sont un jeu d'attente par excellence : attendre que quelqu'un d'autre prenne les choses en main, attendre que quelque chose d'autre se produise et, surtout, attendre que tout soit parfait avant de faire quoi que ce soit. La peur peut également se dissimuler en arrière-plan. C'est bien souvent l'urgence qui vous poussera à l'action et vous conférera concentration et énergie.

Truc

Le secret pour arrêter les tergiversations est de faire quelque chose, n'importe quoi, mais d'être actif. Prenez la minuterie de la cuisine ou de votre téléphone et attelez-vous à la tâche redoutée pendant une minute, pas plus ! Répétez l'exercice plusieurs fois dans la journée. Ce type de peur ne résistera pas longtemps à l'affrontement. Une fois le travail vraiment engagé, rien ne pourra plus vous arrêter.

Sortir de l'impasse

Les clients se tournent souvent vers le coaching, car ils sont prisonniers d'un scénario que nous appelons l'*impasse conditionnelle*. Ils ont un objectif, un rêve, quelque chose qu'ils souhaitent réaliser mais rien ne se produit. Ils disent : « Je ne peux faire X tant que Y... » Voici le genre de messages que nous entendons et qui signifient qu'on met sa vie sur « pause ». Certains vous rappelleront peut-être quelque chose :

- « Je ne peux pas suivre cette formation tant que les enfants sont petits. »
- « Je ne peux pas passer professionnel tant que je n'ai pas trouvé un mécène. »
- « Je ne peux pas partir en Australie tant que je suis malade. »
- « Je ne peux pas démissionner ou changer de travail tant que l'entreprise de mon conjoint ne marche pas bien. »
- « Je ne peux pas acheter une maison au bord de la mer tant que je ne suis pas riche. »
- « Je ne peux pas aller à la salle de sport tant que je n'ai pas changé de travail et je ne peux pas changer de poste tant que ma femme travaille... »
- « Je ne peux pas perdre de poids tant que ma femme continue de mitonner des bons petits plats tous les soirs. »

... et ainsi de suite. Le ciel s'obscurcit de jour en jour. Cette situation bloquée vous affaiblit, diminue votre énergie et votre détermination jusqu'à vous faire perdre le moral.

La plupart des gens se plaignent à juste raison de ne pas avoir assez de temps, d'argent ou d'énergie pour réaliser le rêve de leur vie. Mais ce ne sont pas les seules raisons de ces situations de blocage. Ils ont généralement du mal parce qu'ils n'ont pas divisé la mission à accomplir en plusieurs étapes à franchir.

Exemple

Essayez cette approche étape par étape pour sortir de l'impasse dans laquelle vous vous trouvez.

1. **Mettez de côté l'idée selon laquelle vous n'avez pas assez de temps, d'argent ou d'énergie. Partez du principe que le vrai problème n'est pas de manquer d'un, de plusieurs ou de tous ces éléments.**

   Imaginez-vous suffisamment disponible, riche et disposant de l'énergie nécessaire.

2. **Énoncez par écrit de manière positive votre objectif ou votre rêve.**

   Par exemple : « Je veux m'installer dans une villa au bord de la mer. »

3. **Posez-vous la question 1 : « Est-ce que je peux le faire aujourd'hui ? »**

   Si vous répondez oui, toutes les conditions sont réunies, et hop, votre rêve se réalise. Mais, si votre réponse est non, et c'est le scénario le plus probable, passez alors à l'étape 4.

4. **Posez-vous la question 2 : « Que doit-il se passer en premier ? »**

   Séparez toutes les tâches à exécuter pour atteindre votre objectif. Dans l'exemple de la maison de bord de mer, vous avez principalement trois actions à mener : chercher l'endroit, trouver un emploi plus souple et obtenir l'accord de votre famille.

5. **Pour chaque tâche, passez par les étapes 3 et 4.**

   Posez-vous la question 1 : « Est-ce que je peux le faire aujourd'hui ? » Si la réponse est non, posez-vous la question 2 : « Que doit-il se passer en premier ? », jusqu'à ce que vous obteniez une liste de tâches que vous pouvez faire aujourd'hui ou que vous êtes prêt à faire à une date bien précise notée dans votre journal intime.

Entendu ? Vous êtes ainsi sorti de l'impasse et vous avancez vers la réalisation de votre rêve.

Note technique

Vous pouvez approfondir cette question en consultant les travaux d'Éric Berne, père de l'analyse transactionnelle, qui aurait identifié ici un jeu psychologique, inconscient bien évidemment, qu'il appelait « jambe de bois ».

Croquer de plus petits morceaux

La patience et la persévérance sont des qualités précieuses qui vous aideront à vous forger une belle confiance en vous. Et, quand vous persévérez calmement, en divisant les tâches en plusieurs sous-tâches, vous êtes plus susceptible de vous approcher de la perfection qu'en menant une mission à toute vitesse dans l'espoir de terminer rapidement.

Dans son travail, au sein d'une société informatique d'envergure mondiale, mais aussi dans ses loisirs, Frédéric relève calmement des défis stressants en gardant son sang-froid et en considérant les grands projets comme une succession de petites tâches. Au travail, sa mission est d'aider à améliorer l'efficacité d'une compagnie aérienne internationale, tâche en apparence impossible. Il divise sa mission en morceaux de plus en plus petits. Il commence par identifier les procédures vitales de l'entreprise, puis il les adapte à l'infrastructure informatique existante. Ensuite, il évalue les performances des procédures, repère les problèmes et met en place de petits projets pour réaliser les améliorations qui feront toute la différence.

Dans sa vie personnelle, Frédéric emploie une approche similaire pour les grands projets, qu'il s'agisse de faire un jardin, de rénover la maison ou de faire voler un planeur. Quand il décida d'apprendre à piloter, il fit des recherches, trouva un club de vol à voile, s'inscrivit à un cours pour débutants et se fixa une série d'objectifs qu'il atteignit patiemment un à un : voler en solo, voler à bord d'un planeur à une place, faire un vol d'endurance, un vol de longue distance. Il franchit ces étapes sans histoires, car son approche pratique consistait simplement à « tenter le coup », sachant qu'il allait gagner en confiance à mesure qu'il apprendrait.

Pour diviser vos projets en plusieurs phases, procédez comme suit :

1. **Fixez votre objectif principal.**

   Par exemple, écrire un roman.

2. **Fixez-vous un délai raisonnable et réaliste.**

   L'écriture d'un roman peut prendre un an.

3. **Divisez votre objectif en plusieurs activités à mener à bien dans le délai imparti.**

Dans le cas de l'écriture d'un roman, les activités en question pourraient être les suivantes : trouver un éditeur, préciser l'intrigue et développer vos talents d'écrivain.

4. **Fixez-vous une échéance précise pour chaque activité.**

   Chaque activité pourrait prendre plusieurs mois.

5. **Divisez chaque activité en une série d'habitudes ou de petits projets quotidiens.**

   Pour développer vos talents d'écrivain, vous pourriez suivre un cours du soir consacré à l'écriture et passer une heure à rédiger chaque jour.

Le fait de prévoir des tâches réalisables vous permet d'aborder avec confiance l'objectif principal. Savez-vous comment avaler une baleine ? Par morceaux !

Se libérer du temps pour soi

Travailler sans cesse, sans se divertir, n'est pas une vie. C'est aussi très improductif. Si vous avez des horaires de fou, vous savez que votre productivité chute très rapidement après la première période de travail.

Qu'en serait-il si vous ralentissiez un peu le rythme et faisiez dans la simplicité ? Les informations fournies dans les sections suivantes vous en donnent un aperçu.

Ralentir la cadence

Vous avez peut-être l'habitude d'accélérer, de travailler à fond, de passer d'un endroit à l'autre à toute vitesse en empruntant l'itinéraire le plus rapide et de rarement vous interrompre afin de réfléchir. C'est la vitesse qui caractérise notre société actuelle : restauration rapide, voitures rapides, ordinateurs rapides, résultats rapides et plaisir instantané. « Je veux ceci et je le veux tout de suite. »

Mais quand vos moments d'inspiration se produisent-ils ? La plupart du temps dans des moments de calme qui permettent à votre cerveau de se détendre : le jour où vous vous libérez de votre travail, sous la douche, quand vous pédalez sur un vélo à la salle de sport, quand vous vous promenez dans un parc, quand vous jardinez, quand vous marchez sur une petite route de campagne. Vos meilleures idées germent rarement lorsque vous êtes affairé comme une abeille qui butine.

Votre cerveau peut fonctionner à merveille à cent à l'heure, d'une manière logique et rationnelle. Mais il est bien plus performant si vous lui permettez de se détendre à intervalles réguliers. Paradoxalement, ralentir la cadence permet d'accélérer l'obtention de résultats. Faites une pause, complète, et vous reviendrez revigoré.

Exemple

La méditation est un havre de paix propice à la gestion des moments difficiles. Voilà pourquoi des millions de personnes à travers le monde la pratiquent quotidiennement. Voici une séance de méditation de deux minutes à laquelle vous pouvez vous adonner avant une réunion importante ou le réveil de votre bébé, quand vous souhaitez ralentir le rythme et passer un moment agréable avec vous-même. Vous pouvez la lire à voix haute ou l'enregistrer pour vous la repasser plus tard. Pour avoir d'autres idées d'exercice de méditation, consultez le site Web www.meditationfrance.com.

Laissez votre esprit vagabonder, en vous libérant de vos pensées et soucis. Laissez-les disparaître, s'envoler avec la brise. Prêtez attention à votre respiration, aux mouvements de votre poitrine et de votre ventre, sans laisser votre esprit faire de commentaires. Laissez vos pensées venir, puis... repartir. Observez les couleurs et images qui vous entourent, absorbez la lumière et baignez votre esprit et votre corps de sa généreuse chaleur. Écoutez les bruits de la pièce et de l'extérieur. Laissez-les s'atténuer et disparaître au plus profond de votre esprit. Ressentez les mouvements de l'air sur votre visage et votre corps et savourez ce calme. Sentez... goûtez la délicatesse du silence. Demeurez quelques instants plongé dans cet état de calme conscience. Puis, quand vous serez prêt, revenez dans le présent, revigoré, plein d'énergie et prêt à passer à autre chose.

Note technique

Découvrez la pleine conscience (*mindfulness*) avec *Méditation : la pleine conscience pour les Nuls* qui comprend un CD pour pratiquer (First, 2013), mais aussi le mouvement naissant de la *slow* attitude.

Adopter le principe des 80/20

Quand Kate travaillait dans la publicité, elle connaissait la règle selon laquelle environ 20 % de ses efforts produisaient 80 % des résultats de n'importe quelle campagne. Le problème était toujours de savoir quels 20 % agissaient réellement. Heureusement, il y a des domaines moins incertains dans lesquels les données sont plus faciles à collecter et à interpréter. Nous les étudions dans les prochaines sections.

Expliquer le ratio

La *loi de Pareto* ou *principe du 80/20* a été créée au XIXe siècle par l'économiste Vilfredo Pareto, qui a constaté qu'en Italie 80 % des terres étaient détenues par 20 % de la population. Il aurait également remarqué que, dans son jardin, 80 % des petits pois qu'il récoltait provenaient de 20 % des cosses.

Au fil des ans, ce principe s'appliqua à de nombreux domaines en dehors de la propriété foncière et du jardinage. Détail d'importance pour vous : selon ce principe, 80 % des résultats que vous obtenez proviennent de 20 % des efforts que vous fournissez, et il faut ensuite 80 % de vos ressources restantes pour combler l'écart de 20 % afin de passer de 80 % à 100 %. C'est là une preuve indéniable du coût réel de la perfection. Pour obtenir ces 20 %, il va vous falloir fournir quatre fois plus d'efforts. Dans certains cas, cela vaut la peine, mais pas dans d'autres.

La règle des 80/20 est une illustration grossière de ce qui se passe dans la réalité, mais voici des exemples qui mettent en scène la loi de Pareto :

- 20 % de vos efforts consacrés au nettoyage font briller 80 % de votre maison ;
- 20 % de vos clients apportent 80 % de votre chiffre d'affaires ;
- 20 % des employés de votre cabinet obtiennent 80 % de vos résultats ;
- 80 % de vos progrès proviennent de 20 % des actions figurant sur la liste de tout ce que vous devez faire ;
- 20 % de vos vêtements sont usés 80 % du temps ;
- 20 % du temps passé en réunion servent à prendre 80 % des décisions.

Ajuster le ratio

Dernièrement, une amie travaillait pour obtenir une qualification. Il lui fallait rédiger des essais cliniques. La rédaction n'étant pas son fort, cette partie du travail la rendait de plus en plus nerveuse, jusqu'à ce qu'elle se proclame capable de s'ôter toute pression : « Je travaille pour obtenir un essai satisfaisant à 80 %, ce qui est suffisant pour que j'obtienne la note voulue et que je dispose d'un peu de temps pour ma famille et moi-même. »

C'était une application très intelligente du principe du 80/20 : faire du mieux qu'elle pouvait dans le temps imparti, puis arrêter au lieu d'essayer d'obtenir ces quelques points supplémentaires risquant de provoquer une souffrance excessive.

Nous pensons que le syndrome de l'occupation permanente est le pire des fléaux pour monsieur Tout-le-monde. En visant en permanence les 100 %, vous perdez énormément d'énergie et de concentration. Si vous appliquiez la règle des 80/20, vous pourriez réduire 80 % de vos activités et augmenter de façon spectaculaire votre temps libre.

Exemple

Identifiez un domaine dans lequel vous luttez pour atteindre la perfection (100 %). Fixez-vous un résultat à 80 % qui vous semble acceptable. Maintenant, consacrez 20 % de votre temps à vous focaliser sur un moyen d'atteindre ce résultat avec détermination.

Créer des normes comportementales réalistes

Nous espérons que vous avez conscience que le perfectionnisme et les tergiversations engendrent la plupart du temps une perte... de temps. Ils consomment une quantité extraordinaire d'énergie. Vous souhaitez naturellement évoluer à votre meilleur niveau et, dans certaines situations, vous visez l'excellence et vous vous donnez à 100 %. L'essentiel est d'avoir un dessein réaliste.

La plupart des personnes brillantes reconnaissent l'avantage d'agir simplement. Plus vous vous enfoncez dans la difficulté et la complexité, plus vous serez susceptible de tout gâcher lorsque les choses deviendront difficiles et vous perdrez votre confiance dans votre faculté de réussir.

Adapter ses objectifs aux circonstances

La précédente section vous a appris que 80 % de vos résultats sont dus à 20 % de votre travail. Quand vous accomplissez votre dessein et poursuivez vos objectifs, il est essentiel de prendre des habitudes qui permettent de mettre fin à vos tergiversations et de centrer votre énergie. Voici quelques questions à vous poser quand vous faites le point sur votre progression :

- Quel est mon dessein ? (Et demandez-vous pourquoi il est important à vos yeux.)
- Parmi les choses que je fais, quelles sont celles que je peux déléguer ?
- Quelles sont celles qui sont inutiles ?
- Qu'est-ce que personne d'autre ne peut faire à ma place pour accomplir mon dessein ?

Imprégnez-vous des réponses fournies et consultez-les quand vous devez rester sur la bonne voie, au moins une fois par mois et, de préférence, plus fréquemment.

Rester positif mais réaliste

Il vous arrive de perdre votre confiance à cause de facteurs extérieurs que vous maîtrisez peu ou pas du tout. Voici des conseils pour rester positif et cohérent :

- Projetez-vous dans le futur à une époque où rien de ceci n'aura d'importance.
- Prévoyez de vous octroyer de petits plaisirs, même si vous n'en profitez pas tout de suite.
- Imaginez-vous dans un film, au milieu d'une scène délicate, tout en sachant que tout va bien finir. Écrivez vous-même la fin heureuse.
- Couchez-vous de bonne heure avec une bouillotte.
- Mangez sainement et buvez beaucoup d'eau.

- Faites une promenade à pied et émerveillez-vous du ciel, de l'air et de la verdure.
- Souvenez-vous des événements qui se sont bien déroulés, si petits soient-ils.
- Dressez immédiatement la liste de ce qui est satisfaisant dans la situation difficile en question.

Être plus souple

Pendant des années, la course de fond a été le sport préféré de Marie et sa façon de se libérer du stress. Elle faisait partie d'un club de course à pied dont les membres étaient très unis. Elle courait plusieurs kilomètres avant d'aller travailler, par tous les temps, et participait à des courses le week-end. Sa vie entière se résumait en un seul mot : foncer. Elle occupait un poste important de directrice dans une grande entreprise, nécessitant de fréquents voyages. Ses enfants la voyaient rarement, et son mari les élevait seul la plupart du temps.

Un claquage aux ischio-jambiers la força à suspendre son programme d'entraînement et de compétition. Sur les conseils de son kinésithérapeute, elle renonça à la course pour la natation et le yoga à domicile et se libéra plus de temps pour s'occuper de son intérieur et se détendre les week-ends avec son mari et ses enfants. Son changement d'habitude forcé incita Marie à faire un point sur sa vie professionnelle et quotidienne. Elle s'aperçut qu'elle s'était installée dans une routine avec la pratique continuelle de la course à pied et la fréquentation de personnes qui appartenaient au même cercle.

Quand elle fit preuve d'une plus grande souplesse dans sa pratique sportive, elle se consacra plus à sa famille et redéfinit son rôle au sein de son entreprise. Ses relations et son énergie grimpèrent en flèche.

Exemple

Pensez à vos routines journalières et hebdomadaires en cherchant les domaines dans lesquels certaines de vos habitudes vous desservent. Dans quels domaines un changement, si petit soit-il, aurait le plus d'effet ?

Prenez les habitudes les plus ancrées dont vous ne pouvez pas dire qu'elles soient devenues très bénéfiques. Par exemple, côtoyez-vous toujours les mêmes personnes, passez-vous tous vos week-ends à faire la même chose ou fréquentez-vous toujours les mêmes endroits ?

Étudiez les choses que vous faites *toujours*, que vous estimez *devoir* faire, ou que vous ne faites *jamais*, et essayez de procéder différemment. Vous avez peut-être adopté une routine ennuyeuse. Si vous déjeunez tous les dimanches avec votre mère ou faites le ménage tous les vendredis matin, essayez quelques changements. Que se passerait-il si vous emmeniez votre mère pique-niquer à la plage ou si vous jouiez au golf le vendredi matin ?

N'oubliez pas

La souplesse mène à la liberté. Plus vous serez capable de vous adapter, moins vous subirez la pression de la perfection.

Chapitre 10

Se dépasser mentalement

DANS CE CHAPITRE :

» **Explorer sa zone de confort**

» **Se tourner vers l'avenir**

» **Recevoir le nécessaire**

» **Développer son pouvoir**

La vérité qui se cache derrière le conseil : « Appréciez la vie au jour le jour », c'est que vous ne pouvez pas toujours vous préparer à ce que la vie vous réserve. Et, si vous tentez de vous protéger contre les imprévus, vous finissez par passer à côté de tout ce que vous réserve la vie.

Vous souvenez-vous du test dans le conte *La Princesse au petit pois* ? Pour savoir si la visiteuse était une vraie princesse, les courtisans placèrent sur son lit un simple petit pois qu'ils recouvrirent de dix matelas. Le lendemain matin, elle dit qu'elle avait horriblement mal dormi à cause des matelas pleins de bosses. C'était donc une vraie princesse.

C'est tout ce que nous apprenons sur cette princesse, mais nous savons à travers d'autres contes de fées que, souvent, les princesses ne peuvent pas manger normalement, qu'elles sont allergiques à la poussière et à la saleté, ne supportent pas qu'on les interroge ou contredise, que le moindre contretemps les paralyse et que leur vie semble bien moins facile qu'elle ne devrait être. Malgré (ou à cause de) tous leurs privilèges, dans les contes de fées, les membres de la royauté semblent moins capables de faire face aux événements de la vie que les gens ordinaires.

À l'instar de nombreux écrits de la littérature populaire, ces contes racontant l'histoire de princesses renferment une vérité : les êtres humains ont vu leurs capacités et leur rang diminuer, car ils n'ont jamais eu à se dépasser pour relever un défi. Faire face aux difficultés est l'un des facteurs les plus importants du développement de tout être humain. Dans ce chapitre, nous allons vous montrer comment relever les défis que vous lance la vie et les utiliser comme pierres de gué pour renforcer votre confiance et vos capacités.

Agrandir sa zone de confort

Cette notion va au-delà de votre environnement physique. Le terme *zone de confort* est très utilisé en psychologie et dans le développement personnel. Il fait surtout référence à votre environnement mental créé par vos soins. Considérez cette zone comme votre antre, l'endroit où vous vous sentez complètement détendu en étant vous-même. Vous êtes en territoire connu, c'est tranquille et confortable.

Vous savez pertinemment comme le plus confortable des antres devient ennuyeux et trop étroit quand vous n'en sortez jamais. Mais votre zone de confort psychologique diffère de l'antre que constitue votre maison pour une raison essentielle : elle rétrécit lentement ! Si vous ne prenez pas des mesures pour l'agrandir, elle vous comprime.

N'oubliez pas Pour être en bonne santé, vous devez être capable d'étirer de temps en temps votre environnement mental. Vous gagnez bien plus rapidement en confiance si vous admettez qu'il vous faut agrandir votre zone de confort.

Voici une autre analogie utile : imaginez-vous dans votre lit par une nuit froide de grande tempête. Dehors, le vent mugit et vous entendez la pluie fouetter les vitres. Mais, à l'intérieur, vous êtes bien, à l'abri sous la couette. Tant que vous restez au chaud, vous avez le sentiment de pouvoir traverser confortablement la tempête.

Mais vos sentiments immédiats de confort sont-ils à suivre ? Si la tempête dure très longtemps, vous risquez d'avoir faim et, si le vent emporte votre toit, vous allez vous retrouver dans une situation très inconfortable, voire dangereuse. Dans ces circonstances, votre lit ne vous protégera en aucune manière, et vous devrez sortir de chez vous pour trouver un autre refuge. Votre cave ne vous semblera pas très confortable, mais, en cas de tempête, c'est un lieu plus sûr.

N'oubliez pas

Le confort est un piètre guide dans la vie, une illusion totalement subjective et liée à un moment donné. D'habitude, vous rechignez peut-être à prendre une douche froide mais, si vous faites du camping lors d'un safari, par une température de 40 degrés, une douche à l'eau froide à l'aide d'un seau peut vous paraître un vrai luxe. Le confort dépend toujours du contexte.

Connaître les limites de sa zone de confort

Considérez votre zone de confort comme les aspects ordinaires de votre vie, de votre travail et de vos environnements sociaux. Il s'agit de ces endroits, activités et relations dans lesquels vous vous sentez chez vous. Il n'y a pas de mal à vivre dans cette zone la plupart du temps. Cela vous permet de passer vos journées sans devoir constamment évaluer chaque nuance de toutes les situations. Mais si vos croyances sont des interprétations qui peuvent vous faire adopter des pensées erronées, ne jamais vous aventurer au-delà de votre zone de confort peut vous rendre inapte à affronter tous les événements de la vie.

S'il faut régulièrement solliciter ses muscles et ligaments pour entretenir sa forme physique et son bien-être, il est également nécessaire de mobiliser son esprit pour cultiver son potentiel et sa flexibilité. Si vous n'utilisez pas vos muscles, vos perdez de la masse musculaire. Il en va de même avec les occasions d'évoluer que vous offre la vie. Vous devez les saisir quand elles se présentent, sous peine de voir votre zone de confort rétrécir et vous étouffer, et de voir s'envoler la force de l'amour et de la joie.

Tout le monde a tendance à éviter les situations douloureuses ou potentiellement difficiles. Cependant, chaque fois que vous cédez à l'évitement, vous vous réfugiez un peu plus profondément dans votre zone de confort. Si vous ne vous poussez pas à vous dépasser de temps en temps, vous finirez par vous dissimuler sous l'équivalent mental de votre couette pour vous protéger des démons qui rôdent autour de vous.

N'oubliez pas

La prochaine fois que vous vous sentez mal à l'aise ou gêné et souhaitez échapper à une situation sans raison valable, souvenez-vous que refuser de solliciter sa puissance mentale, à savoir se réfugier dans sa zone de confort, c'est aller dans la direction opposée de la confiance. Alors, prenez garde ! Ce que vous apprenez dans ce livre peut vous aider à vous dépasser et à éliminer les croyances qui vous limitent.

Décidez sur-le-champ de prendre des initiatives dans votre vie familiale, professionnelle et dans vos relations sociales, et vous commencerez à profiter de la moindre occasion pour évoluer. Ces petits efforts réguliers vous habitueront à gérer les difficultés et, plus vous apprivoiserez un sentiment, moins il vous fera peur. Quand des obstacles plus importants se mettront en travers de votre route, vous serez mentalement bien mieux armé pour les affronter.

Anecdote

RENAISSANCE

Jeune, Michel était un athlète en forme. Bien que petit, il n'en était pas moins fort et rapide, avec un tempérament de gagneur issu de l'esprit de compétition qui régnait entre lui et ses quatre frères. Une fois marié, avec des enfants à lui et des responsabilités liées à un métier exigeant, il eut beaucoup moins de temps pour la pratique du sport. Quand il accepta un poste de directeur régional, il voyageait de plus en plus, allait dans des réceptions et en organisait, vivait surtout à l'hôtel et mangeait sans arrêt au restaurant. Il prit du poids et commença à se soucier de son physique pour la première fois de sa vie.

Il revint au siège social à la suite d'une autre promotion. Quand les membres de son nouveau service lui demandèrent de participer au tournoi de football en salle, il accepta. Mais, quand il fit un footing avec eux, il eut beaucoup de mal à suivre le rythme et ne prit aucun plaisir. Il manqua les deux entraînements suivants, officiellement « à cause du travail » mais, en fait, il avait mal partout. Il pensa que les matchs seraient moins durs que l'entraînement et décida qu'il « verrait bien sur place ».

Mais, le soir du tournoi, la vie de Michel bascula puisqu'il fut victime d'un arrachement ligamentaire et de plusieurs fractures à une jambe. Quand il se retrouva dans son lit d'hôpital après l'opération, il eut la nostalgie du simple plaisir de se promener dans le parc avec sa femme. Il savait que son « accident » aurait pu être bien pire. Il fit un bilan

»

»

de sa vie et de son travail et décida de procéder à des changements.

Il avait toujours accepté les déplacements et les missions confiés par son entreprise. En retour, il était régulièrement augmenté, bénéficiait de droits à pension, d'une belle voiture de fonction et faisait des notes de frais. Mais il avait perdu son goût naturel pour la prise de décisions, la compétition, le risque, le développement personnel et l'autonomie. Michel s'aperçut que, même s'il avait aimé tous les signes extérieurs de la réussite, il avait perdu contact avec une grande partie de son être physique. Ces quinze dernières années, sa zone de confort physique n'avait cessé de se rétrécir.

Une fois sa convalescence terminée, il démissionna pour monter une petite entreprise avec son jeune frère. Aujourd'hui, ils organisent des circuits aventure et des safaris de cohésion à destination des entreprises. Maintenant, Michel s'épanouit, et sa vie est en tout point harmonieuse. « J'ai l'impression de revivre, dit-il. J'aime être actif, avoir des idées, gérer de nouvelles situations. Je ne sais jamais à quoi ressemblera la semaine prochaine. Ma vie est une véritable aventure, et mon travail, aider les autres à sortir de leur zone de confort, est un bonheur. »

Repousser ses limites = agrandir la zone de confort

Si la fréquentation régulière d'une salle de sport ou les exercices de musculation avec une augmentation progressive des poids vous paraissent bénéfiques, il doit en aller de même pour votre mental.

Par exemple, si parler en public vous terrifie, alors prononcer une oraison funèbre ou rendre un hommage spirituel à votre patron adoré lors de son pot de départ à la retraite peut vous sembler au-dessus de vos forces. Mais, avec le temps, vous pouvez aimer ces tâches et être capable de les exécuter avec aisance. N'oubliez pas qu'un voyage de mille lieues commence par un pas. Le meilleur moyen de se mettre à parler en public est de profiter de la moindre occasion pour prendre la parole en petit comité, à l'occasion d'une réunion hebdomadaire ordinaire ou d'un rassemblement informel.

L'une des caractéristiques les plus révélatrices de la théorie de la zone de confort est que n'importe quel effort fourni accroît vos capacités simultanément dans tous les domaines. Pour vérifier ce point, admettons que vous deviez faire face aux éléments de la figure 10-1 dans les mois à venir :

10-1 La zone de confort.

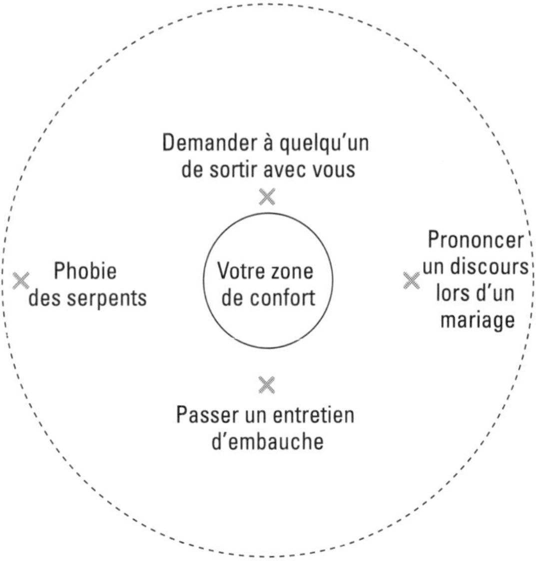

- Vous postulez à une promotion que vous estimez mériter, et il vous faut maintenant réussir votre entretien.
- Votre plus vieil ami se marie et vous demande d'être son témoin. Vous êtes honoré, mais le moment tant redouté du discours approche.
- Vous êtes attiré par une jeune employée du département comptabilité et elle semble ne pas être non plus insensible à vos charmes. Vos collègues de travail ont commencé à vous taquiner et vous poussent à lui demander de sortir avec vous.
- Vous avez toujours eu peur des serpents, mais vous avez accepté d'accompagner votre neveu, dont vous êtes l'idole, pour la visite d'une ferme de serpents. Cela impliquera que vous manipuliez des reptiles, ce qui vous terrorise.

Actuellement, *toutes* ces actions sont situées en dehors de votre zone de confort. À la rigueur, vous vous voyez bien accomplir les deux premières missions, mais inviter votre collègue à sortir vous met mal à l'aise et vous ne savez vraiment pas comment maîtriser votre phobie des serpents.

Le mieux est de commencer par la situation qui vous bloque le plus. Le fait de savoir affronter votre phobie des serpents va vous aider à gérer les autres situations, qui n'ont pourtant aucun rapport. C'est incroyable mais vrai ! C'est comme si, lorsque vous étoffez votre zone de confort dans n'importe quelle direction, vous agrandissiez également son rayon, englobant ainsi de nombreux éléments auparavant situés en dehors de cette zone.

10-2 Agrandir sa zone de confort.

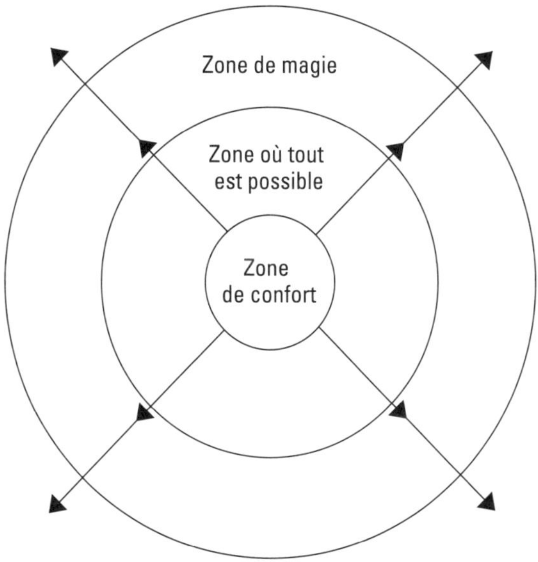

Truc

L'antidote normal contre l'anxiété occasionnelle est le bon sens : évaluez précisément votre situation, définissez clairement vos exigences, réfléchissez dans le détail à vos actions. Si cette approche ne vous apporte aucun soulagement et si les symptômes persistent, vous avez peut-être besoin de l'aide d'un spécialiste.

Identifier les troubles de l'anxiété

Ne confondez pas une légère anxiété face à une situation que vous trouvez difficile avec l'éventail de troubles anxieux plus graves. Ces états peuvent remplir la vie de sentiments de malaise et de peur. Contrairement aux anxiétés relativement brèves, les troubles anxieux sont chroniques, souvent incessants et peuvent empirer s'ils ne sont pas traités.

Note technique

Environ 10 % de la population souffre d'un trouble anxieux, et environ 1 %, d'attaques de panique (même si deux fois plus de femmes que d'hommes l'admettent).

Parmi ces troubles anxieux figurent donc souvent les *attaques de panique*, sentiments de terreur qui peuvent surgir sans prévenir. Elles sont si effrayantes que les personnes concernées vivent dans la peur de la prochaine, ce qui leur gâche la vie.

Comment savoir si vous souffrez d'un de ces troubles ? Lors d'une attaque de panique, il est très probable que vous transpiriez, que votre cœur batte à tout rompre et que vous vous sentiez mal ou que vous ayez la tête qui tourne. Cela s'accompagne souvent de nausées, d'un souffle court ou de douleurs dans la poitrine. Vous pouvez avoir l'impression que vous allez bientôt défaillir ou croire que vous souffrez d'une crise cardiaque. Au cours d'une attaque de panique, il n'est pas rare de penser que l'on va mourir.

Les attaques de panique se soignent bien et peuvent sérieusement vous handicaper si elles ne sont pas traitées. Les personnes qui en souffrent ont tendance à éviter les situations propices à leur déclenchement, à savoir nager, conduire, prendre l'ascenseur, se trouver dans un espace réduit, etc. Pour un tiers de ces personnes, la vie est tellement contraignante qu'elles peuvent rester enfermées chez elles.

Attention

Même si vous n'avez qu'une probabilité sur dix de souffrir d'un trouble anxieux, il est essentiel que vous consultiez un médecin si vous avez le sentiment de faire partie de ces 10 % de personnes.

Conduire prudemment sur la file de droite

Vous vous êtes donc décidé à prendre des initiatives et à relever volontiers de nouveaux défis. Vous avez fait la démarche mentale qui équivaut à celle de « consulter son médecin avant d'entamer un programme sportif intensif ». Vous avez peut-être une petite appréhension ou même peur, mais, au fond de vous, vous vous sentez revivre. Il est évident qu'une source de joie peut vous inciter à vous dépasser. Félicitations ! Vous avez repris votre croissance.

Se créer un refuge

Pour le développement personnel, de multiples procédés sont à votre disposition, et cet ouvrage en présente un grand nombre. L'un des plus utiles à ce stade précoce de votre voyage est de vous créer un refuge au sein duquel vous pourrez vous calmer et vous nourrir d'éléments qui déclenchent des réponses neurologiques et physiologiques appropriées.

Si vous considérez la vie comme une grande expédition, avec des sommets à gravir, ce refuge peut constituer votre camp de base, comparable à celui des alpinistes, avec tout ce qu'il faut pour prendre les forces nécessaires avant d'entamer l'ascension. Vous aussi vous avez besoin d'un endroit pour récupérer, sur lequel vous pouvez compter pour retrouver votre équilibre.

Voici ce que doit pouvoir vous procurer votre refuge :

- Un moyen de passer de l'agitation physique au calme ;
- Un moyen de passer de l'angoisse à l'inspiration ;
- Un moyen de passer de l'épuisement au plein d'énergie.

Il est possible de retrouver un parfait équilibre physique, mental et spirituel grâce à une combinaison de repos physique, de relaxation, de concentration et de routine. Votre objectif est de créer un système capable de vous apporter les trois conditions énumérées précédemment en trente minutes environ.

Il peut être plus facile de créer son refuge que de le décrire. Suivez donc cette méthode simple. Plus tard, quand vous la maîtriserez, vous pourrez l'adapter à votre tempérament, mais veillez toujours à la respecter scrupuleusement, car la répétition systématique des mêmes étapes est une partie essentielle de la méthode.

Exemple

1. **Mettez-vous au calme dans un coin de votre chambre, maison, parc ou jardin où vous pourrez demeurer confortablement assis, sans être dérangé, pendant vingt à trente minutes.**

   Le fait d'être assis dans un endroit tranquille permet à votre corps et votre esprit de se calmer, ce qui joue un rôle essentiel dans la phase de rétablissement si vous éprouvez quelque fatigue pour telle ou telle raison. Plus vous utiliserez votre refuge, plus cette phase de retour au calme sera efficace, car votre corps et votre esprit anticiperont le repos à venir.

2. **Utilisez votre respiration pour vous détendre pendant quatre à cinq minutes.**

   Respirer est bien plus complexe que vous ne le pensez. La respiration fait l'objet de nombreuses études chez les mystiques, les philosophes et les médecins depuis des millénaires. Pour l'heure, vous avez simplement besoin de savoir que la respiration est un aspect important de la coordination esprit/corps et que vous pouvez l'utiliser pour susciter l'effet de votre choix. Dans l'immédiat, vous souhaitez être détendu et concentré.

   Quand vous êtes stressé ou anxieux, votre respiration est superficielle. Cela se produit très naturellement, mais il peut vous falloir beaucoup de temps pour respirer de nouveau normalement. En attendant, vous continuez de ressentir les effets de l'état physique créé par la respiration superficielle.

   Pour modifier instantanément votre respiration, il vous suffit de la contrôler, et le moyen classique d'y parvenir est de compter les canards !

   A. *Expirez à fond.*

   B. *Inspirez de nouveau* en comptant quatre canards (1 canard, 2 canards, 3 canards, 4 canards).

   C. *Retenez votre respiration* le temps de compter quatre canards.

   D. *Expirez* vos quatre canards.

E. Enfin, *retenez votre respiration* avec vos poumons vidés des quatre canards.

Si, lors de cette dernière étape, vous avez la tête qui tourne, contentez-vous de compter deux canards jusqu'à ce que vous maîtrisiez mieux l'exercice et soyez capable de tenir les quatre canards.

Ce mode de respiration consciente vous paraîtra peut-être bizarre, désagréable et artificiel de prime abord, mais persévérez. Il vous permet de vous apaiser, car votre corps élimine les résidus neurochimiques qui maintiennent votre excitation.

Pratiquez cette respiration pendant cinq minutes seulement, mais revenez à vos canards si, à n'importe quel moment, vous commencez à revoir les scènes à l'origine de votre anxiété et que la tension se manifeste à nouveau.

3. **Faites de la visualisation pendant vingt minutes.**

La *visualisation* vous permet de mobiliser votre créativité visuelle, car vous vous imaginez au bord de la mer, au milieu d'un alpage ou dans un lieu idyllique de votre choix, avec une douce brise, la chaleur du soleil et un endroit où reposer votre tête.

Soyez créatif et planifiez l'exercice en mobilisant tous vos sens :

- Vous pouvez utiliser une musique instrumentale douce ou un enregistrement de sons de la nature tels que les vagues qui s'échouent sur une plage ou la pluie qui tombe. (Ce n'est pas le moment de passer du heavy metal, des mots chargés en émotions ou tout ce qui est susceptible d'exciter votre système nerveux.)
- Truc : Vous pouvez utiliser en même temps des huiles essentielles (lavande et petit grain bigarade par exemple) ou de l'encens pour mobiliser votre odorat. Le fait de toujours porter le même parfum lorsque vous vous rendez dans votre refuge aide à créer un lien puissant avec votre état réparateur et méditatif et renforce l'effet d'habitude. Votre refuge devient ainsi un endroit où vous êtes sûr de récupérer.
- Si vous disposez d'un CD de relaxation, c'est l'endroit idéal pour l'écouter. Vous pouvez rédiger votre propre scénario et l'enregistrer de façon qu'il soit parfaitement adapté à votre refuge imaginaire.

Pendant cette phase de visualisation, attachez-vous à détendre votre esprit et votre corps. C'est cet environnement calme qui rend votre refuge si précieux.

4. **Commencez à revenir à la réalité.**

   Quand l'heure est venue de mettre un terme à la séance, prenez quelques minutes pour revenir progressivement dans le monde réel. Lorsque votre corps est dans cet état de détente, votre cerveau tend à produire des ondes alpha, en grande partie à l'origine de l'effet de récupération et qui représentent le parfait antidote contre le stress de la vie quotidienne. Au moment du retour à la réalité, accordez quelques minutes à votre cerveau pour générer les ondes bêta propres à l'état d'éveil normal.

   Éteignez la musique, respirez profondément à plusieurs reprises et étirez-vous. Ensuite, restez assis tranquillement et réfléchissez quelques instants à l'expérience vécue dans votre refuge. Si votre visualisation a été particulièrement agréable, vous souhaiterez peut-être prendre note des nouveaux éléments afin de les réutiliser. Si vous estimez vous être endormi, pensez à quel point vous êtes surmené en ce moment. Dans tous les cas, attendez quelques instants, prenez congé de votre refuge et rejoignez l'animation ambiante.

La règle est que tout est bon pour vous à partir du moment où cela fonctionne. Essayez les suggestions que nous proposons afin de trouver un moyen de vraiment vous apaiser. Quand vous aurez trouvé votre méthode, suivez-la scrupuleusement, et tous ces stimuli sensoriels deviendront les éléments déclencheurs de votre relaxation. Une fois que vous aurez pris cette habitude, votre refuge sera en mesure de vous apporter calme et paix même lors des journées les plus éprouvantes.

N'oubliez pas

Si vous prenez la peine de le créer, de l'adapter à vos besoins et de toujours le respecter, vous en viendrez à adorer votre refuge, source de toute la protection et de l'apport nécessaires pour garantir une vie accomplie.

Truc

Votre refuge est également l'endroit idéal pour visualiser votre journée, votre présentation commerciale idéale ou toute tâche délicate que vous souhaitez exécuter avec succès. Ce n'est pas seulement un lieu destiné à vous protéger et vous permettre de récupérer. Il peut aussi devenir un endroit où vous donnerez naissance dans le calme aux versions plus efficaces de votre être. Plus vous l'utiliserez, plus il deviendra solide et sûr.

Votre refuge est un endroit merveilleux pour visualiser votre avenir, dans ses moindres détails. À mesure que vous maîtrisez et transformez cette méthode en routine quotidienne, vous pouvez commencer à développer des modes de pensée plus puissants qui vous serviront pour le restant de vos jours.

Se préparer au futur

La principale astuce pour n'importe quel préparatif est de réfléchir aux éléments nécessaires pour obtenir un résultat parfait, et non de se soucier de ce qui pourrait mal tourner. Ces écueils ont bien sûr leur place dans la phase de planification, mais leur importance est bien moindre que vous ne le pensez.

Dans *La PNL pour les Nuls*, les auteurs décrivent une excellente façon de planifier des résultats escomptés.

Cette technique passe en revue les sept conditions à satisfaire pour que vous ayez toutes les chances d'atteindre un objectif ou de prendre une bonne décision.

Vous percevrez mieux ces conditions en étudiant les sept questions suivantes :

1. Votre objectif est-il une chose que vous voulez ou une chose que vous ne voulez pas ?

Autrement dit, *avancez-vous vers* un résultat désiré ou *fuyez-vous* quelque chose que vous ne souhaitez pas ? Savoir ce que vous voulez est le plus important pour atteindre n'importe quel objectif.

Le mode de pensée de la génération des années 1960 selon lequel « nous devons fuir cet endroit si c'est la dernière chose que nous ferions dans notre vie » a conduit au rejet des valeurs austères de l'après-guerre. Malheureusement, cela a entraîné nombre de problèmes imprévus, car l'énergie et le désir de changer ne visaient rien de précis.

Dans la vie, il y a très peu de situations où vous pouvez affirmer « il n'y a vraiment rien de mieux que telle chose », même s'il peut vous arriver de le penser. Votre fuite d'un immeuble en feu se déroulera mieux si vous savez quelle porte mène à l'escalier de secours. Alors, acceptez et appréciez votre allergie au *statu quo*, mais étudiez en détail ce que vous souhaitez à la place et exprimez-le par l'affirmative. Votre cerveau ne comprend pas les formules négatives. Si l'on vous dit « ne pensez pas à un éléphant rose », qu'avez-vous fait ? Il y a de fortes chances qu'une image soit apparue dans votre tête !

2. Contrôlez-vous votre objectif et le moyen de l'atteindre ?

Vous devez ensuite savoir s'il s'agit bien de VOTRE objectif ou si quelqu'un d'autre vous l'impose. Votre mère vous a peut-être bien fait comprendre qu'il était nécessaire de réussir vos études, mais sa haute estime des diplômes ne vous amènera pas jusqu'à l'université si son souhait ne devient pas également le vôtre à un moment donné.

Vous devez également veiller à contrôler le moyen d'atteindre votre objectif. Vous avez peut-être vraiment envie que toutes vos connaissances vous aiment, mais vous ne contrôlez pas et ne pourrez jamais contrôler un tel objectif. On voit très bien à quel point votre vie peut être gâchée par la poursuite d'un tel but. En revanche, être sympathique avec toutes les personnes rencontrées est un objectif que vous contrôlez. Si tel est votre but, une conséquence indirecte de votre choix est de voir nombre des personnes que vous rencontrez vous apprécier. La différence essentielle est que vous êtes concentré sur ce que vous pouvez contrôler. L'objectif doit dépendre de vous.

3. Comment saurez-vous que vous avez atteint votre but ?

Il se peut que vous ayez déjà rêvé que vous participiez à un jeu sans disposer d'aucun moyen de savoir si vous êtes en train de gagner. Eh bien, c'est exactement ce qui arrive à certains dans la vraie vie. Si votre objectif est d'être meilleur au travail ou de devenir un conjoint plus attentionné, comment saurez-vous si vous y parvenez ? Que dirons les personnes de votre entourage ? Vos critères d'évaluation doivent être précis et objectifs.

4. Savez-vous d'où vient ce désir ?

Il est très inhabituel de désirer quelque chose sans raison. Tout ce que vous désirez vient de votre esprit, et le fait d'en connaître l'origine présente l'avantage d'influer sur la perception de vos souhaits.

Par exemple, si vous voulez posséder une voiture de sport, demandez-vous pourquoi. Eh bien, vous pouvez rétorquer : c'est une voiture géniale, avec un moteur fabuleux, des performances exceptionnelles et d'une marque prestigieuse. C'est un signe extérieur de réussite qui envoie comme message à tout le monde (vous y compris) que vous avez réussi dans la vie. Vous voulez ce genre de voiture depuis vos 20 ans, âge auquel vous avez commencé à travailler.

Anecdote

LE RÊVE DE L'ÎLE DÉSERTE

Gerald Kingsland avait un objectif à long terme singulier : il voulait vivre très longtemps sur une île déserte, ce qui impliquait de nombreux préparatifs et l'acquisition de compétences pour survivre (chasser, pêcher, construire un abri, etc.).

Comme très peu de gens étaient parvenus à survivre ainsi, il savait que sa préparation ne serait correcte que s'il passait minutieusement en revue tout ce qu'il lui faudrait faire sur place et s'il veillait à disposer de tout ce dont il aurait besoin une fois naufragé (il passa même une petite annonce dans les journaux pour recruter une Vendredi, et c'est Lucy Irvine qui l'accompagna dans son aventure).

L'aventure dura plusieurs années et faillit leur coûter la vie à tous les deux, mais ils survécurent, et vous pouvez lire leur récit personnel dans *The Islander,* de Kingsland, et *Castaway* : *A Story of Survival*, d'Irvine. Vous pouvez également voir le récit de Lucy dans le film *Castaway* (1986), de Nicolas Roeg, avec Oliver Reed et Amanda Donohoe dans le rôle des naufragés.

Savoir pourquoi vous avez ce désir est nécessaire pour bien définir votre objectif. Après avoir fait le tour de toutes les raisons qui vous motivent, vous déciderez peut-être, du haut de vos 25 ans, qu'il faut vous acheter une voiture de sport avant qu'il ne soit trop tard pour en profiter. Mais, si vous avez 35 ans, êtes marié et avez trois enfants, et si cela doit être le véhicule principal de la famille, vous souhaiterez peut-être plutôt opter pour un 4 x 4, bien entendu extrêmement performant, qui symbolisera tout autant votre réussite mais comportera aussi plus de sièges !

5. De quelles ressources avez-vous besoin pour atteindre votre objectif ?

Une fois l'objectif clairement énoncé sous une forme affirmative et ses avantages bien identifiés, il est bien plus facile de trouver les ressources nécessaires pour mener à bien votre projet. Pour certains objectifs, vous disposez déjà de toutes les ressources et pouvez démarrer sur-le-champ. Mais, pour d'autres, il vous faudra peut-être commencer par les réunir.

Quand vous réfléchissez à votre avenir, vous en venez naturellement à inclure les personnes et ressources qui vous manquent actuellement. Parfait ! Il est important de commencer par savoir ce qu'il vous faut, et ensuite seulement, d'échafauder des plans pour obtenir les éléments manquants au moment opportun.

6. Le fait d'atteindre cet objectif vous privera-t-il d'une chose que vous jugez précieuse ?

Quand vous vous demandez à quoi ressemblera l'avenir une fois vos rêves réalisés, pensez également à ce que vous laisserez de côté ou à ce qui disparaîtra. Quand vous serez riche et vivrez dans votre château au sommet d'une colline, vous aurez bien sûr quitté votre pauvreté actuelle, mais *quid* des bons côtés de la vie que vous avez aujourd'hui ? Les amis, le partage, la solidarité dans les moments difficiles ? Si ces éléments sont également importants à vos yeux, vous devez trouver un moyen de les inclure dans votre future situation. Vous aurez moins de chances d'atteindre vos objectifs s'ils n'englobent pas vos principales valeurs. C'est l'écologie de votre objectif.

7. Savez-vous quelle sera la première mesure à prendre pour atteindre votre objectif ?

Le commencement est beaucoup plus que la moitié de l'objectif, dit le proverbe, et les rêves se réalisent le plus souvent si vous passez à l'action. S'il est impératif de savoir ce qu'il faut faire, le démarrage est primordial. Quand vous passez à l'action, le monde réagit et vous donne de la matière à exploiter. Accompagnez cette action d'engagements. Vous disposerez là d'une association irrésistible.

Comme l'a écrit W. H. Murray, grand alpiniste écossais (dans une citation attribuée à tort à Goethe) :

Tout ce que tu peux faire ou rêves de faire, entreprends-le.
L'audace est porteuse de génie, de pouvoir et de magie.

N'oubliez pas

Vous devez constamment définir vos prochaines actions et... passer à l'action.

Attirer les choses souhaitées

De nombreux ouvrages de développement personnel vous disent que, dans la vie, vous pouvez obtenir tout ce que vous souhaitez. Dans une certaine mesure, c'est vrai. Mais vous devez soigneusement réfléchir à ce que vous souhaitez vraiment.

Supposons que vous et votre ami libériez un génie enfermé dans une lampe et qu'il vous demande de faire un vœu. Vous souhaitez que toutes les personnes que vous rencontrez vous aiment pour le restant de vos jours. Rien de plus simple pour le génie : dans une volute de fumée bleue, il vous transforme en chiot qui a été gravement blessé après avoir été percuté par une voiture et à qui il ne reste que quelques minutes à vivre. Désormais, tous ceux qui vous rencontreront vous aimeront pour le reste de votre très courte vie.

Votre ami souhaite que toutes les personnes qu'il rencontre lui donnent de l'argent. Et hop, il se transforme en esclave, enchaîné à un pont et encaissant le prix du péage pour le compte d'un troll puant. Il est condamné à passer sa vie à recevoir de l'argent de la part de tous ceux qu'il rencontre.

Cela se passe ainsi avec les génies, alors choisissez vos vœux avec soin. Soyez le plus précis possible (quand ? combien ? où ? avec qui ?...). La vie a l'habitude de vous apporter ce sur quoi vous vous concentrez.

Note technique

L'inverse est vrai aussi. Si vous vous concentrez sur vos ruminations et vos doutes, vous pouvez les transformer en *prophéties autoréalisatrices.*

Récolter les fruits de ses efforts

Supposez que vous ayez grandi dans une famille où l'argent manquait et que vous ayez vu vos parents se priver pour vous permettre de suivre des études. Il est possible que vous éprouviez à la fois de la gratitude et de la culpabilité, avec un peu de colère, car la vie vous semble avoir été injuste avec vos parents, voire un certain ressentiment pour leur incapacité à se sortir de ce mauvais pas et la transmission de toute leur culpabilité. Ce sont des réactions humaines et courantes.

Mais vous avez peut-être secrètement pris la résolution de toujours veiller à ce que vous et vos enfants n'ayez jamais à faire des choix si difficiles. C'est aussi une conséquence courante. Maintenant, la façon dont vous exprimerez votre volonté déterminera la richesse qui sera la vôtre, et le résultat ne sera peut-être pas celui escompté.

Truc

Vous voyez parfaitement le lien avec la bonne formulation des résultats escomptés décrite dans la section « Se préparer au futur », plus haut dans ce chapitre. Si vous énoncez vos objectifs de manière positive, votre dialogue intérieur et votre pensée seront également positifs, et vous serez bien plus susceptible d'obtenir ce que vous désirez le plus au monde. Si vous formulez mal votre intention, et c'est sûrement le secret le plus étrange, vous pouvez être certain d'obtenir le contraire de ce que vous voulez, la chose que vous souhaitez le moins au monde. Earl Nightingale, le pionnier du développement personnel, a vendu à travers les États-Unis un million de cassettes décrivant ce secret très étrange.

Les mystiques donnent un nom au pouvoir de réaction de l'univers face aux actes des humains : le karma. Le *karma* n'a pas la cote dans le monde occidental, car il est souvent associé au New Age et aux phénomènes farfelus. En fait, la théorie du karma est bien plus subtile et riche qu'on ne le croit généralement. Pour résumer, elle cherche à expliquer comment les actions que vous menez dans le monde créent l'environnement dans lequel vous vivez.

La Bible donne elle aussi des conseils dans la lignée du karma : « Qui sème le vent récolte la tempête. » C'est une conviction que de nombreux Occidentaux choisissent de vivre, qu'ils soient ou non croyants. D'autres traditions ont également leur version de cette loi universelle.

Votre expérience de la vie a l'air d'être étroitement liée à la façon dont vous vous comportez dans le monde, quelle que soit votre théorie de prédilection. Ce que vous obtenez en retour reflète réellement ce que vous avez apporté. Alors exploitez-le pour vous aider à créer le monde que vous souhaitez.

Trouver ce que l'on recherche

Ce livre contient de nombreux outils et techniques pour vous aider à obtenir la vie que vous souhaitez et à attirer les personnes et les éléments matériels dont vous avez besoin pour que cette existence se concrétise. Mais aucun instrument ne vous apportera ce que vous souhaitez et ce dont vous avez besoin si vous n'en avez pas une idée précise.

Notre définition de la *confiance ultime* est votre faculté à prendre la mesure nécessaire pour obtenir le résultat souhaité. Mais cela ne sert à rien si vous ne savez pas ce que vous voulez. Voilà pourquoi une grande partie de ce livre vise à vous aider à savoir ce que vous voulez vraiment dans la vie, avec un moi à un niveau de confiance optimal.

Ressentir son pouvoir

Quand vous commencez réellement à obtenir les résultats promis par le mode de pensée présenté dans cet ouvrage, votre vie voit son pouvoir grandir considérablement. Votre faculté de faire des choix est bien plus importante, et vous appréciez bien mieux votre libre-arbitre.

Afin d'y parvenir, vous vous servez de votre volonté pour briser les éternels modèles d'action et de réaction et les remplacer par vos propres modèles, issus de vos propres choix.

Jadis, la grâce était l'expression par excellence du pouvoir princier. Un prince puissant avait le pouvoir de battre ses ennemis, puis, par l'exercice de la grâce princière, pouvait les laisser s'en tirer à bon compte. On considérait qu'aucun être humain ordinaire n'était à même d'agir ainsi. Eh bien, vous pouvez également le faire dans de nombreux domaines de votre vie, ce qui aura pour conséquence de vous libérer. Une fois sur la voie de votre choix, vous êtes libre de refuser de vous laisser distraire par les autres ou quelque événement.

Apprécier une nouvelle façon d'être

Une fois que vous maîtrisez cette capacité de passer à l'acte en respectant vos valeurs essentielles et en poursuivant le but de votre vie, vous devenez totalement irrésistible. Vous pouvez alors adopter la *recette du succès garanti.*

Vous savez ce que vous voulez, vous optez pour une stratégie, vous prenez une mesure, puis une deuxième, en fonction de la réaction obtenue à la suite de la première. Vous faites preuve d'une totale souplesse comportementale, vos objectifs sont bien formulés, et le désir de réaliser vos objectifs ne peut venir que du plus profond de votre être. Vous persévérez jusqu'à ce que vous réussissiez.

Vous affichez votre moi le plus puissant, libre de mener à bien sa mission. Vous avez une totale liberté de choix et d'action. Vous produisez certains effets parce que vous *voulez* qu'il en soit ainsi. Vous n'avez besoin d'aucune autre raison. La formulation et la réalisation de vos objectifs deviennent les deux extrémités d'une évolution continue et homogène.

C'est une nouvelle façon d'être, basée sur votre volonté de comprendre l'individu que vous êtes aujourd'hui puis de prendre bien soin d'éliminer tous vos blocages.

Note technique

Différentes techniques et approches peuvent vous aider en ce sens : la trame thérapeutique, créée par Patrick Burensteinas, l'EMDR (*Eye Movement Desensitization and Reprocessing*) par Francine Shapiro, l'EFT (*Emotional Freedom techniques*) par Gary Creg, la technique des barres (*Access BARS*) par Gary Douglas, etc.

La clé de cette nouvelle façon d'être est votre faculté de prendre des mesures et la croyance selon laquelle vous êtes un être humain intégré plus qu'égal à toutes les épreuves que vous subissez.

Être persuadé que tout ira bien

Puisque vous avez confiance en votre capacité de faire tout le nécessaire pour offrir la vie que vous souhaitez à votre famille ainsi qu'à vous-même, la structure de votre existence devient plus simple. Vous êtes alors comme un golfeur confirmé sur un parcours pour débutant. Au drive, vous survolez les bunkers et les rendez donc inutiles. Vous coupez les doglegs, passez au-dessus des obstacles d'eau, touchez les greens en régulation. Comme vous maîtrisez le jeu, vous êtes très à l'aise et détendu au putting, vous ressentez moins de pression et faites moins d'erreurs. Une dynamique s'instaure à mesure que vous avancez sur le parcours, et vous jouez encore mieux les derniers trous que les premiers.

Même si vous ne jouez pas au golf, c'est une excellente métaphore de la vie. Au golf, vous disposez d'une balle et de quatorze clubs de différentes tailles. Une fois le parcours entamé, vous ne disposez d'aucune aide ou ne bénéficiez d'aucune intervention extérieure jusqu'à la fin. Vous évoluez à votre meilleur niveau quand vous êtes persuadé que, quel que soit l'endroit où va atterrir votre balle, même si la malchance vous frappe, vous serez capable de jouer le prochain coup. Même quand vous faites une erreur, vous en tirez les enseignements de façon à vous améliorer et à être prêt à jouer le trou suivant. Puis vous continuez de la sorte jusqu'à la fin du parcours.

Dans la vie également, vous pouvez apprendre à avoir confiance en vous et à agir. Vous réussirez plus souvent qu'à votre tour, et les épreuves que vous affronterez vous rendront euphorique autant qu'elles vous mettront au défi. Vivez ainsi et soyez persuadé que tout ira bien. C'est ainsi que vous êtes censé vivre.

Écouter la voix de la raison

Tout le monde a ces petites voix qui jouent le rôle de l'ange ou du démon. Le démon est votre plus féroce critique. Il vous réprimande et vous dit que vous gâchez tout en permanence et qu'il en sera toujours ainsi. Quand vous renforcez votre confiance, vous entendez moins ce critique intérieur.

La voix critique est remplacée par la voix de la raison, qui aligne les preuves que « vous ne gâchez pas toujours tout » et vous dit qu'au contraire vous êtes très souvent dans le vrai et qu'il n'y a aucune raison pour que vous ne réussissiez pas également votre prochaine action.

Le brouhaha de ce critique intérieur vous aide à prendre naturellement les bonnes décisions, et votre confiance se renforce en profitant de cette dynamique.

De temps à autre, la voix de la raison vous dira : « Tu sais quoi ? Je n'ai jamais fait ça et je ne sais pas quelle mesure prendre. Ouah, quelque chose de nouveau ! Qui peut m'aider à bien m'y prendre ? » Et vous demanderez à quelqu'un l'aide dont vous avez indéniablement besoin.

Chapitre 11

Développer la confiance en son corps

DANS CE CHAPITRE :

- **Remarquer la façon dont le corps affecte les pensées et les actes**
- **Être mieux dans sa peau**
- **Avoir une vision saine de soi**

Le matin, sautez-vous du lit impatient de passer à l'action, sachant que vous êtes physiquement en forme et prêt à apprécier la journée qui s'annonce, ou bien attrapez-vous lentement votre bol de café et un croissant, ou tirez-vous mollement sur votre première cigarette pour que votre esprit rejoigne votre corps, de façon à vous forcer à vous activer ?

Quand vous veillez à être dans une excellente forme physique, vous disposez d'une bonne base pour afficher votre moi le plus confiant. La confiance demande de l'énergie, et ce chapitre va vous dire comment en faire le plein.

Anecdote

LA MUSCULATION MENTALE

Si l'exercice permet de faire travailler le cerveau, on a découvert que vos pensées pouvaient sculpter votre corps. Le *New Scientist* a publié un article sur une étude menée en 2001 à la Cleveland Clinic Foundation, dans l'Ohio. Des chercheurs ont demandé à des personnes de passer quinze minutes par jour à simplement penser à muscler leurs biceps. Au bout de douze semaines, leurs bras avaient grossi de 13 %, le tout sans aucun entraînement physique.

Anecdote

PLUTÔT COQ OU PLUTÔT HIBOU ?

Pour la spécialiste de la santé Gillian Burn, votre horloge biologique fixe les moments de la journée où vous avez plus envie de faire certaines choses. Elle dit : « Notre corps a des rythmes naturels et biorythmes qui influent sur nous. Certains sont plutôt "coqs" : c'est le matin qu'ils se sentent le mieux, ils se réveillent de bonne heure et préfèrent commencer leur journée tôt. D'autres ont du mal à émerger le matin, ils se sentent mieux l'après-midi et le soir et travaillent très tard, ils sont plutôt "hiboux".

En termes de confiance, il est utile de commencer par comprendre votre horloge biologique et savoir si vous êtes plutôt coq ou plutôt hibou. Vous pourrez ensuite choisir le meilleur moment de la journée pour exécuter certaines tâches ou travailler sur certains projets. Ne luttez pas contre votre corps, écoutez-le et adaptez-vous. »

Établir la connexion esprit-corps

Considérez votre corps comme une voiture. C'est le véhicule le plus complexe de la planète. Votre corps compte des milliards de cellules qui forment les os, les muscles, les nerfs, la peau, le sang, les organes et les tissus. Aucun de ces éléments n'est autonome. Ils communiquent tous les uns avec les autres grâce à des passerelles très sophistiquées.

Si vous considérez votre esprit et votre corps comme un système unique et non comme deux parties distinctes sans aucun lien, vous vous apercevrez alors à quel point ils sont inséparables. C'est quand vous êtes calme, que vous avez les idées claires et que vous êtes concentré que vous êtes le plus susceptible d'être physiquement très performant. À l'inverse, si votre esprit est confus et fatigué, vous éprouvez probablement un déséquilibre physique avec des symptômes allant de la sensation de lourdeur au trac.

Les découvertes faites par les spécialistes du cerveau ces trente dernières années révèlent que, lorsque vous éprouvez une émotion, vous subissez un changement au niveau physiologique sans en avoir conscience. Ce changement renvoie un message au cerveau qui influe sur pratiquement tout ce que fait ce dernier. Vos performances, votre faculté d'agir avec confiance sont donc inextricablement liées à votre physiologie.

De nombreux mantras, prières et pratiques spirituelles peuvent avoir un effet salutaire sur votre bien-être. La pratique de disciplines telles que le yoga, la méditation, le tai-chi et les arts martiaux peut vous apprendre à calmer votre esprit et à centrer votre corps de façon à agir efficacement.

Truc

Pour contrôler votre corps d'un point de vue physiologique, l'un des moyens les plus rapides est de jouer sur la respiration. Faites chaque jour des exercices simples de respiration profonde tout en centrant votre énergie sur votre cœur. Quand vous êtes tendu, pensez à bien respirer au lieu de réagir en cédant à la colère ou à une émotion désagréable. La respiration vous aide à conserver vos réserves d'énergie. Pour en savoir plus, reportez-vous au chapitre 10. Le mouvement crée aussi l'émotion, ce qui offre de nombreux leviers d'action.

Savoir ce qui favorise une bonne santé

Que signifie pour vous la notion de bonne santé ? Vous l'associez peut-être à la nourriture que vous mangez, à l'exercice que vous faites, au fait de vous brosser les dents tous les jours ou au traitement médical dont vous bénéficiez. Prenez le temps de consigner par écrit ce qu'elle signifie à vos yeux.

Aujourd'hui, l'Europe est atteinte par une épidémie d'obésité. À long terme, cela va se traduire par de graves problèmes de santé tels que des maladies de cœur et des cas de diabète de type 2. Si vous voulez vivre vieux et en bonne santé, faites régulièrement de l'exercice et mangez équilibré. Sachez que la santé influe sur la confiance en soi.

Truc

Si vous avez du mal à faire davantage d'exercice, demandez à un proche de venir marcher, courir ou pratiquer régulièrement un sport avec vous. Kate joue chaque semaine au tennis avec des amis depuis de nombreuses années. Elle a fait de ce sport une occasion de voir du monde à la fois agréable, ludique et saine.

N'oubliez pas

Avez-vous pensé au mini-trampoline ? Peu coûteux et peu encombrant, il cumule les atouts pour votre bien-être en protégeant vos articulations, en accentuant la fluidité du drainage lymphatique et en augmentant votre niveau d'énergie. Il accroît même l'équilibre et le maintien postural et réduit la masse graisseuse. Que demander de mieux pour créer du rebond dans votre vie ?

Évacuer le stress en restant en bonne santé

Le stress est un élément-clé de la vie moderne, personnelle et professionnelle, qui touche votre emploi du temps, vos finances et votre énergie. À la maison, ce sont les problèmes financiers et familiaux, tels que le divorce ou la prise en charge de jeunes enfants ou de personnes âgées, qui ont des conséquences néfastes. Dans le milieu de l'entreprise, de plus en plus d'études montrent que les salariés ressentent une certaine insécurité pour leur emploi, font plus d'heures, voyagent plus souvent et sont de plus en plus démoralisés. Le stress professionnel nuit à la santé, au bonheur et aux relations familiales. Certaines entreprises l'ont bien compris et adhèrent au réseau Entreprise et convivialité (www.entreprise-et-convivialite.com) en redoublant de créativité pour améliorer l'ambiance au travail. Il existe même aujourd'hui des entraîneurs de bonne humeur spécialisés sur cette question !

N'oubliez pas

Le stress n'est pas toujours mauvais. Il peut être source d'excitation, d'innovation et de motivation. Mais, quand la frontière entre le stress positif et la pression négative est franchie, vous perdez vos moyens. L'excès de stress conduit entre autres à l'hypertension et augmente considérablement les risques de maladies de cœur.

Vous considérez peut-être le stress et la dépression comme des problèmes strictement psychologiques, mais ils affectent votre corps dans son ensemble, pas seulement la qualité de vos schémas mentaux. Quand vous devenez plus sombre et pessimiste, vous souffrez physiquement. Votre confiance et votre physiologie sont intimement liées. Voilà pourquoi il est si important de maîtriser votre stress.

Le stress ressenti au quotidien agit sur votre corps et peut :

- Accroître votre tension artérielle ;
- Augmenter votre fréquence cardiaque ;

- Limiter l'apport sanguin au niveau de la peau ;
- Affaiblir votre système immunitaire et votre résistance aux infections ;
- Perturber la digestion ;
- Provoquer de la nervosité.

Le stress peut atteindre un niveau extrême quand problèmes professionnels et personnels se cumulent, par exemple lorsque vous travaillez beaucoup sur une longue période sans en voir le bout, puis apprenez la mort d'un proche. Certains événements positifs, comme le mariage, représentent également une importante source de stress.

Votre corps est programmé pour avoir une réaction de lutte ou de fuite en cas de danger, afin de vous préserver : fuite lorsque vous ne parvenez pas à vous lever pour aller travailler ou lorsque vous souffrez d'une attaque de panique ; lutte quand vous vous mettez en colère.

Évacuer le stress

Pour chasser le stress négatif, il faut se forger de bonnes habitudes quotidiennes, c'est-à-dire des pratiques régulières vous permettant de vivre harmonieusement.

Truc

N'attendez pas de vous sentir mal. Veillez à développer, quand tout va bien, des habitudes permettant de chasser le stress de façon que vous soyez bien préparé à affronter les moments où votre système immunitaire est le plus vulnérable.

Parler avec un ami ou un conseiller peut vous aider à porter un regard plus juste sur les problèmes à l'origine de votre stress. Pour passer à autre chose le cœur léger, vous devez identifier objectivement les causes et les éliminer.

Il peut également être bénéfique de rejoindre un groupe de soutien fréquenté par des personnes dans la même situation que vous, qu'il s'agisse de jeunes mamans ou de demandeurs d'emploi.

Truc

Vous aimez vous détendre, respirer, transpirer légèrement, sentir vos muscles, sécréter des endorphines... et souhaitez renforcer votre confiance en vous ? Recherchez un club de rire sans plus tarder. Ces séances sont un parfait programme de prévention et de gestion du stress. Rire est un véritable jogging intérieur. Foncez !

Exemple

Les pieds dans l'axe de vos hanches, genoux légèrement fléchis, entrez dans la peau d'un magnifique samouraï. L'âme guerrière, vous visualisez vos soucis par terre, devant vous et levez votre sabre (imaginaire !) extrêmement tranchant et lourd au-dessus de votre tête sur une inspiration. Bras tendus, sabre pointé vers les étoiles, bloquez votre respiration, puis relâchez tout sur l'expiration en sortant un son qui vient de vos entrailles (HOAAAA !). Décapitez avec conviction tous ces problèmes jonchés sur le sol... Qu'en dites-vous ?

Les ingrédients du bien-être

Qu'est-ce qui vous fait vous sentir bien ? La figure 11-1 en page suivante vous permet d'évaluer sous divers points de vue les éléments positifs de votre vie. Ensuite, quand vous aurez le cafard, vous pourrez passer une minute à absorber les bonnes vibrations de cette roue. Cela libérera dans tout votre corps les endorphines qui renforcent votre système immunitaire.

Pour chaque section de la roue, placez deux ou trois suggestions positives. Cela peut faire ressurgir le souvenir d'un événement ou d'un lieu qui vous a fait du bien ou d'une activité telle qu'écouter une chanson, regarder une photo ou un objet que vous adorez. Voici les catégories figurant sur la roue :

- **Les lieux** (villes, plages, montagnes, jardins, galeries ou immeubles) que vous avez visités ou que vous aimeriez découvrir ;
- **Les personnes et animaux** que vous connaissez ou non mais qui vous inspirent ou vous intéressent ;
- **Les exercices**, qu'il s'agisse de vos sports préférés ou d'exercices mentaux ;
- **Les objets** qui vous rappellent un bon souvenir ;
- **Les événements** tels que les vacances, les anniversaires et les célébrations, des moments importants dans votre vie ;

» **Les images et symboles**, à savoir des œuvres d'art, des cartes postales, des icônes et des photos ;

» **Les odeurs et goûts** de vos aliments et parfums préférés ;

» **Les mots et sons**, c'est-à-dire de la musique, des poèmes, des mantras et des affirmations.

Notez ces éléments dans les parties correspondantes de la roue illustrée par la figure 11-1 en guise de pense-bête, dont la consultation vous donnera un coup de fouet quand vous en aurez besoin.

11-1 Faire tourner la roue des ingrédients du bien-être.

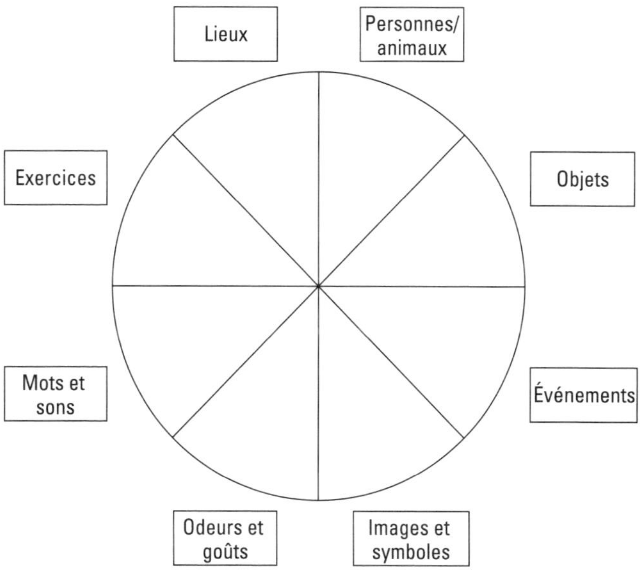

Suivre les règles d'or d'une alimentation saine

Vous n'envisageriez pas de mettre un carburant inadapté dans le réservoir de votre voiture, alors pourquoi faire subir cela à votre corps ? Ce que vous mangez et la quantité d'eau que vous buvez ont une influence considérable sur votre énergie, et donc sur votre confiance. Alors, mangez sainement et de manière responsable.

Truc

Mettez un frein au grignotage quand vous êtes stressé, anxieux ou surexcité, car vous perdez facilement conscience de ce qui se passe dans votre corps, de la sensation de faim et des aliments les plus recommandés sur l'instant. L'huile essentielle de cannelle modère l'attirance pour le sucre et agit comme coupe-faim. Au lieu de manger sur le pouce des produits de restauration rapide, prenez du recul, choisissez une alimentation plus saine et préparez-vous à savourer chaque bouchée en pleine conscience.

- **Buvez de l'eau :** à moins que vous ne souhaitiez finir comme un pruneau séché, buvez 1,5 l d'eau par jour. Votre corps perd naturellement plusieurs litres de liquide chaque jour. L'eau est un élément essentiel pour vous aider à éliminer les déchets et toxines. Souvent, vous avez l'impression d'avoir faim, mais en fait, vous avez soif.
- **Choisissez vos huiles :** évitez les substances chimiques et les additifs dans les matières grasses et huiles que vous consommez. L'huile de chanvre est l'une des huiles les plus riches en acides gras essentiels oméga 3 et oméga 6.
- **Préférez le riz complet au riz blanc :** le riz complet purifie mieux votre système immunitaire. Optez toujours pour des pâtes et des pains complets.
- **Des graines comme en-cas :** le zinc présent dans les graines de citrouille et de tournesol vous redonne de l'énergie. L'effet est instantané et les graines sont savoureuses.
- **Ne resalez pas :** gardez le sel pour les fois où vous buvez la tasse lors de vos bains de mer. Diminuez-le et surveillez votre tension artérielle.
- **Privilégiez les légumes verts :** mangez des légumes verts à feuilles tous les jours. Le cresson, les épinards, le chou, la salade, la bette, la menthe et le persil sont riches en minéraux et vitamines.
- **Évitez le tabac :** ne fumez pas. Qu'il s'agisse de votre fumée ou de celle des autres, elle décime les substances nutritives de votre corps.

- **Surveillez votre penchant pour les sucreries :** manger régulièrement et sainement vous permet de stabiliser votre taux de sucre dans le sang et vous évite de devoir suivre un traitement. S'il convient de diminuer les bonbons, biscuits et gâteaux, méfiez-vous également du sucre dissimulé dans les aliments traités tels que les yaourts aromatisés, les boissons fruitées et gazeuses et les sauces.

Si vous êtes capable de respecter les règles d'une bonne alimentation 80 % du temps, manger sainement finira par devenir naturel pour vous.

Croire en sa santé

Les *croyances* sont les principes selon lesquels vous agissez. Ce ne sont pas des faits étayés mais des hypothèses de travail. Pour développer la confiance en votre corps, il faut croire qu'il est possible et préférable de vous occuper de votre bien-être du mieux que vous pouvez.

Anecdote

QUEL ÂGE AVEZ-VOUS VRAIMENT ?

Sur www.passeportsante.net, vous pouvez mesurer le vieillissement de votre corps. Si votre « âge calendaire » reflète simplement le nombre d'anniversaires que vous avez connus depuis votre naissance, ce test évalue l'âge physiologique de votre corps et vous donne de précieux conseils.

Certains choix de santé peuvent ralentir, voire inverser votre vitesse de vieillissement. En période de stress intense, votre âge réel peut être supérieur à votre âge calendaire. Le rire, l'apprentissage et les vitamines favorisent la diminution de l'âge. La bonne nouvelle, c'est que même les choix opérés tard portent leurs fruits. Les personnes qui commencent à faire de l'exercice à 50, 60 ans, voire plus, voient leur santé s'améliorer considérablement.

Exemple

Voici des croyances qui peuvent vous aider. Essayez-les pour voir si elles vous conviennent, en suivant un principe par jour et en agissant en conséquence :

- Quand je suis en bonne santé, mon degré de confiance augmente ;
- Je suis capable de m'offrir une vie saine ;
- Il n'est jamais trop tard pour commencer à vivre sainement ;

- J'ai très envie de faire de l'exercice ;
- Il existe de nombreuses manières de m'occuper de ma santé ;
- Je suis responsable de ma santé ;
- Je peux être blessé ou malade et demeurer une personne en bonne santé ;
- J'apprends des choses de la vie de plusieurs modèles ;
- Une grande partie de mon bien-être vient de ma faculté à m'amuser et à rire ;
- Il est important de toujours aller de l'avant ;
- Ma vitalité et mon bien-être sont contagieux.

Visualiser son futur moi en bonne santé

Ce que vous faites aujourd'hui a un impact direct sur votre future santé, domaine de votre vie que vous ne pouvez pas vous permettre d'ignorer.

Les entraîneurs vous filment souvent puis comparent vos gestes, vos coups ou votre swing à ceux d'un champion. Si vous aviez un caméscope, que filmeriez-vous de votre bien-être physique actuel ? Maintenant, faites avancer rapidement ces images et voyez à quoi vous ressemblerez dans un, cinq, dix ans et vers la fin de votre vie. Imaginez les images que vous verrez si vous continuez d'avoir vos comportements actuels, et voyez en quoi cela influe sur votre confiance. Quels changements, le cas échéant, souhaitez-vous faire ?

Pour être en bonne santé et plein d'énergie, il vous faut une alimentation et de l'eau de qualité, un repos adapté, un environnement sain, suffisamment d'exercice, de la variété et des défis dans votre travail et vos activités, ainsi que des personnes d'un grand soutien.

PARTIE 4
AFFICHER SA CONFIANCE

« NON, CETTE CHOSE N'A AUCUN RAPPORT AVEC LE THÈME DE MA PRÉSENTATION, MAIS VOUS ALLEZ VOIR LE DEGRÉ DE CONFIANCE QUE JE COMMUNIQUE LORSQUE JE L'INSTALLE DEVANT LE PUPITRE. »

DANS CETTE PARTIE…

Cette partie vous montre comment afficher à la face du monde votre confiance flambant neuve, à travers votre apparence et votre discours. Vous verrez également comment conserver votre confiance lorsque vous affrontez la réalité.

Chapitre 12

Faire entendre sa voix

DANS CE CHAPITRE :

» **Donner son opinion avec confiance**

» **Parler franchement avec intégrité**

» **Découvrir ce qui se trouve au-delà de la voix**

Prendre la parole face à un groupe ou un public nombreux, et même s'exprimer régulièrement lors d'une réunion dans son milieu professionnel peut sembler très artificiel. Si vous avez déjà assisté à une réunion de comité barbante, vous avez peut-être remarqué que trop de gens adorent s'écouter parler. Mais en fait, pour une personne de ce genre, il y en a des dizaines qui détestent s'entendre ou même estiment ne pas avoir quelque chose d'intéressant à dire. Pour avoir plus d'influence, vous devez être capable de parler vrai dans toutes les situations.

C'est un truisme de dire que votre voix est l'un de vos liens les plus importants avec le reste de l'humanité, mais imaginez un peu son rôle fondamental et le handicap qu'elle peut constituer si elle n'a pas l'effet voulu.

Dans ce contexte, une voix puissante ne correspond pas au pouvoir de propager des sons dans une salle à la manière d'un acteur shakespearien. Cela signifie avoir une voix qui représente fidèlement votre moi quotidien. C'est cette voix qui vous lie au reste du monde. Dans ce chapitre, vous allez découvrir comment utiliser votre voix pour afficher un moi puissant et confiant.

S'exprimer avec confiance

Pourquoi prendre la parole en public est-il si angoissant ? Pourquoi, lorsqu'ils tombent sur le grand amour de leur vie ou leur patron, les personnages de sitcom deviennent-ils incohérents et marmonnent-ils des mots incompréhensibles (et ils vous font rire parce que vous vous reconnaissez dans cette situation) ? Comment se fait-il qu'un acte aussi naturel que parler, que vous pratiquez plus ou moins continuellement depuis que vous avez prononcé vos premiers mots, peut parfois devenir si difficile ?

Les enfants rient du mille-pattes ne sachant plus marcher quand on lui demande comment il fait. Il en va de même avec la parole. Quand vous en prenez conscience, pour quelque raison que ce soit, vous vous empêtrez dans son mécanisme et perdez votre rythme naturel pourtant si simple.

Afin de trouver votre voix « publique » et d'acquérir la confiance nécessaire pour vous exprimer, vous devez avoir quelque chose à dire et quelqu'un à qui le dire. Il faut également établir un lien à ce moment précis avec la personne ou le groupe auquel vous vous adressez. On parle d'établir un *rapport*, à savoir une position commune qui laisse de la place pour un éventuel désaccord. Pour y parvenir, vous devez affronter tous les obstacles.

S'écouter

Vous êtes-vous déjà écouté parler sur un Dictaphone ? Est-ce que vous écouter « de l'extérieur » fut une expérience traumatisante ? Votre voix est tellement différente de ce que vous percevez de l'intérieur que l'enregistrement vous semble de mauvaise qualité, jusqu'à ce que l'on vous confirme que vous avez vraiment cette voix-là. Votre mauvaise diction, votre fort accent vous ont peut-être surpris ou consterné et vous ont inconsciemment décidé à la modifier ou à ne plus jamais parler en public. Mais décider de ne pas prendre la parole publiquement peut représenter un frein majeur voire un réel « handicap ».

Truc

Exercice de lâcher prise avec votre voix : allongez-vous et laissez le son sortir de votre bouche, éventuellement des syllabes (pas des mots). Explorez des zones inconnues, le volume, le rythme... Prenez le temps de découvrir votre voix, un révélateur de votre identité, car elle est unique. Prenez le temps de sentir les parties de votre corps que vous sollicitez.

Les problèmes les plus couramment rencontrés lorsque l'on s'exprime en public concernent la clarté et la diction. Comme votre premier instituteur vous l'a probablement dit, parlez clairement en étant debout et vous vous ferez entendre du monde entier.

La respiration au secours de l'élocution

La respiration superficielle est un problème courant quand on parle en public. Elle est étroitement liée au niveau de stress que vous éprouvez.

N'oubliez pas

Une respiration rapide et superficielle peut diminuer la quantité de gaz carbonique dans votre sang, ce qui limite l'apport sanguin dans tout votre corps. C'est ainsi que, même si vos poumons absorbent tout l'oxygène nécessaire, votre cerveau et votre corps risquent d'en manquer. Cela peut vous rendre nerveux et vous empêcher de réfléchir correctement.

La solution, parfaitement connue des chanteurs et des musiciens jouant d'un instrument à vent, consiste à respirer profondément par le diaphragme ou le ventre. Si, comme la plupart des gens, vous ne savez pas trop comment procéder, lisez ce qui suit.

Sentir sa respiration

Exemple

Commencez par localiser votre diaphragme : mettez votre main droite à plat sur votre estomac, juste au-dessus de votre nombril et sous la partie inférieure de votre cage thoracique. Maintenant, prenez de toutes petites inspirations par le nez comme si vous essayiez de détecter l'odeur d'une chose qui brûle. Vous devriez sentir se soulever la zone située sous votre main. C'est votre diaphragme.

Maintenant, placez votre main gauche sur votre poitrine, juste sous votre clavicule, en laissant votre main droite sur votre diaphragme. Respirez normalement à plusieurs reprises.

Commencez par expirer complètement par la bouche. Inspirez par le nez (c'est automatique puisque vous avez besoin d'air !). Vos épaules ne doivent pas bouger.

Vous devez sentir le rythme de votre respiration sous votre main droite, qui se soulève et se rabaisse. Si vous sentez votre main gauche bouger, vous respirez par la poitrine, ce qui n'est recherché à ce moment-là. Cette respiration a la vertu de vous apaiser presque instantanément. Elle vous permet de reprendre le contrôle de la situation, si celle-ci commençait à s'emballer.

Truc

Vous trouverez également de nombreux exercices de cohérence cardiaque pour vous guider, sur Internet.

Truc

Avez-vous vu ce magnifique film, sorti en 2010, réalisé par Tom Hooper, *Le Discours d'un roi* ? Il s'agit de l'histoire vraie et méconnue du père de l'actuelle reine Élisabeth, qui va devenir, contraint et forcé, le roi George VI. D'apparence fragile, incapable de s'exprimer en public, considéré par certains comme inapte à la fonction, George VI tentera de surmonter son handicap grâce au soutien indéfectible de sa femme et d'affronter ses peurs avec l'aide d'un thérapeute du langage aux méthodes peu conventionnelles. Il devra vaincre son bégaiement pour assumer pleinement son rôle, et faire de son empire le premier rempart contre l'Allemagne nazie. À voir et revoir.

N'oubliez pas

Rien de tel que répéter son texte devant une glace, avec son dictaphone ou bien devant la webcam. Enregistrez-vous. Écoutez-vous, observez-vous tant que c'est nécessaire, jusqu'à ce que vous vous sentiez à l'aise.

Apprendre à respirer par le ventre

Exemple

Le fait de respirer par le ventre permet de disposer de la puissance vocale nécessaire pour parler en public. Pour utiliser cette technique, procédez comme suit :

1. **Placez votre main droite sur votre diaphragme et votre main gauche sur votre poitrine.**
2. **Pincez les lèvres comme si vous vouliez siffler et expirez lentement en comptant cinq canards (comptez mentalement 1 canard, 2 canards, etc.) tout en contractant les abdominaux.**

   (Le chapitre 10 vous dit tout sur la respiration consciente.)

3. **Inspirez lentement par le nez en comptant trois canards. Votre main droite se soulève avec votre diaphragme.**

4. **Faites une brève pause pendant deux canards et expirez de nouveau en comptant cinq canards, comme dans l'étape 2.**

Si vous faites cet exercice pendant quelques minutes avant chaque repas et de temps en temps au cours de la journée, vous maîtriserez vite cette nouvelle façon de mieux respirer. Une fois vos muscles entraînés, votre diaphragme pourra se charger de 80 % du travail respiratoire pendant le restant de vos jours. Respirez correctement et vous disposerez de la base nécessaire pour avoir une voix puissante.

Une fois la respiration diaphragmatique acquise, vous pourrez ajouter deux autres exercices afin d'améliorer encore un peu plus la qualité de votre voix :

- À l'étape 2, au lieu de pincer les lèvres, prononcez le son « ah » au moment de l'expiration, jusqu'à ce que vous ayez complètement vidé vos poumons.
- Quand vous aurez bien pris le rythme, mettez les bras le long du corps, puis haussez et rabaissez les épaules doucement au moment où vous dites « ah ». Ainsi, vous relâcherez vos cordes vocales et vous préparerez votre voix à la prise de parole.

Maintenant que votre voix est prête, qu'allez-vous dire ?

Dire ce que l'on pense et penser ce que l'on dit

Une des règles d'or de la communication efficace est de dire ce que l'on pense et de penser ce que l'on dit. Ce n'est pas une raison pour être grossier ou hautain, mais c'est une excellente base pour parler vrai. Cette règle est bénéfique pour votre intégrité, et vous permet de rapidement vous forger une réputation de communicant efficace et persuasif.

Cultiver son intégrité

Que signifie être intègre ? D'emblée, cela évoque peut-être pour vous tenir sa parole et ne pas mentir, ou bien ne pas être malhonnête. Ce sont quelques-unes des significations de l'intégrité, élément essentiel de votre moi le plus confiant et influent.

Considérez votre intégrité comme un sens profond de votre complétude, l'expression de votre identité dans tous les domaines de votre existence. Quand vous faites quelque chose en faisant preuve d'intégrité, vous êtes authentique, vous agissez ou parlez sans faire semblant, *même vis-à-vis de vous-même*. L'intégrité est essentielle pour votre influence et congruence dans notre monde, et elle est au cœur de votre confiance en votre capacité de passer à l'action.

Attention

Malheureusement, il est bien trop facile de sacrifier son intégrité et son authenticité sur l'autel des relations amicales et de voisinage, ou afin de se montrer sous son meilleur jour à son patron. Cet éventuel objectif de votre vie peut vous coûter bien plus cher que vous ne le pensiez. Un pieux mensonge par-ci, un peu de vantardise par-là et, très vite, vous ne saurez plus vraiment qui vous êtes, ni quel est votre idéal.

N'oubliez pas

La mesure la plus efficace que vous puissiez prendre pour améliorer votre confiance et votre influence serait de retrouver votre intégrité.

Le tableau 12-1 comprend une liste de contrôles de l'intégrité. Chaque fois que vous violez un principe de cette liste, vous perdez de la confiance et de l'influence. Chaque fois que vous respectez un principe de la liste, vous devenez plus influent et remplissez votre réserve de confiance.

Avant de procéder à votre évaluation personnelle, tirez un trait sur tout ce que vous avez fait dans votre vie jusqu'à présent, de bien ou de mal. Faites table rase du passé et ouvrez un compte d'intégrité entièrement vierge.

12-1 La liste des contrôles de votre intégrité.

Actes qui augmentent votre influence et votre confiance	Actes qui diminuent votre influence et votre confiance
Tenir sa parole et respecter ses promesses	Ne pas faire suivre ses paroles d'actions
Être honnête avec soi-même et avec les autres	Agir ou parler en faisant du mal aux autres
Accepter les autres comme ils sont et ne juger que leurs actions	Prendre les autres de haut ou les maltraiter
Traiter les autres avec respect et sincérité	Mal agir sous prétexte que l'on est seul
Montrer ses convictions concernant les sujets importants de la vie	Ne pas donner le meilleur de soi-même
Être authentique et franc avec les autres. Ne pas tromper les autres par son silence ou son inaction	Ne pas agir en son âme et conscience
Respecter ses valeurs et son dessein	Ne pas prêcher par l'exemple
Mettre en application ses principes et bien agir	Manipuler ou tromper les autres (ou soi-même)
Reconnaître et accepter ses propres erreurs	Dire de pieux mensonges pour paraître bon ou pour éviter de paraître mauvais
Dire ce que l'on pense et penser ce que l'on dit	Bluffer ou fanfaronner pour parvenir à ses fins
Mettre en accord ses paroles et ses actes	Prétendre être quelqu'un d'autre

Avoir des conversations difficiles

Vous avez donc ouvert votre nouveau compte d'intégrité et êtes fermement décidé à n'accomplir que les actes qui augmentent votre influence et votre confiance. Puis votre femme entre dans la pièce vêtue d'une nouvelle tenue qui la fait paraître boulotte et triste. « De quoi j'ai l'air ? » vous demande-t-elle (c'est là que vous énumérez mentalement quelques principes pertinents de votre liste : être honnête, dire ce que l'on pense, traiter les autres avec respect, ne pas faire du mal aux autres par ses paroles). Que répondez-vous ?

Vous ne tenez compte que de la réponse la plus honnête. Il s'agit d'un scénario fictif, bien sûr, volontairement difficile. Il aurait été préférable de faire part à votre conjoint de votre point de vue et de vos intentions avant qu'elle ne vous pose la question. Mais la cruelle vérité que vous découvrez peut-être ici est que, dans nombre de nos relations, la communication manque d'intégrité, ce qui nuit bien plus que vous ne le croyez aux rapports que nous entretenons avec autrui.

Quelque part, votre femme sait que cette nouvelle tenue ne lui va pas bien. Elle en avait peut-être même conscience dans le magasin, mais elle s'est sentie obligée de céder à l'aimable vendeur qui se mettait en quatre dans l'espoir de faire une vente. Dans ce cas, votre femme vous demande vraiment de jouer franc-jeu. Si vous dites qu'elle est superbe et vous en tenez là, vous la trompez comme l'a fait le vendeur. Si elle porte sa tenue lors d'une réception et déteste se voir dedans, à quoi cela vous avance-t-il ?

Par conséquent, avant que cela ne se produise, il vaut mieux que vous ayez des *conversations authentiques* avec votre famille, vos amis et collègues de travail, au cours desquelles vous leur direz que vous vous attachez à renforcer votre confiance et votre influence dans la société et que cela consiste notamment à dire ce que vous pensez et penser ce que vous dites. Demandez-leur de vous aider en étant également honnêtes avec vous et en veillant à ce que vous soyez fidèle à vous-même. Vous serez peut-être surpris de constater comme le repositionnement des autres modifie la dynamique de vos relations et leur confère bien plus d'intégrité.

Et si vous voulez vraiment faire le plein d'intégrité, vous pouvez également retourner auprès des amis et collègues envers lesquels vous avez manqué d'intégrité par le passé et reconnaître vos torts devant eux. Ne jouez pas au jeu des reproches, même si c'est ce que veut l'autre. Un simple aveu fera l'affaire : « Je veux juste te dire que j'ai apprécié la plupart des moments que nous avons passés ensemble, même si ça s'est mal terminé. Ces instants de joie ont été importants pour moi. » Essayez cette démarche et vous serez surpris de l'effet qu'elle aura sur vous. Vous garderez la tête bien haute et affirmerez ainsi votre présence dans la société.

Admettre que le message va au-delà des mots

Dans la sphère des orateurs, il est bien connu que les mots employés ne constituent que 7 % de l'impact de la communication. La voix et l'élocution représentent 38 %, et le reste, le chiffre incroyable de 55 %, concerne la posture et les gestes. Par conséquent, bien que les mots et la voix soient essentiels (sans eux, il n'y a aucune communication), utiliser son corps renforce considérablement l'effet produit.

Bien que de nombreux orateurs le sachent, malheureusement ils n'en tiennent pas compte et restent coincés derrière le pupitre ou, pire, commencent à se pavaner et arpentent la scène avec force gestes des mains, se mettant ainsi eux-mêmes des bâtons dans les roues, car ils réduisent à néant l'impact de leur message.

Dans les sections suivantes, vous allez découvrir des façons de bien délivrer votre message.

Opter pour le naturel

Il existe deux écoles de pensée en termes de langage corporel : l'école théâtrale et l'école naturelle. Vous êtes déjà un excellent communicant naturel, car vous le faites depuis si longtemps que vous avez acquis une compétence inconsciente.

Ainsi, quand vous êtes excité, vous faites des gestes, quand vous êtes sérieux, vous fixez votre interlocuteur du regard, quand vous êtes d'humeur badine, vous rejetez la tête en arrière et levez les yeux au ciel.

Les problèmes surgissent quand vous êtes gêné ou mal à l'aise, par exemple si vous portez une jupe qui moule votre corps lors d'un entretien ou si le public devant vous a l'air interdit ou hostile. Il peut vous arriver d'être intimidé par le nombre de personnes ou le niveau de responsabilité de votre auditoire. Quelle que soit la cause, il se peut que vous commenciez à lutter à la minute même où vous perdez votre naturel. Vous ne savez pas quoi faire de vos mains, vous secouez les pièces que vous avez dans la poche, vous restez devant vos supports visuels et vous vous sentez généralement comme un clown.

Jouer la carte théâtrale

À l'inverse, l'école théâtrale accorde peu de confiance à vos capacités de communiquer naturellement avec votre public et prône donc l'apprentissage de gestes bien précis jusqu'à ce qu'ils deviennent automatiques. L'inconvénient de cette école est que les orateurs trahissent trop souvent la manœuvre et ne paraissent jamais naturels ou à l'aise. Cela peut agacer l'auditoire et grandement nuire au pouvoir du message.

Trouver une approche authentique

La meilleure solution est généralement celle qui vous représente le mieux, la plus authentique, et c'est à vous de la développer. Plutôt que de jouer sur scène un rôle appris, découvrez comment être vous-même, même sous pression.

Pour y parvenir, les techniques ne diffèrent guère de celles de la communication en tête à tête. À mesure que vous emmagasinerez de la confiance et du pouvoir grâce à une compréhension grandissante de la personne que vous êtes et de ce que vous voulez, vous serez capable d'influencer le plus naturellement du monde des groupes de personnes.

Regardez les individus à qui vous vous adressez, transmettez-leur votre message et soyez attentif à la façon dont ils le reçoivent. Si vous procédez de la sorte, vous serez bien plus susceptible d'être naturel et efficace.

Truc

Différentes techniques peuvent vous aider à gagner de l'aisance à l'oral. L'improvisation théâtrale est une approche nécessitant beaucoup de travail contrairement aux apparences. Elle peut vous permettre de progresser à grands pas en vous confrontant directement à ce qui vous angoisse. Découvrir votre clown intérieur peut également être une grande aventure qui vous permettra de retomber sur vos pattes en toutes circonstances, tel un chat digne de ce nom. Enfin, vous pouvez opter pour un club de rire, activité qui vous permettra de vous exprimer tout en jouant. Voici une petite mise en bouche ; dites haut et fort, le plus vite possible : « papier panier piano ».

Chapitre 13

Avoir la tête de l'emploi

DANS CE CHAPITRE :

- **Faire la meilleure impression possible**
- **Communiquer avec les autres rien que par la façon de s'habiller**
- **Développer un style adapté à soi-même**

L'apparence a un double effet sur votre confiance. L'image que vous transmettez livre aux autres un message sur vous-même et décrit les valeurs que vous incarnez. Votre apparence influe également sur l'image que vous avez de vous-même. Par exemple, comparez les sentiments que vous avez quand vous vous habillez pour une occasion spéciale avec ceux qui vous animent lorsque vous faites des corvées ménagères vêtu d'un simple jean.

Pour renforcer votre confiance en votre capacité de passer à l'action, l'élément-clé est d'avoir plus conscience de l'image que vous décidez d'offrir aux autres. Quelle impression pensez-vous et aimeriez-vous laisser ? Ce chapitre est destiné à vous aider à donner la meilleure image possible, de la façon qui vous convient le mieux.

Être jugé sur les apparences

Un beau visage est un avantage préférable à toutes les lettres de recommandation.

Aristote

Les apparences peuvent être trompeuses. Elles se fondent plus souvent sur votre perception que sur la réalité. Nous voulons dire par là que vous filtrez les informations sur des personnes en vous appuyant sur des rencontres effectuées par le passé et sur vos préjugés.

Quand vous rencontrez quelqu'un pour la première fois, il vous faut simplement quinze à vingt secondes pour vous faire une première impression et savoir si vous l'aimez ou ne l'aimez pas, si vous avez une bonne ou une mauvaise opinion de lui. Ce jugement peut reposer sur un aspect physique, sa façon de s'habiller et son apparence générale. Par exemple, des études ont montré que l'on considère les barbus comme moins professionnels que les hommes sans barbe.

Votre confiance pour choisir vos amis, employés et partenaires peut être conditionnée par votre expérience subjective, et non par des données objectives. Quand vous apprenez à connaître la personne qui se cache sous les apparences, votre opinion à son égard peut changer.

Avouez-le. Il vous est probablement déjà arrivé de vous forger une opinion sur quelqu'un sans même l'avoir rencontré. Vous voyez une photo et dites « elle est gentille » ou « c'est un petit malin », ou même « c'est un emmerdeur fini », sans avoir aucun autre élément. Pensez un instant à l'opinion que vous avez des célébrités et des membres du gouvernement à travers un article de magazine ou une brève apparition à la télévision.

L'effet visuel produit par une personne constitue l'essentiel du jugement que vous portez sur elle.

Paraître confiant

Une publicité à la télévision britannique mettait en scène une femme marchant dans la rue. Sa chevelure blonde était parfaitement coiffée, elle marchait d'un pas souple, le sourire aux lèvres et elle suscitait l'admiration des badauds, qui murmuraient : « Elle utilise la laque Harmony ? » Quelle belle campagne pour un moyen très peu onéreux de renforcer sa confiance !

Les gens paraissent confiants s'ils sont bien habillés, à la mode, bien coiffés, s'ils se déplacent avec énergie et s'ils étudient le monde qui les entoure avec des yeux pétillants de curiosité. Une personne qui paraît confiante a parfois une voix forte et claire ou une attitude chaleureuse et attachante. Mais elle peut également posséder des accessoires onéreux ou une superbe voiture. Elle attire l'attention ou s'affiche comme le meneur d'un groupe.

Exemple

Prendre un instantané d'une foule est un excellent moyen de renforcer votre confiance sur la base de l'opinion que vous avez des autres :

1. **Allez dans un endroit où il y a du monde.**

   Choisissez par exemple une gare ou un aéroport, un centre commercial, la salle d'attente d'un cabinet médical, une salle de sport ou la cour de récréation d'une école.

2. **Trouvez une personne qui vous paraît avoir confiance en elle.**
3. **Analysez ce qui vous fait penser qu'elle est confiante.**

   Déterminez si c'est son apparence, son attitude ou sa façon de parler qui vous fait penser qu'elle a confiance en elle. Consignez par écrit trois ou quatre éléments.

4. **Voyez si vous pouvez l'imiter ou intégrer ces qualités** à **votre propre comportement.**

   Maintenant, essayez d'adopter vos nouveaux comportements dans la rue et notez la différence.

Faites la meilleure impression possible

Quelle impression faites-vous quand vous rencontrez une personne pour la première fois ? Vous montrez-vous dans tous vos états en faisant tomber tous vos documents ou êtes-vous impeccable, organisé et parfaitement préparé ? De légères corrections en termes d'image pourraient vous faire paraître plus confiant ou inciter les autres à vous accorder leur confiance.

Par exemple, pour une apparence soignée élémentaire, le visage, les cheveux et les dents doivent être impeccables. Regardez-vous de la tête aux pieds dans un miroir avant de quitter la maison.

Pas de vêtements usés ou troués. L'idéal est de consacrer un peu de temps pour choisir des vêtements adaptés à l'endroit où vous vous rendez et aux personnes que vous allez rencontrer (en veillant à ce qu'ils soient propres et bien repassés), de cirer vos chaussures et, pour les femmes, de vous maquiller.

Truc

Si la semaine qui approche est très chargée, choisissez le dimanche soir précédent, pour chaque jour, la tenue que vous allez porter. Vous éviterez ainsi de devoir choisir le matin même dans l'affolement.

Pour le travail, organisez votre porte-documents en rangeant séparément les éléments dont vous allez vous servir le jour même, plutôt que de les mettre en vrac. Arrivez à l'avance à vos rendez-vous afin de pouvoir vérifier votre apparence avant de rencontrer votre client. Si vous partez plusieurs jours en déplacement, optez pour un bagage pratique doté de compartiments afin d'éviter de montrer vos affaires personnelles lorsque vous sortez vos notes ou votre ordinateur portable.

Choisir la bonne tenue vestimentaire

À Londres, au XVIIIe siècle, sous la régence, c'est le dandy Beau Brummell qui dictait le style de l'homme bien habillé. Il avait de l'allure avec ses manteaux sombres merveilleusement coupés sur des chemises blanches en lin et des cravates parfaitement amidonnées. Seul le gilet comportait une broderie et un motif.

Les codes vestimentaires varient selon l'époque et le lieu. Vous gagnerez à observer ce que portent les autres, que vous choisissiez de suivre la mode ou de vous démarquer avec assurance. Si vous modifiez votre image, veillez à ce qu'elle séduise les personnes que vous souhaitez côtoyer. Mais votre sourire, vos propos brillants et votre apparence soignée pourraient vous rendre plus service que la marque de vos vêtements.

N'oubliez pas

Vous avez plus de chances d'établir un rapport solide avec les autres si vous respectez leur code vestimentaire que si votre apparence est complètement différente de la leur.

À la télévision, pour recruter un présentateur ou animateur, on vérifie que le candidat s'accorde bien avec la clientèle (donc avec les téléspectateurs), par son physique, ses vêtements et son attitude. Les téléspectateurs l'inviteraient-ils chez eux pour discuter ? Il faut également qu'il soit chaleureux, sympathique et qu'il ait de l'humour. Ce genre de personnage plaît bien mieux à la majorité de la population qu'une personne qui a du bagout, paraît décontractée et glamour.

Truc

Au travail, habillez-vous comme si vous occupiez un poste à haute responsabilité dans votre entreprise. Qui sait, vous enverrez peut-être le message inconscient que vous méritez une promotion.

Anecdote

Quand Sandrine est partie vivre à Moscou pour suivre son mari, elle trouva l'expérience très stressante. « J'ai perdu tous mes moyens, car je ne parlais pas la langue et je ne savais absolument pas dans quoi je m'embarquais. » Le fait de s'habiller à la russe plutôt que comme une « expat » lui donna plus confiance. Elle acheta un long manteau noir et des bottes et s'enveloppa la tête avec une grande écharpe avant de sortir de chez elle. « Je souhaitais pouvoir me mêler aux Russes et parcourir la ville en passant inaperçue plutôt que de jouer à la touriste. » Si vous vous habillez d'une façon adaptée à votre milieu de vie ou de travail, vous établirez plus rapidement un rapport avec les autres. C'est notamment utile lorsque votre confiance est ébranlée.

Truc

Méfiez-vous des invitations qui stipulent « tenue décontractée ». Si vous êtes invité à un événement ou convié à une réunion, demandez aux organisateurs des conseils sur la tenue vestimentaire. Si vous avez des doutes, préférez être plutôt « trop » habillé que pas assez. Il est plus simple de s'adapter sur place en ôtant une veste ou une écharpe que d'essayer de rattraper le coup en soignant son apparence si on est le seul à être en jean-baskets.

Si vous adoptez une tenue décontractée au travail, veillez tout de même à avoir des vêtements propres, pour que vous puissiez par exemple assister sans problème à une réunion dans la salle de conférences.

Trouver son style

L'essentiel est de trouver un style qui vous convienne et soit adapté à votre mode de vie.

Les conseillers en image peuvent valoir leur pesant d'or en vous aidant à choisir les vêtements qui vous conviennent le mieux. Ne cédez pas au découragement en pensant que les conseillers sont réservés aux personnes riches et célèbres ou aux hommes et femmes d'affaires. Un œil indépendant et professionnel peut vous éviter de commettre des erreurs coûteuses.

Nous estimons que l'unique moyen d'avoir confiance en son apparence n'est pas de perdre du poids ou de passer sous le scalpel d'un chirurgien esthétique. Personne n'est parfaitement mince, soigné et beau en permanence. Comme vous le dira n'importe quel conseiller en image digne de ce nom, tout l'art consiste à mettre en valeur ses atouts et à minimiser ses points faibles.

Nous vous conseillons donc d'avoir du bon sens en matière de style. Trouvez ce qui vous convient le mieux et achetez les vêtements adaptés à votre mode de vie et à votre morphologie actuels, et non à une projection future de votre image. Vous savez probablement déjà dans quels vêtements vous vous sentez le mieux, mais il est toujours bon d'avoir un second avis pour ne pas vous enfermer dans vos convictions. Une nouvelle apparence dope considérablement la confiance en soi. Engagez donc un coach spécialisé dans le relooking, ou demandez au plus honnête et franc de vos amis de faire un bilan objectif de votre apparence. Vous pourriez échanger des vêtements avec des proches et revendre ceux qui ne vous conviennent plus ou les donner à une association caritative.

N'oubliez pas

Selon le principe du 80/20 décrit au chapitre 9, vous portez 20 % de vos vêtements 80 % du temps. Ce serait bien plus simple si vous ne possédiez que des vêtements qui vous conviennent.

Habillez-vous de façon à être à l'aise et dans un style flatteur pour votre corps, adapté à votre morphologie. Tentez des styles vestimentaires différents pour trouver le vôtre. Un conseiller en image peut même vous accompagner pour un shopping personnalisé. Trouvez les couleurs qui vont le mieux avec votre teint grâce à un test de colorimétrie et tenez-vous-en à une palette bien précise. Vous verrez alors que ces couleurs se marient facilement.

Truc

Relookez-vous virtuellement grâce à certains logiciels ou applications prévus à cet effet-là. Enregistrez votre photo et amusez-vous !! Une bonne surprise vous attend. Vous risquez de « flasher » sur vous-même...

Si vous faites un régime pour devenir plus mince, n'oubliez pas que, lorsque vous aurez atteint le poids que vous vous étiez fixé, ce sera le moment idéal de vous faire plaisir et de renouveler votre garde-robe.

Truc

Limitez le nombre de tissus à motifs dans votre garde-robe, surtout si vous les avez achetés dans un magasin d'une grande enseigne. Les gens se souviendront que vous portez de nouveau ces vêtements et vous en serez ennuyé.

LA CRAVATE, UN CODE ENCORE SOUVENT INCONTOURNABLE...

Depuis des millénaires, l'homme se soucie de l'esthétique de son cou, essayant de l'embellir au moyen de quelques morceaux de tissu. Au cours de l'histoire, le port de la cravate ou de l'ancêtre de la cravate a toujours eu une signification particulière. Loin d'être un acte banal, cela révélait souvent les convictions ou valeurs d'un individu. C'est pourquoi votre choix en matière de cravate ne devrait pas être laissé au hasard, mais plutôt être le fruit d'une mûre réflexion, et refléter ainsi la personne que vous êtes réellement. Attention à l'effet « m'as-tu vu » de la cravate flamboyante ou à l'effet Disney de la cravate Donald...

ET LE PARFUM ?

N'oubliez pas l'odorat de vos observateurs, ni un moyen de renforcer votre confiance. Des chercheurs japonais ont en effet découvert que se parfumer confère davantage de confiance en soi. Pour parvenir à cette conclusion, ils ont interviewé 31 femmes, toutes habillées de la même tenue de couleur grise. Après quinze minutes, l'entretien a été interrompu et la moitié des testeuses a reçu un peu de parfum.

Une fois terminé, l'entretien a été montré à un autre groupe de cobayes, qui ont reçu pour tâche de bien observer le langage corporel. Qu'ont-ils constaté ? Que les femmes parfumées ont commencé à montrer moins de mouvements nerveux, osaient davantage s'affirmer et étaient perçues d'une manière générale comme plus assurées. Ces dernières ont d'ailleurs également affirmé s'être senties plus détendues. Ridicule, pensez-vous ? Pourtant, cette étude a été réitérée en 2009 à Liverpool sur 35 hommes. Une fois encore, les cobayes parfumés étaient perçus comme plus assurés et plus attirants.

Faire le point sur sa garde-robe

Veillez à disposer des vêtements adaptés à votre mode de vie en faisant régulièrement le point sur vos activités et votre garde-robe. Le tableau 13-1 vous permet de faire l'inventaire de votre penderie et un bilan de votre mode de vie en indiquant un pourcentage du temps passé pour chaque rôle tenu et en évaluant la part de votre garde-robe adaptée à chacun de ces rôles.

13-1 Évaluer sa garde-robe par rapport à son mode de vie.

Rôle / besoin en vêtements	Pourcentage de temps passé dans ce rôle	Pourcentage de la garde-robe utile pour ce rôle
Rôle professionnel officiel / Tenue ou uniforme professionnel		
Rôle professionnel permanent ou travailleur à domicile / Tenue décontractée, parfois chic		
Parent, camarade, cuisinier / Tenue décontractée pour la maison		
Fêtard, qui aime rencontrer du monde / Déguisement, vêtements rigolos et élégants		
Sportif / Tenues de sport		
Bricoleur, agent de service, jardinier / Tenues de travail		

Utilisez ce tableau une ou deux fois par an et modifiez votre garde-robe en conséquence.

Acheter malin

Choisir les vêtements dans lesquels vous vous sentirez confiant n'est pas sorcier une fois que vous savez ce qui vous va. Suivez ces conseils pour constituer votre garde-robe :

- Soyez prêt à prendre la taille qui vous va bien plutôt que celle qui flattera votre ego.
- Tenez compte de votre morphologie. Certains individus ont des formes et d'autres sont secs. (C'est vrai pour les deux sexes.) Si vous avez des formes, choisissez des chemises et chemisiers à col rond et des vestes à la forme arrondie dans des tissus plus souples. Les coupes nettes, les rayures et les tissus rigides vont très bien aux personnes plus anguleuses.
- Évitez d'acheter des vêtements dans la précipitation. Choisissez-les à un moment où vous avez le temps et essayez diverses sortes de vêtements afin de préciser votre choix.
- Investissez dans des vêtements que vous portez le plus souvent. À moins que vous ne soyez un fêtard invétéré, cassez votre tirelire pour un manteau plutôt que pour une tenue de soirée.
- L'acquisition de manteaux, sacs et chaussures de qualité est le meilleur moyen d'avoir fière allure. Les autres vêtements peuvent être très simples.
- Investissez dans de jolis accessoires (ceintures, montres et cravates/foulards) pour varier l'ensemble.
- Faites le point sur votre garde-robe avant de sortir faire les magasins afin de pouvoir combler les manques et non céder à un achat compulsif.
- Choisissez des vêtements qui vous vont bien. La polyvalence est la qualité-clé d'un vêtement. Voyez si vous pourrez le porter en différentes occasions.

Achetez des vêtements dans lesquels vous serez superbe n'importe où, et vous accepterez avec confiance toutes les invitations de dernière minute.

Anecdote

LE POUVOIR DE L'UNIFORME

Soldats de l'armée de terre, de la marine, de l'armée de l'air, pasteurs... : on dit que les femmes trouvent irrésistibles les hommes portant l'uniforme. C'est aussi valable pour d'autres professions. Dans le sud de l'Angleterre, un hôpital dispose d'une équipe médicale militaire qui travaille aux côtés de l'équipe civile. Ce personnel militaire porte un uniforme et, chez les patients, on note un immense respect pour l'équipe militaire. Ils pensent que les médecins militaires ont peut-être été au cœur de l'action sur le champ de bataille et ont soigné des blessures complexes autres que celles des accidentés de la route traitées aux urgences.

L'uniforme confère aux personnes qui le portent des attributs qui vont au-delà de la coupe du vêtement : le pouvoir, l'identité, l'autorité, le savoir, la compétence, le sens de la discipline et de l'ordre. Toutes ces caractéristiques inspirent confiance. Dans les compagnies aériennes, les hôpitaux, les banques et les écoles du monde entier, les beaux uniformes véhiculent les valeurs de l'entité.

La beauté est importante, car, si l'uniforme est débraillé ou trop décontracté, son effet est négatif. Prenez le cas de Caroline, kinésithérapeute très respectée depuis près de trente ans. Caroline prend soin de son apparence et veille à être toujours impeccable. Dans le cabinet privé au sein duquel elle travaille, elle fut consternée d'apprendre que les nouveaux propriétaires avaient décidé d'imposer une tenue de ville sans consulter les praticiens. On présenta à l'équipe les nouveaux uniformes devant remplacer les blouses blanches et pantalons classiques. Les nouvelles tenues, du style survêtement, étaient de mauvaise qualité, avec une coupe peu flatteuse, même pour les silhouettes les plus minces. Les praticiens connurent une baisse de moral et de motivation, et beaucoup envisagèrent de changer de poste plutôt que de revêtir des uniformes dont ils ne voudraient même pas pour laver leur voiture. Heureusement, après un bras de fer, la direction écouta les revendications, revint sur sa position, admit son erreur, et l'uniforme si prisé par le personnel et les patients fit son retour.

Chapitre 14

Agir avec confiance au quotidien

DANS CE CHAPITRE :

- » **Vaincre la résistance de son entourage**
- » **Tenir bon**
- » **Utiliser son influence**

Pour assimiler n'importe quelle technique ou compétence nouvelle, la clé est de pratiquer. Vous savez où vous voulez en venir, ce qu'il faut faire, mais vous devez acquérir une aptitude et élaborer une stratégie pour être en mesure de réussir systématiquement.

Pour compter sur votre confiance et la maintenir à un bon niveau, vous devez la tester pour de vrai dans la vie quotidienne. Dans ce chapitre, nous vous donnons d'autres conseils pour vous accrocher quand la pression commence à monter, par exemple lorsque vous rencontrez des personnes dont les besoins et priorités sont différents des vôtres. Nous vous disons comment faire concorder des idées divergentes afin de parvenir à un résultat gagnant-gagnant. Cela signifie que vous devrez peut-être faire des choix difficiles et que vous ne pouvez pas toujours contenter votre entourage. Ce chapitre s'apparente à un plan destiné à vous permettre de conserver un certain niveau de confiance et de tenir bon sur le long terme.

Gérer les réticences d'autrui vis-à-vis de son nouveau moi

Vous avez donc brisé votre zone de confort, vous vous êtes dépassé, avez pris des risques et savez que vous pouvez en faire beaucoup plus que vous ne le croyiez auparavant. Puis devinez ! Vous vous confrontez à la dure réalité. Vous vous apercevez que tout le monde ne veut pas que vous changiez. Certains aimaient bien votre ancienne façon d'être.

Dans cette section, nous allons étudier comment renforcer votre détermination face à la résistance d'autrui.

Être ferme avec les proches vous préférant comme vous étiez avant

Et si quelqu'un de votre entourage est mécontent de votre nouveau moi pleinement confiant ? Il peut s'agir de votre patron, de vos collègues, de vos amis ou de votre famille. Vous avez le sentiment qu'ils aimeraient voir revenir votre ancien moi, celui qui ne contestait pas et se précipitait pour réaliser leurs souhaits. Il considère votre ancien moi comme une évidence, comme un pull préféré ou une paire de pantoufles confortable. Ce changement les menace ou les ébranle peut-être, à moins qu'ils ne craignent que vous n'ayez plus besoin d'eux et que vous les abandonniez pour un nouvel emploi ou une nouvelle vie.

Comment repérer un malaise chez les personnes de votre entourage ? À vrai dire, il est probable qu'elles ne soient pas honnêtes avec vous et ne vous disent pas franchement ce qu'elles pensent. Elles saperont peut-être de manière plus subtile vos nouveaux intérêts, par exemple en faisant des commentaires sarcastiques, en vous critiquant, en changeant de conversation ou en restant silencieux lorsque vous mentionnez vos succès.

N'oubliez pas

Tenez bon et utilisez votre confiance, sinon vous allez la perdre et vous risquez de retomber dans ces habitudes et schémas de second ordre qui vous desservent.

Pour tenir bon face à vos proches :

- Écoutez respectueusement leur point de vue et tenez compte des sentiments qui se cachent derrière leurs mots ;
- Admettez que votre nouveau moi représente un changement pour eux et tenez compte de ce qu'ils estiment avoir perdu ;
- Rassurez-les en leur disant que, même si votre comportement change, vous les aimerez toujours et qu'ils continueront de beaucoup compter pour vous ;
- Faites ensemble des suggestions pour faciliter ce changement.

N'oubliez pas Il n'y a pas de mal à camper sur ses positions. Il est bien plus sain pour vous d'être aussi généreux avec vous-même que vous l'êtes avec les autres. Attirez leur attention sur le fait que vous êtes toujours vous-même, mais que vous avez grandi et évolué et que vous ne ferez pas machine arrière.

Votre changement peut servir de catalyseur, en incitant les autres à changer. Pensez à aider vos amis, votre famille et vos collègues à opérer un changement s'ils le souhaitent tout en les acceptant comme ils sont et sans jamais les pousser à devenir quelqu'un d'autre.

Anecdote

DE L'AIDE POUR GÉRER LE CHANGEMENT

Véronique a travaillé dur pendant quelques années comme infirmière au sein de l'hôpital de son quartier. Elle a payé un fort tribut pendant cette période : le fait de commencer tôt le matin ou de finir tard le soir fut une source d'épuisement, car elle essayait également de composer avec sa vie familiale. À l'aube de son 40e anniversaire, elle réalisa que son rythme infernal nuisait à sa santé et que l'heure était venue de changer de métier.

Après avoir lu une offre d'emploi dans le journal local, elle se jeta à l'eau et posa sa candidature au poste de gestionnaire des tests de médicaments dans un laboratoire pharmaceutique de sa région. Elle décrocha le poste, et sa carrière décolla. Son salaire augmenta au point qu'elle devint la personne qui gagnait le plus dans la famille. En raison de ses fréquents déplacements, les rôles s'inversèrent, et c'est son mari qui fut contraint d'être plus souvent à la maison pour s'occuper des enfants.

Véronique savait que sa nouvelle orientation professionnelle pourrait avoir des inconvénients d'un point de vue pratique. Elle avait également conscience de toute l'importance qu'elle accordait à sa famille et à son mariage. Quand les enfants commencèrent à se plaindre qu'il n'y avait plus de leurs produits préférés dans le frigo ou qu'ils n'avaient plus de vêtements propres, Véronique proposa une réunion de famille, au cours de laquelle ils étudièrent objectivement les avantages et les inconvénients de sa vie professionnelle.

Elle invita tout le monde à livrer le fond de sa pensée sans porter aucun jugement sur les commentaires faits. Son mari et ses enfants s'accordèrent à dire qu'ils appréciaient les vacances à l'étranger et le standing que leur permettait son salaire et qu'en échange ils pouvaient se répartir les travaux ménagers plutôt que de lui demander d'abandonner sa carrière pour s'occuper d'eux au quotidien. Cela signifiait qu'au retour d'un déplacement, elle pourrait passer du bon temps avec les siens plutôt que consacrer ses week-ends à exécuter les tâches ménagères délaissées pendant la semaine.

Trouver la confiance nécessaire pour voir au-delà des critiques

Quand vous aurez eu le courage de prendre des risques, vous vous apercevrez peut-être que certains sont envieux des choix que vous avez effectués. Quand j'ai (Kate) écrit mon premier livre et l'ai envoyé à l'éditeur, j'ai pris délibérément ce risque, sachant que j'avais donné le meilleur de moi-même, avec mes connaissances du moment et les contraintes qui m'étaient imposées en termes de délais. J'étais ainsi bien mieux préparée aux commentaires négatifs. Ces derniers m'ont quand même un peu touchée, mais j'avais décidé de les prendre comme un retour d'information utile pour l'édition suivante ou le prochain ouvrage.

N'oubliez pas

Il est important de voir au-delà des critiques négatives, de rester fidèle à vous-même et de vous en tenir à vos choix. Vous ne pouvez pas toujours contenter tout le monde, malgré tous vos efforts.

Exemple

Cet exercice va vous aider à prendre plus de recul pour observer votre vie. Il est particulièrement utile lorsque vous êtes dans une mauvaise passe. Mentalement :

1. **Dessinez une ligne qui représente votre vie passée, présente et future. Mettez les formes et les couleurs qui vous conviennent.**

2. **Montez à bord d'un hélicoptère, d'un avion ou sur les ailes d'un oiseau de façon à vous trouver au-dessus de cette ligne, et observez en prenant de la hauteur la période que vous vivez actuellement.**
3. **Posez-vous la question suivante : qu'est-ce qui est important pour moi en ce moment ? Puis attendez la réponse.**
4. **Prenez cette réponse, accrochez-vous à elle, puis redescendez dans l'instant présent en sachant que vous pouvez à tout moment remonter là-haut.**

S'affirmer

De nombreuses personnes confondent s'affirmer et être agressif. Quand vous admettez vos pensées et sentiments, vous y fiez et vous y tenez, vous vous *affirmez*. Quand vous exagérez, généralisez, jugez et attaquez, vous êtes sur la voie de l'*agressivité*. Les déclarations agressives portent des jugements, et leur auteur ne reconnaît pas ses sentiments. Les comportements empreints d'assurance signifient que vous admettez les sentiments en question. Le tableau 14-1 vous donne quelques exemples.

14-1 Affirmation de soi contre agressivité.

Agressivité	Affirmation de soi
Ce devoir est nul, tu as tout faux.	Ce devoir est à retravailler, car certains points méritent d'être éclaircis. Revois la structure.
Il faut vraiment que tu ranges ce foutoir.	J'aimerais bien que ce coin soit rangé.
Tu es colérique et tu me fous en boule.	Je suis en colère quand tu hurles et cesses de m'écouter.

Les cours d'affirmation de soi visent à aider les gens à adopter des comportements assurés, de façon à acquérir une base de confiance en soi. L'une des astuces consiste à faire des phrases en employant le pronom personnel « je », ce qui permet de parler franchement et d'admettre ses sentiments plutôt que de les projeter sur les autres.

Truc

LE « MESSAGE-JE » DE THOMAS GORDON

Dire « je » est la première étape de la communication. Elle montre où vous êtes, qui vous êtes et rassure votre interlocuteur. La préconisation de Thomas Gordon est de préciser son sentiment intérieur. « Je suis fatigué » au lieu de « Tu es insupportable ». Rappelez-vous que souvent le « message-tu » tue.

Marshall B. Rosenberg va plus loin et conseille de préciser le besoin et la demande... Ce qui pourrait être : « Maintenant, je suis fatigué et j'ai besoin de repos. Est-ce OK pour toi si je ne joue pas avec toi ? »

Exemple

Voici un exercice avec quatre chaises pour distinguer quatre types de messages. Vous pourriez dire à votre fils de 6 ans qui vous demande de jouer avec lui :

- Chaise généralité : « Les garçons de 6 ans sont souvent insupportables contrairement aux filles » ;
- Chaise « il ou elle » : « Ta sœur est beaucoup plus calme » ;
- Chaise « tu » : « Tu es vraiment excité ce soir » ;
- Chaise « je » : « Je suis fatigué ce soir et j'aimerais me reposer. C'est OK pour toi ? »

Quelle chaise préférez-vous ?

Faire face aux pressions extérieures

Contrairement à ce que véhiculent les magazines de luxe et les vedettes, dans le monde, tout ne marche pas comme sur des roulettes. Vous connaissez des périodes difficiles, vous rencontrez des personnes qui ne travaillent pas en harmonie avec les autres, vous êtes confronté aux pressions exercées par vos concurrents, vous tombez malade, le solde de votre compte bancaire chute vertigineusement.

Quand vous avez le sentiment de perdre le contrôle de votre vie, votre confiance est vraiment mise à mal. La plupart du temps, vous parvenez à faire face aux événements mais, parfois, trop d'ennuis tombent en même temps alors que vous vous sentez déjà vulnérable.

C'est alors le moment de réunir toutes les ressources que vous avez en vous ou que vous pouvez rassembler.

Anecdote

BÉNÉFICIER DU SOUTIEN D'UN GROUPE

La confiance de Vincent fut mise à rude épreuve lorsqu'il perdit son emploi dans un organe de presse alors qu'il subissait déjà une rupture sentimentale et avait entrepris de lourds travaux de rénovation dans sa maison. Il avait l'impression d'avoir été vidé de son énergie, ne savait plus où il allait et n'avait plus assez de motivation pour chercher un autre emploi.

Quand il raconte comment il a sorti la tête de l'eau, Vincent cite deux faits décisifs : il a rejoint un groupe de cadres en recherche d'emploi une fois par semaine et reçu les poèmes d'un ancien collègue. « Le soutien du groupe fut primordial. Cela me donna la structure et le but dont j'avais besoin pour me relever. L'autre secours fut apporté par les deux poèmes qu'un ancien collègue m'envoya. Je les ai imprimés et affichés sur un mur, geste étonnamment modeste et simple, mais je les regardais chaque matin et cela m'aidait à me souvenir de ce qu'était la vie au fond. Je suppose également que j'avais le sentiment d'exister, aux yeux de quelqu'un de mon ancienne entreprise, en tant que personne et non uniquement comme un employé responsable d'une certaine tâche. »

N'oubliez pas

Le soutien vient souvent d'une personne ou d'une source inattendue. Quand vous avez l'occasion d'aider les autres, faites-le. Vous vous apercevrez qu'on vous rendra la pareille quand vous en aurez le plus besoin.

Avez-vous pensé aux ressources que vous pouvez mobiliser quand les choses se corsent ? Il est utile de dresser une liste des personnes que vous connaissez : amis, famille, personnes que vous côtoyez dans vos loisirs, dans les sports pratiqués, collègues de travail, supérieur hiérarchique, employés des ressources humaines le cas échéant. Vous pouvez également faire appel aux services de soutien de votre commune ou du conseil général. Par exemple, commencez par aller voir votre médecin ou consulter les panneaux d'affichage de votre mairie. Il se peut que vous ayez besoin d'une consultation psychologique, de quelqu'un à qui parler ou d'une aide pour vos tâches ménagères ou l'entretien de votre jardin jusqu'à ce que vous ayez rebondi.

Conserver un niveau de confiance optimal

Le sens de l'anticipation est une excellente qualité pour le maintien d'un bon niveau de confiance. Il s'agit de connaître les événements qui se profilent à l'horizon afin de s'y préparer ou de les esquiver pour ne pas être renversé par la tempête.

Il est utile de faire régulièrement le point sur les défis qui s'annoncent. Avec l'aide d'un ami ou d'un coach, songez à la préparation que vous pourriez effectuer. Elle peut partiellement consister en de la méditation ou la pratique du yoga, du tai-chi ou de tout ce qui peut vous aider à rester concentré sur les objectifs et à conserver votre énergie pour les périodes difficiles de votre vie.

Voici quelques conseils pour vous aider :

- » À chaque jour suffit sa peine. Il est plus facile de prendre les jours un par un que de se soucier de ce qui va arriver la semaine ou le mois prochain.
- » Entourez-vous de personnes d'un grand soutien. En période de crise, vous n'avez pas d'énergie à gaspiller avec des personnes qui ne vous aident pas ou qui ébranlent votre confiance.
- » Laissez tomber les responsabilités et activités accessoires. Vous êtes dans une période où il faut « fermer toutes les écoutilles » et vous concentrer sur ce qui importe vraiment.
- » Prenez du recul et remémorez-vous tout ce que vous avez réussi dans la vie, toutes les choses dans lesquelles vous excellez et visualisez le moment où la situation actuelle aura été résolue.
- » Dites-vous autant de fois que besoin que les choses finiront par s'arranger. Rédigez des affirmations à vous répéter chaque jour. Le chapitre 20 peut vous y aider.
- » Récompensez-vous en vous faisant des petits plaisirs. Pas besoin de vous ruiner, surtout si vous êtes justement à court d'argent en ce moment. Il peut s'agir de prendre un bain à la lueur de bougies, de passer une soirée au coin du feu, de vous promener à la campagne ou de passer un coup de fil à un vieil ami.

Vivre pleinement sa vie

Vivre pleinement votre vie, c'est réunir toutes les dimensions de votre être, en veillant à défendre les valeurs qui vous sont chères et à prendre les mesures nécessaires pour obtenir les résultats souhaités. Vous deviendrez alors invincible dans votre quête.

Certains ont une idée très précise de ce que signifie vivre pleinement sa vie au quotidien. Pour d'autres, c'est un concept plus général, un état d'esprit plutôt que des actions précises, et il leur vient à l'esprit des expressions telles que « vivre dans la paix et l'harmonie ».

La vie est la seule carrière qui m'intéresse.

Erik Orsenna

Quand vous vivez votre vie passionnément, vous affichez un niveau d'énergie et de vitalité exceptionnel au quotidien.

Exemple

Voici quelques idées pour commencer à envisager de vivre pleinement votre vie, surtout si vous voulez laisser une trace dans ce monde.

- Projetez-vous dans l'avenir. Imaginez-vous à 90 ans, assis dans un fauteuil à bascule dans votre véranda. Demandez-vous quel genre de vie vous souhaitez avoir vécue. En quels termes les jeunes vous décrivent-ils, à quoi avez-vous consacré votre vie ? Quelle personne avez-vous été du point de vue social, quel genre d'individus avez-vous côtoyés ? Et, physiquement, avez-vous eu une bonne santé, de l'énergie, avez-vous fait de l'exercice ? Et, émotionnellement, quels ont été vos sentiments et réactions face aux événements de votre vie ?
- Que remarquez-vous dans ce que vous voyez ? Est-ce suffisamment fort à vos yeux ? Que souhaitez-vous changer ou développer pour réaliser des rêves plus importants ?
- Revenez maintenant à l'instant présent et dressez une liste de ce qui vous révolte : injustices, inégalités, mauvais comportements. Vous aurez ainsi une idée des domaines dans lesquels vous souhaitez vous investir pour améliorer le monde qui vous entoure.

» Prenez certains épisodes difficiles que vous avez connus et surmontés. Quelles leçons susceptibles d'aider les autres en avez-vous tirées ?

» Pour marquer vraiment le monde de votre empreinte, que laisseriez-vous comme héritage ? Maintenant, quelle est la première mesure à prendre pour constituer cet héritage ?

PARTIE 5
ENTRAÎNER LES AUTRES

DANS CETTE PARTIE…

Vous apprendrez à faire preuve de souplesse au travail et dans votre vie personnelle de façon à demeurer fort. Nous passerons en revue les attitudes à adopter au travail et vous suggérerons une nouvelle approche des relations sentimentales pour vous permettre d'obtenir l'impossible rendez-vous dont vous rêvez tant. Vous verrez comment aider les enfants à grandir en affichant une confiance naturelle face aux défis quotidiens à relever, créant ainsi un magnifique héritage.

Chapitre 15

Se montrer sûr de soi au travail

DANS CE CHAPITRE :

- **Développer sa confiance en soi dans son travail**
- **S'affirmer**
- **Gérer les situations professionnelles courantes**
- **Faire face à son patron avec confiance**
- **Se vendre**
- **S'attaquer avec confiance aux grands changements**

Au travail, votre confiance en vous est facilement reconnaissable. Vous êtes à l'aise avec vous-même et les autres, franc et généreux dans vos relations avec vos collègues, coopératif et agréable, prêt à rire de la moindre blague et très efficace dans vos missions.

Voyons maintenant quel est votre comportement au travail et comment vous pouvez y évoluer avec confiance. Ce chapitre va vous aider à analyser la relation que vous avez avec votre travail et l'influence de ce dernier sur votre confiance. Il existe de nombreuses façons de renforcer votre confiance et d'être capable de bien l'exploiter au travail et dans votre vie en général.

Renforcer sa confiance dans le domaine professionnel

Quand on vous présente une personne et qu'elle vous pose la question classique « et vous faites quoi dans la vie ? », comment répondez-vous ? Le sentiment de soi est tellement lié au travail que votre réponse donne beaucoup d'indications sur son importance dans votre vie et la réussite que vous en attendez.

Anecdote

UN SENTIMENT DE SOI AXÉ SUR LE TRAVAIL

Certaines personnes se perçoivent exclusivement à travers leur métier, alors que tout porte à croire que ce dernier n'occupe pas une place centrale dans leur vie. Béatrice est actrice mais, sur les dix dernières années, elle n'a exercé son métier que pendant deux ou trois ans. Le reste du temps, elle a passé de nombreuses années à travailler en intérim, comme serveuse dans des restaurants, et a même connu des périodes sans travail ni revenu. Elle se sent pourtant actrice et en adopte tous les comportements, même si elle exerce une autre activité. La partie « actrice » de son image d'elle-même constitue son identité professionnelle. Son travail temporaire est un moyen de payer ses factures.

Quand elle se rend dans des soirées – très souvent –, à votre avis, quelle est sa réponse à la question : « Vous faites quoi dans la vie ? » Est-ce qu'elle dit faire « des petits boulots pour pouvoir joindre les deux bouts » ? Non, bien sûr. Elle dit qu'elle est actrice et, si nous ne l'avons pas vue dernièrement à la télévision, nous savons que c'est en raison d'une inactivité forcée pendant laquelle elle a probablement fait des petits boulots. Elle comme nous ne sommes pas intéressés par ces derniers (même s'ils représentent 75 % de son temps de travail), car ils révèlent très peu, voire rien de sa personne et de sa vie.

Sur votre lieu de travail, vous subissez en permanence des influences négatives et positives, selon l'environnement physique, humain, le rythme et la nature du travail, ainsi que votre propension plus ou moins grande à vous identifier à votre métier.

N'oubliez pas

N'oubliez pas de garder l'attitude qui vous permet d'obtenir tout ce que votre travail peut vous apporter : la fierté et le bien-être tirés de l'accomplissement de votre mission.

Avoir conscience que le métier et la personne sont deux éléments distincts

S'il se peut que vous protestiez en disant que votre profession n'a aucun lien direct avec la personne que vous êtes, avec ce qui est important à vos yeux ou ce que vous souhaitez faire de votre vie, elle exerce cependant une influence considérable sur votre identité. Il est possible d'occuper un poste en apparence incompatible avec son sentiment de soi, mais c'est rare, et il faut pour cela une bonne dose de confiance en soi.

Si vous détestez votre travail ou votre employeur, cela peut diminuer vos croyances profondes sur vous-même ainsi que la place que vous vous accordez dans la société. Dans ce cas, il est très difficile d'agir avec confiance, car vous avez très peu d'affinités avec la personne que vous êtes au travail.

Mais il y a une nuance entre votre *dessein* et votre *travail*. Votre dessein est l'expression totale de vos valeurs et croyances à propos de vous-même, contrairement à votre travail, même celui qui vous convient le mieux. Votre dessein peut se rapprocher de votre âme, un élément presque sacré. Mais, pour trouver votre véritable dessein, il vous faut réfléchir au-delà du travail que vous faites.

Commencez par travailler sur vous-même. Ce livre peut vous aider à réfléchir au sentiment de soi, dans des profondeurs que vous n'avez peut-être pas encore explorées. Le fait de mieux vous connaître vous aide à choisir votre dessein. Ensuite, quand vous procéderez aux changements que vous jugez nécessaires, vous serez bien plus confiant et mieux à même de vivre pleinement une vie équilibrée et enrichissante.

Définir son identité professionnelle

Si vous êtes médecin, en l'absence d'autres informations sur votre compte, on peut faire des suppositions relativement justes sur votre éthique, vos valeurs, votre statut social, etc. Cela est dû au fait que votre identité sociale est définie par le métier que vous exercez. Pour les membres de la profession, c'est l'intitulé du métier qui compte, qui les définit vis-à-vis d'eux-mêmes et des autres.

Si vous n'avez pas une profession reconnue, vous ne disposez pas de toutes les caractéristiques de l'identité professionnelle. Mais il demeure essentiel d'indiquer que vous exercez un métier nécessaire et estimé par les autres. Pour éprouver une confiance totale et agir avec assurance, vous devez avoir une idée précise de l'utilité de votre travail et de sa place au sein de votre entreprise et, au-delà, dans la société en général.

Exemple

Essayez de faire un schéma de la place de votre travail au sens large, comme dans la figure 15-1. Aucune profession n'est réellement indépendante du reste de la société. Alors, comment votre rôle s'inscrit-il par rapport à votre activité ? Votre entreprise fabrique-t-elle quelque chose ou fournit-elle un service qui permet aux autres de faire leur travail ? Vous contribuez peut-être à entretenir un environnement permettant aux autres de travailler. Tous ces éléments concourent à la réussite économique dans sa globalité.

Pensez à tout ce qui vous rend fier de votre travail. Travaillez-vous seul ou au sein d'une équipe ? (Il faut des qualités spécifiques dans les deux types de situation.) Vous supervisez les autres, vous travaillez dans une succursale ? Tous ces rôles sont essentiels à la bonne marche de la société.

15-1 Le contexte général de votre dessein.

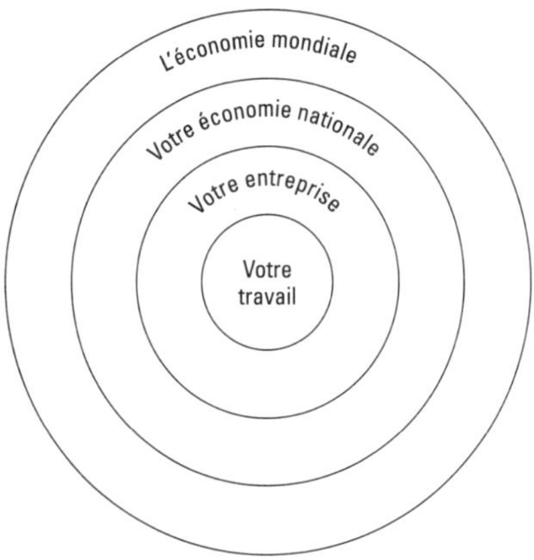

Découvrir son souhait professionnel

Il est bien entendu peu probable que vous réalisiez immédiatement le dessein de vos rêves. Il vous faut d'abord acquérir des compétences et une expérience, nouer les bons contacts, vous forger le bon profil et sauter sur l'occasion rêvée. Rien de plus normal. Mais, si vous ne savez vraiment pas comment vous y prendre, ne voyez pas comment réussir à obtenir le poste de vos rêves, vous êtes face à un problème à résoudre absolument.

N'oubliez pas

Idéalement, votre *dessein* est l'expression de votre être, quelque chose de puissant qui reflète vos valeurs essentielles. Mais votre travail ne vous donne pas automatiquement l'occasion d'accomplir votre dessein. Cela vous demande des efforts : prendre les mesures nécessaires pour acquérir les compétences et habiletés requises et équilibrer votre vie en faisant en sorte de vous rapprocher de votre idéal de vie tout en prenant le temps de mener votre carrière.

Exemple

Répondez aux questions suivantes pour avoir une idée plus claire du dessein que vous souhaiteriez accomplir :

- **Qu'est-ce que vous aimez dans le travail ?** C'est une question originale et, comme bon nombre de personnes à qui on la pose, il vous semblera peut-être plus facile de fournir une liste de ce que vous n'aimez pas dans le travail. Persévérez, vous allez voir que de nombreux aspects vous plaisent, de l'occasion d'aller en ville aux amis géniaux avec lesquels vous travaillez, en passant par les personnes intéressantes que vous rencontrez et les problèmes que vous devez résoudre. Poursuivez votre réflexion jusqu'à ce que vous disposiez de quatre ou cinq éléments, pas forcément présents dans votre situation professionnelle actuelle.
- **Dans quels domaines professionnels excellez-vous ou vous a-t-on dit que vous excelliez ?** Ouah ! Notez tous vos points forts, même ceux qui n'ont jamais été confirmés par les autres. Par exemple, vous êtes ponctuel ou sensible et attentionné quand vos collègues n'ont pas le moral. Vous savez très bien prendre votre patron, négocier avec les clients ou faire votre travail sans vous laisser distraire. Alors, creusez-vous la tête et trouvez quatre ou cinq points forts.
- **Quelles sont les caractéristiques de votre travail absolument essentielles à vos yeux ?** Voilà une excellente question pour savoir si votre poste actuel vous apporte tout ce dont vous avez besoin.

Il peut s'agir de rencontrer des gens, de gagner beaucoup d'argent, de faire partie d'une équipe, d'avoir l'occasion d'apprendre ou de changer les choses.

» Pensez à ce dont vous avez besoin. Quelle proportion de ces besoins serait satisfaite si vous modifiiez légèrement la définition de votre poste actuel ?

» **Qu'est-ce que vous devriez ou aimeriez faire vraiment ?** Nombre de personnes désirent changer de travail sans avoir une idée précise de ce qu'elles souhaiteraient faire. Qu'en est-il pour vous ? Combien de besoins supplémentaires vos nouvelles fonctions vous permettraient-elles de satisfaire ?

» **Enfin, quelle vérité vous soufflent vos réponses ?** Reprenez toutes vos réponses. Devriez-vous faire autre chose ? Qu'est-ce que cela changerait ? En dehors d'un meilleur salaire, en quoi votre prochain poste pourrait-il mieux vous satisfaire ?

Après avoir répondu à toutes ces questions, vous aurez une idée plus précise de votre dessein et de ses aspects fondamentaux à vos yeux. Maintenant, étudiez les postes que vous avez occupés. Ont-ils satisfait vos besoins ? En sera-t-il toujours ainsi ? Quand votre dessein est en accord avec vos valeurs, vous pouvez être pleinement confiant et assumer totalement vos fonctions. Quel changement devez-vous opérer pour qu'il en soit ainsi ?

Cet exercice très pertinent peut vous aider à découvrir un besoin profond d'accomplir un dessein professionnel. Vous atteignez un niveau d'influence et de confiance optimal quand vous êtes capable de trouver des postes adaptés à votre vocation et à votre détermination naissantes.

Note technique

Avez-vous pensé à effectuer un bilan de compétences ? Il permet à un salarié de faire le point sur ses compétences, aptitudes et motivations et de définir un projet professionnel ou de formation. Réalisé par un prestataire extérieur à l'entreprise, selon des étapes bien précises, le bilan de compétences peut être décidé par l'employeur ou mis en œuvre à l'initiative du salarié, dans le cadre d'un congé spécifique.

Renseignez-vous sur le site www.travail-emploi.gouv.fr.

Accorder de la valeur à ce que l'on fait

Révéler la valeur cachée de votre dessein est important pour le respect de soi et s'avère bénéfique pour votre confiance.

Que vous vous soyez retrouvé à votre poste grâce à un concours de circonstances ou qu'il s'agisse d'un choix délibéré et planifié, votre activité professionnelle peut définir votre place dans le monde. Demandez- vous ce qu'a de précieux votre dessein et veillez à en faire ressortir toute la valeur cachée.

Quelle que soit votre activité, soyez fier de votre professionnalisme. Le *professionnalisme* consiste à connaître sa mission et à la mener à bien avec compétence. Quand vous adoptez une attitude professionnelle, vous montrez aux autres que vous savez ce que vous faites, ce qui les incite à avoir confiance en vous.

N'oubliez pas

Eleanor Roosevelt disait que le futur appartient à ceux qui croient à la beauté de leurs rêves. Pour être confiant, il est essentiel d'avoir des rêves. Accorder son dessein au but que l'on s'est fixé dans la vie ainsi qu'à ses rêves est un excellent moyen de ressentir son dessein au plus profond de son être.

S'affirmer

« Oui » et « non » sont les mots les plus courts et les plus difficiles à prononcer, et ceux qui demandent le plus d'examen.

Talleyrand

Pour communiquer efficacement et avoir des relations satisfaisantes avec la plupart de ses collègues de travail (y compris son patron), il faut disposer d'un ensemble de capacités qui forment l'affirmation de soi. Cette affirmation de soi est l'un de ces savoir-faire qui s'acquièrent et se travaillent (le chapitre 14 décrit en détail les notions d'affirmation de soi et d'agressivité).

Les coachs spécialisés dans l'affirmation de soi disent que ces savoir-faire sont les meilleurs outils, car ils peuvent vous protéger, renforcer votre propre estime, votre confiance et diminuer votre stress.

Les personnes sûres d'elles sont généralement appréciées et respectées. Elles réagissent bien lorsqu'elles ont des ennuis et n'ont pas peur de dire « non ». Vous savez où vous allez avec une personne sûre d'elle ; elle ne se laisse pas marcher sur les pieds.

Quelle est donc cet ensemble de savoir-faire qui constitue l'affirmation de soi ? L'*affirmation de soi* implique que chaque personne vaut les autres et a la responsabilité de prendre soin de ses besoins et droits personnels. Il est implicitement admis que cette règle s'applique à tous. Par conséquent, en la revendiquant pour vous-même, vous la revendiquez aussi au nom de tous vos collègues.

Voici les principes essentiels de l'affirmation de soi :

- Vous vous estimez autant que vous estimez les autres ;
- Vous savez dire « oui » ou « non » à n'importe qui, sans forcément vous justifier ;
- Vous exploitez et protégez vos droits. Vous savez vous défendre et vous ne vous en cachez pas ;
- Vous assumez vos besoins et faites en sorte qu'ils soient satisfaits ;
- Vous assumez votre contribution et la valeur que vous créez et vous n'avez pas peur de reconnaître vos erreurs ni de solliciter de l'aide si besoin est ;
- Vous exprimez avec honnêteté vos idées et sentiments, négatifs comme positifs, en respectant autrui ;
- Vous êtes capable de gérer les conflits et êtes prêt, si nécessaire, à affronter les personnes difficiles ;
- Vous donnez votre avis et recevez celui des autres avec honnêteté et franchise ; vous vous donnez la peine de le faire pleinement et avec efficacité ;
- Vous respectez ces droits chez les autres et comprenez qu'ils ont les mêmes que vous.

Vous ne vous retrouvez pas dans tous ces principes ? Pas d'inquiétude. Dans un premier temps, il est important que vous sachiez à quoi ils correspondent. À mesure que votre confiance se renforcera grâce à la lecture de ce livre, votre assurance et votre influence augmenteront tout naturellement.

Note technique

Le psychologue Andrew Salter et le psychiatre Joseph Wolpe ont développé le concept d'*assertivité*. L'idée est de s'affirmer dans le respect de l'autre, sans agression, ni soumission ni domination. Si le sujet vous intéresse, formez-vous pour devenir assertif. Vous deviendrez un champion de la communication.

Afficher de la confiance dans certaines situations professionnelles

Au travail, des situations courantes peuvent mettre votre confiance à l'épreuve. Cette section va vous donner des conseils sur la façon de garder votre confiance en vous lors de réunions et de présentations.

Vous pouvez développer de nouvelles capacités, ou *compétences*, comme on dit souvent dans le milieu de l'entreprise, en vous formant et en mettant en pratique les principes appris. Dans le monde professionnel, tout savoir-faire peut se maîtriser (il n'y a certainement rien de plus difficile que d'apprendre à marcher et à parler, et nous y sommes tous parvenus, alors...). Si votre employeur vous demande d'accomplir une mission pour laquelle vous n'avez pas encore les compétences nécessaires, insistez pour suivre une formation. Et si vous vous débattez avec une tâche, commencez toujours par vous poser la question suivante : comment puis-je acquérir la compétence qui me permettra d'y parvenir plus efficacement ou rapidement ? Vous pourrez ainsi poursuivre votre évolution et gagner en confiance, au lieu de céder à la peur et de vous dérober.

S'imposer en réunion

Lors d'une réunion, vous est-il déjà arrivé de mourir d'envie de faire une remarque et de vous apercevoir que la discussion a bifurqué sur un autre sujet avant que vous ayez pu ouvrir la bouche ? Ou bien une idée lumineuse vous vient-elle une fois la réunion terminée et vous dites-vous : « Si seulement je pouvais revenir en arrière et faire l'intervention décisive qui, louée par tout le monde, permettrait de résoudre le problème ou de débusquer dans l'argument une faille que personne n'avait remarquée... » Si ces situations vous rappellent quelque chose, félicitations, vous êtes un être humain normal dans toute sa splendeur. Cela nous est tous arrivé.

Si vous ratez ces occasions, c'est surtout à cause du manque de synchronisation entre les *deux* conversations qui se déroulent lors de la réunion : celle autour de la table et celle dans votre tête. Quand vous êtes parfaitement *concentré* et *impliqué* dans la conversation qui a lieu autour de la table, la conversation dans votre tête passe à l'arrière-plan, sa place de prédilection la plupart du temps. Quand vous êtes nerveux ou gêné, le dialogue présent dans votre tête prend l'ascendant et vous empêche de vous impliquer totalement dans la réunion.

Truc

Vous pouvez vous sentir embarrassé par le simple fait de vous trouver en territoire inconnu. Respirez profondément à plusieurs reprises (avec le ventre, comme nous l'expliquons au chapitre 10) afin de diminuer la tension, de vous concentrer sur les personnes présentes dans la pièce, sur la tenue qu'elles portent, etc., pour simplement être totalement présent.

Dites-vous que c'est tout à fait normal et détendez-vous. Sachez que plus vous serez naturel en réunion, plus vous parviendrez à établir un équilibre entre votre dialogue intérieur et les dialogues extérieurs.

Si vous prêtez bien attention à la façon dont se déroule la conversation dans la pièce et à la tournure que prend la réunion, vous vous concentrerez tout naturellement sur les débats. Vos idées et commentaires sortiront alors plus naturellement et au moment opportun. Il vous sera plus facile d'intervenir, et votre confiance augmentera.

Surtout, détendez-vous. Qu'il s'agisse d'une grande réunion formelle ou d'une petite réunion habituelle, plus vous vous impliquerez dans les débats, plus votre contribution sera efficace.

Briller pendant les présentations

Tout un chapitre de cet ouvrage (le chapitre 12) est destiné à vous aider à trouver votre style et à vous exprimer du mieux possible. Ici, vous allez pouvoir étudier certaines compétences nécessaires pour faire des présentations professionnelles convaincantes.

Faire des présentations efficaces, comme c'est souvent le cas dans votre vie professionnelle, est un savoir-faire qui s'acquiert. Personne ne naît bon orateur, ou capable de lire un bilan ou de monter un budget. Pour réaliser des présentations efficaces, il vous faut recevoir des conseils grâce à une formation, des livres ou des CD. Les ressources ne manquent pas. Bien que le sujet soit trop vaste pour entrer dans les détails, nous vous proposons les principes-clés à garder à l'esprit.

Avant de commencer, il s'agit de répondre aux questions : « Quoi ? » et « À qui ? ».

- » Aussi banal que cela puisse paraître, la toute première question à se poser est : « Quel est mon objectif ? » De nombreux débutants mais aussi des orateurs chevronnés oublient que, sans objectif, leur propos ne rime à rien. Il est difficile de parler pour ne rien dire avec confiance et conviction. Ayez donc à l'esprit le message à faire passer, et sachez ce que vous attendez de votre auditoire une fois qu'il aura écouté votre propos.
- » Ensuite, à qui vous adressez-vous ? Avant de commencer à réfléchir à la façon de tourner votre propos, sachez devant quel type de public vous vous exprimerez. Vos interlocuteurs connaissent-ils le sujet ou sont-ils novices ? Devrez-vous leur expliquer clairement les choses ou pourrez-vous partir du principe qu'ils maîtrisent le sujet, jargon compris ?

Une fois les principes de base passés en revue, passez à la question qui fâche : « Me faut-il un support visuel ? » Ce n'est pas parce que vous disposez d'un vidéoprojecteur que le diaporama ajoutera vraiment quelque chose à votre message (détourner l'attention du public et se munir d'une antisèche ne sont pas des raisons recevables). Si vous décidez d'utiliser un vidéoprojecteur, suivez ces directives :

- » Vos diapositives sont destinées à aider l'auditoire. Veillez à ce qu'elles soient lisibles depuis le fond de la salle et que les informations qu'elles contiennent soient claires et pertinentes.
- » Partez du principe que votre public sait lire et ne considérez pas vos diapositives comme des « redites ». Si vous voulez que votre auditoire assimile la notion figurant sur la diapositive, taisez-vous et laissez-le lire. Projetez de préférence des idées forces, des images, des schémas, des tableaux... synthétisant ou illustrant votre propos.

- À moins que vous ne soyez graphiste, utilisez les « artifices » avec modération. Ce qui paraît génial sur votre écran d'ordinateur peut s'avérer affreux une fois projeté sur grand écran.
- Testez toujours votre présentation sur le matériel que vous devrez utiliser. Prudence si vous utilisez Internet, assurez-vous de la qualité de la connexion.
- Disposez d'une solution de secours si le matériel tombe en panne ou fonctionne mal. Ayez des photocopies des diapositives, mais ne les distribuez pas avant la fin de la présentation, à moins que cela ne vous dérange pas de voir l'assistance feuilleter les pages pendant que vous parlez.
- Entraînez-vous encore et encore. Chronométrez-vous et inscrivez la trame de votre présentation sur quelques antisèches. Vous aurez ainsi confiance dans votre discours et le minutage de votre intervention.

Truc

Gardez à l'esprit les règles d'or de la technique quand vous faites une présentation en vous servant d'un projecteur ou d'un matériel audio : *toutes les mésaventures susceptibles de se produire vont se produire tôt ou tard, et la complexité est l'ennemi de la clarté*. Faites simple et mettez-vous en phase avec votre public. Privilégiez la qualité de votre présence, de votre écoute et de votre observation. Enracinez-vous au sol et respirez. Votre voix va se déployer.

Vous renforcerez bien mieux vos compétences en pratiquant souvent et en recueillant les critiques. En dehors du travail, cherchez les occasions de vous perfectionner. Proposez-vous pour acquérir de l'expérience et faites votre apprentissage quand vos interventions ne prêtent pas à conséquence.

Rejeter la manipulation et la persécution

La persécution est courante dans le milieu professionnel. Des études montrent que de nombreuses personnes se sentent brimées quotidiennement, ce qui met grandement à mal leur confiance. Si vous vous sentez victime de graves brimades, parlez-en à votre service des ressources humaines, à un représentant syndical, au Comité d'hygiène, de sécurité et des conditions de travail (CHSCT) ou à votre directeur selon la situation.

Différentes actions s'offrent à vous si vous êtes victime de harcèlement moral : une procédure de médiation, un recours devant le juge civil (conseil de prud'hommes) ou administratif. Notez que dans une entreprise, toute organisation syndicale représentative peut, avec l'accord écrit de la personne harcelée, engager à sa place l'action en justice. Vous pouvez aussi engager une procédure pénale et porter plainte dans un délai de trois ans à compter des faits.

Pensez également à solliciter les associations locales d'aide aux victimes.

Si la persécution est évidemment intolérable dans les cas d'intimidation physique, de harcèlement sexuel ou racial, les formes de brimades moins spectaculaires et intenses (éclats de voix, injures, manipulation) peuvent autant nuire à l'estime de soi qu'une agression.

Parmi les techniques de manipulation des tyrans figurent les sarcasmes, les critiques injustifiées et l'humiliation, très souvent devant les autres. Vous pouvez également vous retrouver rejeté, isolé et exclu des activités menées par l'équipe. Tout cela est calculé de façon à saper votre confiance en vous et faire ainsi de vous une cible encore plus privilégiée.

Pour vous protéger, balayez toute culpabilité. Admettez que c'est le tyran qui est dans l'erreur et a besoin de se faire soigner, pas vous. Ne vous laissez pas prendre par les critiques, même si elles comportent une once de vérité. Votre tyran ne sera jamais satisfait, même si vous vous améliorez. Votre progression ne l'intéresse pas, il cherche uniquement à vous dominer.

Si vous avez l'impression d'attirer ce genre de personne dans votre vie professionnelle ou personnelle, il se peut que ce soit dû à certains traits de votre personnalité qui font de vous une cible de choix. Ce n'est pas votre faute. Le tableau 15-2 énumère des astuces pour compenser des tendances qui font de vous une proie facile pour les tyrans.

15-2 Traits de personnalité et comportements à adopter.

Tendance	Comportements contraires à adopter
Vous voulez faire plaisir.	Acceptez le fait de ne jamais pouvoir contenter tout le monde, et plus particulièrement un tyran.
Vous acceptez de plus en plus de tâches afin de vous faire apprécier.	Fixez-vous des limites raisonnables.
Vous avez du mal à dire « non ».	Apprenez à être plus ferme.
Vous souhaitez ardemment penser le plus grand bien des autres.	Soyez plus objectif. Demandez aux autres leur opinion.
Vous souhaitez que tout soit parfait.	Admettez que la perfection n'est pas de ce monde et lisez le chapitre 9.
Vous avez énormément besoin d'être estimé.	Apprenez à vous estimer (voir chapitre 5).
Vous avez tendance à ne pas tenir compte de votre contribution.	Demandez-vous si ce qu'on attend de vous est juste et raisonnable.

Note technique L'analyse transactionnelle peut vous éclairer sur les mécanismes inconscients en jeu. Le triangle dramatique de Karpman met en évidence ce scénario relationnel (Victime, Persécuteur, Sauveur) et ses enjeux. Cela vous permettra d'éviter de nombreux pièges ou de sortir de ce triangle dramatique infernal.

Gérer son patron

Souple dans la forme, ferme dans les idées.

Vauvenargues

Les plaintes à propos du patron sont monnaie courante et inévitables dans le monde professionnel. Cela vous permettra de ne pas oublier que votre patron, si imposant et effrayant qu'il puisse vous paraître, a dû affronter des situations difficiles et qu'il est donc tout aussi vulnérable que vous.

Les patrons veulent que le travail soit fait et que leurs objectifs de production soient atteints. Ils ont besoin d'employés efficaces et disposent de stratégies pour faire en sorte que ces derniers atteignent le niveau requis.

Sous pression, les patrons deviennent anxieux et ont peur comme tout le monde, et c'est justement à ce moment-là qu'apparaissent le plus souvent les problèmes.

Celui qui n'est jamais dans son assiette ou se montre constamment de mauvaise humeur est presque à coup sûr stressé et a besoin d'aide, qu'il en ait conscience ou non. Vous ne pouvez peut-être rien faire pour aider votre patron à résoudre ses problèmes, mais les vôtres, si !

Faire et recevoir des remarques

Pour la confiance en soi, il est important d'apprendre à exploiter les remarques des autres. Si vous êtes capable et de recevoir et de donner un avis avec efficacité, et surtout de tourner à votre avantage des remarques maladroitement données, vous gagnerez considérablement en confiance et en efficacité au travail.

La figure 15-3 vous montre l'exemple d'une secrétaire à qui l'on reproche d'une manière inefficace de ne pas utiliser le correcteur orthographique de son logiciel de traitement de texte.

15-3 Une façon de faire des remarques qui ne convient pas.

— Catherine, vous avez encore fait des fautes dans la revue hebdomadaire.

— Désolée, madame Fournier.

— À quoi sert le correcteur orthographique d'après vous ? Tout ce que vous avez à faire, c'est de l'utiliser. Il corrigera la plupart de vos coquilles.

— Désolée, madame Fournier.

— Le problème, c'est que nous passons tous pour des gens négligents. Votre travail nuit à l'image de tout le département, et c'est moi qui paie les pots cassés.

— Désolée, madame Fournier.

— Voilà, vous répétez que vous êtes désolée chaque fois que nous avons cette conversation, mais rien ne change. Ça ne peut plus durer, et il va falloir que vous fassiez quelque chose. Si vous ne changez pas, ma fille, tout ça va mal se terminer... pour vous ! J'ai été claire ?

— Oui, madame Fournier.

— Que ce soit la dernière fois ou sinon... Je ne plaisante pas.

— Désolée, madame Fournier.

La figure 15-4 de la page suivante montre une méthode plus professionnelle et efficace de donner ses impressions.

15-4 Des remarques faites efficacement.

— Catherine, merci beaucoup pour la revue hebdomadaire. Vous avez une fois de plus fait preuve de rapidité et d'efficacité.

— Merci, madame Fournier.

— Je sais que nous en avons déjà parlé, mais il reste quelques coquilles. Vous avez du mal à utiliser le correcteur orthographique ?

— Euh, c'est-à-dire que j'oublie systématiquement.

— Pourquoi ne collez-vous pas un petit papier sur votre écran pour vous faire penser à passer le texte au correcteur orthographique ? Comme ça, vous n'oublieriez plus. C'est un outil vraiment pratique.

— D'accord, madame Fournier, c'est une bonne idée.

— Excellent, Catherine. Si vous avez besoin d'un complément de formation pour ce logiciel, dites-le moi et je m'en chargerai.

— Merci, je vous le dirai.

— Encore merci pour la revue, Catherine.

Les sections suivantes vous donnent des conseils pour faire et recevoir des remarques.

Faire des remarques d'une manière efficace

Quand vous faites des remarques, positives ou négatives, les choses se passent généralement en douceur si vous suivez quelques principes très simples :

- **Transmettez les informations de manière très claire et assumez vos remarques.** Vous ne souhaitez pas qu'il demeure des zones d'ombre et vous tenez à ce que le destinataire sache qui est l'auteur de ces remarques très claires.
- **Concentrez-vous sur les mesures que vous voulez voir prises par votre interlocuteur.** Décrivez précisément la situation et les changements que vous attendez. Ne portez pas de jugement et ne donnez pas votre avis sur la source du problème, vous pourriez vous tromper.

- **Soyez le plus précis possible.** Procédez à une intervention chirurgicale. Traitez le plus précisément possible la situation et évitez les généralisations telles que *toujours* et *jamais*. Si votre remarque concerne un comportement, veillez à vous en tenir à ce comportement, sans attaquer le caractère de la personne.
- **Mettez l'accent sur les aspects positifs de la situation.** Cela permettra à votre interlocuteur de garder l'écoute. Si vous corrigez une erreur ou faites une remarque qu'il pourrait percevoir comme une critique, il est peut-être utile de placer le point négatif entre deux éléments positifs. N'y voyez aucune manipulation si vous agissez avec honnêteté. Cela lui sera bénéfique.

UNE APPROCHE PARTICULIÈREMENT CONSTRUCTIVE : LA COMMUNICATION NON VIOLENTE (CNV)

C'est dans les années 1960 que le processus de la CNV a été mis au point par Marshall B. Rosenberg, psychologue clinicien collaborateur de Carl Rogers.

La CNV nous propose, dans des situations de désaccord, de tensions, voire de conflit, une trame concrète pour maintenir le dialogue et rechercher ensemble une solution créative ; elle nous invite à prendre conscience :

- de ce que nous observons ;
- de ce que nous éprouvons, ressentons ;
- de nos besoins ;
- de nos demandes.

Pour aller plus loin : http://www.nvc-europe.org

Transformer une remarque négative

Les remarques de votre patron que vous percevez comme des critiques, ses chicaneries continuelles sont des avis maladroitement délivrés. Mais l'information qu'elles contiennent peut être précieuse pour vous et l'entreprise. Il est donc essentiel de comprendre ce que votre patron essaie de vous dire.

Si vous remarquez que la critique formulée à votre endroit par votre patron n'est que sa manière à lui de vous informer, vous aurez plus de pouvoir dans votre relation. Vous pouvez faire deux choses susceptibles de le surprendre et de renverser la situation :

- » Assimiler une remarque qui pourrait vous aider à être plus performant et lui en faire part.
- » Lui demander si vous pouvez vous permettre de lui donner un conseil sur une façon plus efficace de communiquer avec vous. Mais suivez toutes les règles d'or indiquées plus haut dans la section « Faire des remarques d'une manière efficace » : soyez précis, concentrez-vous sur les mesures à prendre, etc. Souvenez-vous que vous recherchez tous deux une amélioration des résultats.

Faire en sorte que son patron tienne ses promesses

La frustration de vous voir promettre un avantage ou une récompense sans jamais en voir la couleur peut altérer la relation que vous entretenez avec votre employeur et saper votre confiance.

Les promesses non tenues entrent généralement dans l'un des deux cas suivants :

- » **Cas 1 :** vous croyez à tort que votre patron vous a promis quelque chose. Que vous pensiez qu'une promesse a été faite peut le surprendre.
- » **Cas 2 :** vous savez tous deux fort bien qu'une promesse a été faite, mais elle est retardée pour des raisons qui ne vous ont pas été clairement expliquées.

Dans les deux cas, vous vous sentez floué ou maltraité, et votre estime de vous et votre confiance en vous en souffriront tant que vous n'aurez pas fait quelque chose. Un problème de communication est à l'origine de ces deux cas de figure. Dans le cas 1, vous avez peut-être transformé par mégarde une bonne intention de votre patron en promesse. Dans le cas 2, l'ambiguïté est peut-être délibérée. Votre patron vous a peut-être fait cette promesse pour vous calmer, sans avoir jamais eu l'intention de la tenir prochainement. Heureusement, le remède est simple et identique dans les deux cas.

En tant que professionnel de l'intégrité, il faut mettre par écrit (courriel ou note) tous les échanges importants. En clair, consignez la promesse telle que vous l'avez comprise. La figure 15-5 vous donne un exemple.

15-5 Mettre un accord par écrit.

> Cher Monsieur le Directeur,
>
> Merci de m'avoir reçu hier pour évoquer mon augmentation. Je suis bien entendu ravi de votre réponse favorable à ma demande. Quand cette augmentation sera-t-elle effective ? Merci de me donner une date et de me faire part d'un éventuel retard.
>
> Merci d'avance.
>
> Bien cordialement

Bien entendu, pendant l'entretien, si vous avez la présence d'esprit de demander la date à laquelle prendra effet l'augmentation en question, vous connaîtrez déjà la réponse et pourrez l'indiquer dans votre message.

Comment votre patron va-t-il réagir à votre message ? La plupart du temps, votre message ne fait que confirmer ce que votre patron s'est engagé à faire et sert de rappel. Si vous l'envoyez par messagerie électronique, votre patron peut le transférer à sa secrétaire, aux ressources humaines ou à la comptabilité, accompagné d'une confirmation de son accord et d'un ordre d'exécution. L'affaire sera ainsi conclue d'une manière simple pour tout le monde.

Mais si votre patron est en désaccord ou ne donne aucune instruction ? En cas de malentendu, votre message entraînera probablement une réponse immédiate de votre patron, qui explicitera la méprise. Sera-t-il contrarié ? Peut-être un peu dans la mesure où vous avez remis la question sur le tapis très rapidement, mais il vaut bien mieux signaler l'erreur immédiatement et lui donner l'occasion de rectifier le tir. Si nécessaire, vous pouvez vous excuser afin de préserver la relation, et lui demander dans la foulée quand vous êtes susceptible de recevoir votre récompense. S'il ne vous donne aucune indication précise, il vous mène alors probablement en bateau, ce qui correspond au cas 2.

Quelle sera donc la réaction de votre patron à votre message si sa tactique consiste à faire traîner les choses ? Vous le prendrez sur le fait et lui forcerez la main. S'il persiste à donner une réponse évasive, vous saurez alors qu'il vous fait marcher. Vous n'aurez pas votre récompense mais vous aurez retrouvé votre intégrité. Vous serez peut-être agacé, mais vous n'y serez pour rien. Votre agacement peut vous fournir la motivation nécessaire pour ne plus voir ce patron malhonnête en changeant d'entreprise.

Dire à son patron qu'il a tort

Pour dire à votre patron qu'il a tort, il faut avoir confiance en soi, confiance dans les autres et avoir la certitude que les choses vont bien se passer. Étudions donc la structure et la dynamique de la situation.

Tout d'abord, n'oubliez pas que ni vous ni votre patron n'êtes infaillibles. Tout le monde fait des erreurs de temps en temps, des fautes de jugement ou autres. C'est humain. Dans le monde professionnel, ce qui importe le plus dans l'immédiat, c'est ce que vous faites pour résoudre le problème, puis ce que vous pouvez faire pour que la situation ne se reproduise pas.

Si vous êtes certain que votre patron s'est trompé, vous devez le lui dire avant que les choses n'empirent. C'est là que la confiance en soi entre en jeu. Quel que soit l'écart entre vous et votre patron en termes d'âge, de prestige, de salaire, d'expérience ou de niveau hiérarchique, vous êtes de valeur égale et vous vous devez de lui signifier son erreur entre quat'z'yeux. Si vous procédez avec respect et délicatesse (par exemple en évitant de le faire devant vos collègues ou en pleine réunion), votre patron s'en souviendra et vous respectera pour l'honnêteté et le tact dont vous avez fait preuve.

Attention

Voici une règle incontournable de la communication pour entretenir des rapports gagnant-gagnant : veillez à ne jamais faire perdre la face à votre interlocuteur.

Si vous avez une solution simple et honnête, proposez-vous de l'aider à réparer rapidement son erreur. Mais ne soyez pas profondément attaché à votre solution, sinon, il pourrait en choisir une autre.

Au fond, c'est faire preuve d'assurance et agir pour informer votre patron qui compte. Votre initiative contribuera à renforcer votre confiance, tout comme votre patron, s'il sait diriger son équipe.

Redevenir visible

Très souvent, personne ne reconnaît le formidable travail que vous faites parce que vos supérieurs et collègues sont trop occupés à se soucier de leurs propres performances. N'ayez pas peur de mener des actions décisives pour attirer l'attention de votre patron et de vos collègues sur l'excellent travail que vous fournissez.

Truc

La recette suivante permet de créer une situation où tout le monde trouve son compte. Grâce à elle, vous vous démarquez des milliers d'employés que compte l'entreprise en apparaissant comme celui pour qui la performance est essentielle et qui le prouve par ses actes.

Exemple

Procédez comme suit à l'occasion de votre entretien annuel d'évaluation par exemple :

1. **Demandez à votre patron ce qu'il attend de vous pour que vous puissiez avoir une excellente évaluation.**

   Essayez d'obtenir une réponse la plus détaillée possible. Faites-lui dire ce qu'il estime être *bien*, puis récapitulez : « Alors, si je fais ceci, ceci et cela, et j'évite de faire ça, ça et ça, vous estimerez que je fais du très bon travail ? » Une fois sa confirmation obtenue, mettez-la par écrit (mais ne l'envoyez encore à personne).

2. **Posez la même question à ceux qui dépendent de vous ou sont tributaires de vos performances.**

   Il peut s'agir de clients ou d'un groupe de collègues qui utilisent votre travail. Découvrez ce qui correspond à du bon travail de leur point de vue, récapitulez, obtenez leur confirmation et consignez le tout par écrit pour votre usage personnel ultérieur.

3. **Transformez le tout en objectifs professionnels que vous pouvez atteindre.**

Vous disposez de beaucoup de données détaillées sur la façon dont les autres dépendent de vous et dont vous devez vous comporter pour qu'ils soient contents de votre travail.

4. **Indiquez ce que vous pensez être en mesure de bien faire pour votre patron, vos collègues et clients.**

   Remettez-leur un document qui décrit les objectifs que vous vous engagez à atteindre (peut-être moyennant une formation ou une aide quelconque) et obtenez leur accord (il vous faudra peut-être négocier et accepter un compromis).

L'élaboration d'un plan d'action peut vous aider à atteindre un certain nombre d'objectifs réellement importants :

- Rédiger une fiche de poste pertinente, détaillée, réaliste et intéressante ;
- Dire à votre patron et à vos collègues ce qu'ils peuvent attendre de vous et leur certifier qu'ils peuvent compter sur vous pour mener votre mission à bien ;
- Constituer une base solide pour renégocier les attentes et résultats en cas de changement.

N'oubliez pas

Vous avez parfaitement le droit, et c'est même un devoir, de demander régulièrement à vos collègues s'ils sont satisfaits de vos prestations. À chaque fois, cela leur rappellera l'excellent travail que vous fournissez.

Vivre avec confiance un changement professionnel

Comme le savent les spécialistes, tout changement tend à déclencher un cycle de réactions et de sentiments, chaîne formée de différents stades prévisibles, que le changement ait été ou non programmé. La figure 15-6 vous montre la courbe d'un changement élémentaire.

15-6 La courbe du changement.

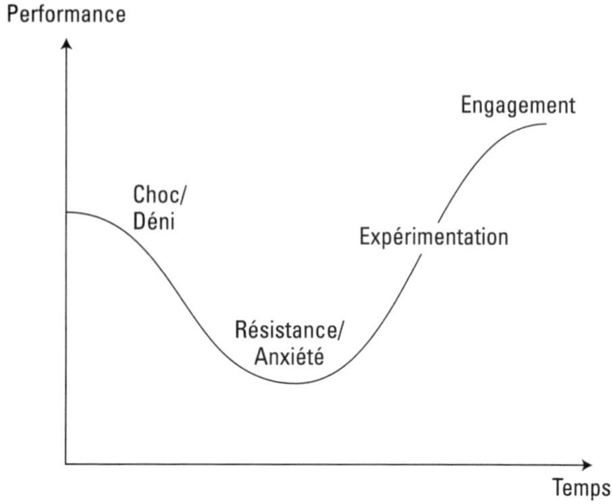

La durée de chaque stade et l'intensité de votre réaction dépendent de votre personnalité et de la nature du changement. Mais, pour réussir une transition, il vous faut passer par tous les stades :

- **Choc ou déni :** à ce stade initial, votre réponse naturelle peut être de minimiser l'impact du changement en le banalisant ou en niant son existence.
- **Résistance et anxiété :** ce stade se caractérise par de fortes émotions et un sentiment de fatigue, souvent associés à une perte de confiance. Vous pouvez éprouver des difficultés à affronter les nouvelles circonstances, ce qui rend difficile l'acceptation des changements.
- **Expérimentation :** votre activité croît à mesure que vous essayez de nouvelles manières d'appréhender le changement. Vous pouvez avoir des idées bien établies sur la façon dont doivent se dérouler les choses dans cette nouvelle situation et ressentir du dépit face aux erreurs inévitablement commises.
- **Engagement :** une fois parvenu à ce stade, vous avez adopté de nouveaux comportements et accepté le changement. Vous travaillez de manière satisfaisante et avec confiance dans ce nouveau contexte. Vous réfléchissez peut-être sur les différences et leurs causes et tentez de comprendre les précédents stades.

Note technique

Le modèle d'Hudson est un autre éclairage théorique qui peut vous aider à mieux comprendre vos états internes liés au changement ainsi que la hauteur de votre énergie.

15-7 Phases dans l'expérience du changement, selon F. Hudson.

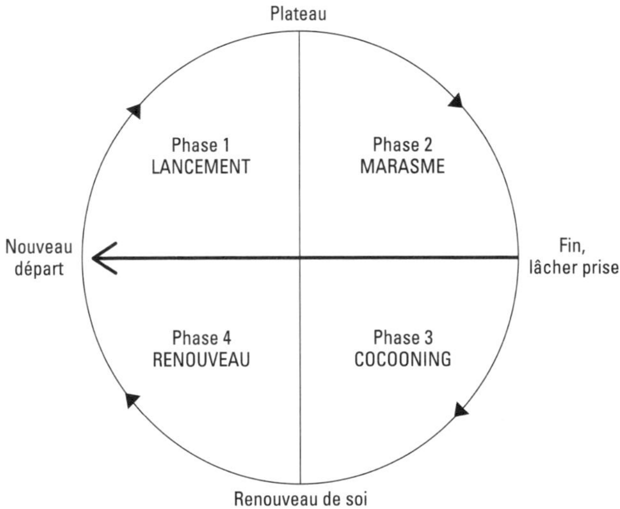

Accepter d'être rejeté

Les échecs servent de répétitions au succès.

Reed Cathy

Rien n'est plus facile que de critiquer ! La difficulté réside à convertir ce qui est négatif en positif.

Will Rogers

L'un des messages que les coachs délivrent de manière très claire est que le fait de *ne pas* être choisi pour un poste ou une mission fait partie du cours normal d'une carrière. Si vous vous fixez comme objectif de réussir, soyez prêt à tirer les enseignements du fait ne pas avoir été choisi. Il existe souvent une raison valable, et votre déception peut vous être bénéfique.

L'une des meilleures façons d'appréhender le rejet est de prendre en compte l'opinion d'autrui au lieu de le considérer comme un échec. Pour chaque entreprise qui gagne un contrat, il en existe plusieurs qui le ratent. Chaque fois qu'un candidat est choisi, plusieurs autres reçoivent un appel leur signifiant qu'ils n'ont pas été sélectionnés.

N'oubliez pas

Ce n'est pas votre personne qui est rejetée. Vos compétences et votre style ne conviennent tout simplement pas à cette entreprise ou à ce client. Les gagnants demeurent professionnels et persévèrent. Les personnes confiantes apprécient de recueillir l'opinion des autres et ne cessent d'apprendre.

Anecdote de recruteur : Certains candidats non retenus lors d'un entretien d'embauche peuvent être insistants avec de nombreux mails de relance parfois peu courtois. En voici un assez spécial, qui laisse présager que le candidat n'ait pas connaissance de la méthode de mise en vivier... Celui-ci risque fort de n'être pas recontacté en cas d'opportunité nouvelle, à moins qu'il ne fasse rire son recruteur et que ce dernier soit très ouvert mais c'est peu probable. Si cela vous a fait sourire pour accepter vos propres rejets, alors c'est gagné !

15-8 Faire-part d'un candidat rejeté.

Monsieur et Madame X,

Ont la douleur de vous faire part du décès de tous les projets d'insertion professionnelle de leur fils.

Dans l'attente de vous communiquer l'adresse de la prison où il sera affecté lorsqu'il commettra son premier crime, cet avis tient lieu de faire-part.

Anecdote

SUIVRE DES CONSEILS POUR LES ENTRETIENS D'EMBAUCHE

Dans n'importe quelle situation de la vie, vous serez plus confiant si vous savez à quoi vous attendre et si vous vous sentez bien préparé.

Un entretien d'embauche n'est pas un événement que vous vivez très souvent. Tirez donc parti des nombreux ouvrages et formations pouvant vous aider à réussir cet exercice.

Même les postes les plus courants attirent bien plus de candidatures que l'employeur n'est en mesure d'en traiter. Lors de la phase de tri initiale, toutes les excuses ou presque sont bonnes pour exclure un CV. Alors, si vous êtes convoqué pour un entretien, estimez-vous heureux de compter parmi les quelques candidats dont le dossier a été sélectionné.

L'entretien proprement dit est structuré très simplement :

» Les premières minutes servent à établir la communication ou la relation ;

» Écoutez attentivement le recruteur fournir des informations essentielles sur l'entreprise et le poste ;

» L'attention se porte sur vous lorsque vous et le recruteur analysez de quelle manière vos compétences, votre expérience et vos aspirations peuvent correspondre au poste ;

» Une courte phase finale vous permet de poser des questions.

C'est le scénario idéal avec un professionnel des ressources humaines. La tâche du recruteur est d'éliminer les candidats qui n'apporteront aucune valeur à l'entreprise.

Veillez surtout à ne jamais adopter les comportements suivants, qui constituent les tout premiers motifs de rejet lors d'un entretien d'embauche :

» **Manque de préparation :** vous vous montrez incapable d'exprimer clairement vos objectifs.

» **Passivité et indifférence :** vous n'exprimez aucun intérêt ni enthousiasme, vous manquez de vitalité, vous avez le regard fuyant.

» **Manque de confiance et de sang-froid :** vous paraissez mal à l'aise et trop nerveux.

Une initiative vous fera sortir du lot des candidats. Dans les vingt-quatre heures qui suivent l'entretien, envoyez au recruteur un message le remerciant de vous avoir reçu, de s'être montré si aimable et de vous avoir très bien informé. Confirmez-lui éventuellement votre intérêt pour le

»

»

poste et dites-lui que vous avez hâte de passer à l'étape suivante du recrutement. À ce stade, ne rectifiez aucune de vos réponses et ne posez aucune question supplémentaire. Il s'agit d'un simple message de remerciement et de confirmation de votre intérêt, qui n'appelle aucune réponse. Moins de 1 % des candidats font preuve d'une telle courtoisie élémentaire.

Apprivoiser la menace du licenciement

Considérez la notion de dessein comme quelque chose que vous choisissez de faire pour vous-même et que vous accomplissez souvent à travers le poste que vous occupez. Vous faites maintenant clairement la distinction entre le dessein qui est le vôtre dans notre monde et le moyen que vous avez trouvé de l'accomplir. C'est une relation bien plus saine avec votre travail, qui vous permet d'avoir bien plus d'influence personnelle.

Quand vous vous retrouvez au chômage, la stratégie à adopter est de demeurer vous-même et d'accomplir votre dessein en trouvant un travail et un mode de vie qui vous conviennent. Le licenciement est simplement un épisode transitoire dans votre vie. La confiance consiste à accepter le changement et à vous servir de l'énergie qu'il génère pour tirer un enseignement positif de votre mésaventure. Interrogez des personnes six mois après leur licenciement, et bon nombre vous diront que c'est la meilleure chose qui leur soit jamais arrivée. Cela leur a donné la liberté et la possibilité de changer.

Voici une excellente illustration du phénomène : au Royaume-Uni, quand on ferma en l'espace de vingt ans les mines de charbon et les chantiers navals, des centaines de milliers d'ouvriers perdirent leur emploi. Nombre d'entre eux étaient mineurs ou constructeurs de père en fils et avaient fait cela toute leur vie. Le métier de mineur ou de constructeur faisait partie intégrante de leur identité et, puisque l'État n'avait plus besoin d'eux, ils étaient devenus inutiles. Bon nombre ont atteint l'âge de la retraite sans avoir jamais retravaillé.

À l'opposé, des milliers d'autres ont utilisé leur prime de licenciement pour se bâtir une nouvelle vie et se mettre à leur compte ou déménager dans des régions où il y avait du travail et des postes variés.

Ceux qui ont déménagé ont considéré objectivement le problème. Leur emploi dans l'industrie lourde avait disparu à jamais, et il leur fallait trouver un autre type de travail. Les autres se sont résolus à rester longtemps au chômage tout en conservant fièrement leur identité d'ouvrier d'industrie.

Truc

Si vous vous sentez absolument coincé dans votre recherche d'emploi, peut-être n'avez-vous tout simplement pas fait le deuil de votre précédent poste. De la colère et/ou de la tristesse restent certainement à exprimer pour accepter la situation et avancer de nouveau. Demandez de l'aide à un coach pour franchir cet obstacle.

L'ART DE REBONDIR

Serge, âgé de 35 ans était un autodidacte, certainement surdoué non détecté. Il a œuvré aux côtés de son père, éminent chef d'entreprise du monde des assurances. Au fil du temps, les relations de travail se sont dégradées. Les méthodes innovantes de Serge commençaient sérieusement à bousculer les croyances et le management de son père, jusqu'au point de rupture soudain où Serge a été remercié. Tout a basculé pour lui. À la perte violente de son emploi s'ajouta un conflit profond avec son père. Serge a mis plusieurs mois avant de retrouver un travail. Son curriculum vitae ne lui permettait pas de postuler un poste à responsabilités équivalent, car son expérience n'était que très peu prise en considération par les recruteurs. Il a progressivement pris conscience des différentes phases de deuil à traverser pour pouvoir rebondir et faire de cet événement presque honteux à ses yeux, une expérience riche en apprentissages. Grâce au coaching, Serge a opéré un profond changement de positionnement de vie.

Chapitre 16

Aborder les relations amoureuses avec confiance

DANS CE CHAPITRE :

- » **Comprendre ses croyances et attentes en amour**
- » **Découvrir l'essence des relations amoureuses**
- » **Étudier certains aspects des relations amoureuses**
- » **Assumer ses problèmes amoureux**

Pour monsieur Tout-le-monde, la concurrence est rude face à un splendide George Clowney qui offre un café à l'une de ces dames. L'amour met même à l'épreuve les cœurs les plus courageux. D'un côté, l'amour semble renfermer tous les ingrédients d'un test de confiance diabolique : désir puissant, peur de l'échec et de l'humiliation, désespoir de ne jamais connaître le succès. Mais, d'un autre côté, quand le courant semble passer, l'amour apparaît comme la chose la plus naturelle du monde, un périple qui s'accomplit en toute facilité.

Ne trouvez-vous pas étrange que la nature prenne de tels risques avec quelque chose d'aussi important que la survie de l'espèce ? En fait, c'est la société qui a inventé les rituels de la relation amoureuse, et vous les aborderez bien plus confiant lorsque vous connaîtrez leur fonctionnement et l'effet qu'ils ont sur vous.

Le rapport à l'amour

Alors, que signifie l'amour pour vous ? Jadis, on parlait de romance : conte médiéval sous forme de chanson ou de poème qui racontait l'histoire d'un héros chevaleresque. Ces contes présentaient la caractéristique d'être fantastiques, éloignés de la vie de tous les jours, étranges mais émouvants. Peu importait qu'ils soient imaginaires, l'essentiel étant qu'ils transportent le public vers les sphères plus élevées de la nature humaine et le mettent en contact avec l'aspect héroïque de leur propre vie.

Sept cents ans plus tard, vous recherchez exactement la même chose quand vous allez au cinéma ou regardez un feuilleton sentimental à la télévision. La nature humaine ne semble pas avoir beaucoup changé. Ce qui a évolué, c'est la façon de satisfaire le besoin inné d'amour.

Les aspects culturels de l'amour

Les influences et tendances de la société qui façonnent les croyances et attentes sont connues sous le nom de *culture*. Une définition concrète de la culture serait « la façon dont nous faisons les choses en cet endroit » ou « la façon dont nous sommes supposés faire les choses », car les conventions et modes intégrées à la culture sont très influentes.

N'oubliez pas

Bien que vous soyez parfaitement libre d'accepter ou de rejeter les conventions inhérentes à votre culture, celles-ci influent énormément sur votre mode de pensée. Bien vivre en dehors des normes culturelles demande une force et une confiance au-dessus de la moyenne.

En amour, vous n'avez pas à vous contenter du minimum, à partir du moment où vos désirs sont réalisables et contribuent à vous offrir la vie que vous souhaitez. Pour commencer, étudiez les significations actuelles, peut-être inconscientes, qu'a l'amour pour vous. Faites le petit test suivant. Lisez les scénarios de la liste et dites quels sont ceux que vous considérez comme romantiques :

- Appartenant à deux dynasties rivales, un couple est dès le début maudit par le sort. Pour demeurer ensemble, ils doivent s'opposer de manière véhémente à leur famille, à leurs amis et à la société.

Le sort finit par avoir raison d'eux, car ils périssent tous deux dans un tragique accident alors qu'ils sont poursuivis par leur famille.

» Elle est la nourrice à plein temps des enfants difficiles d'un homme veuf et devient la mère de substitution. Malgré la froideur initiale de l'homme, l'amour qu'ils partagent pour les enfants finit par les rapprocher.

» Elle est belle et destinée à épouser, dans le cadre d'un mariage arrangé, un homme du monde très riche quand elle rencontre l'homme qui lui fait découvrir la vraie vie. Follement amoureux, il meurt tragiquement, se sacrifiant pour qu'elle puisse continuer à vivre.

» Un couple surmonte les obstacles que constituent leurs différences de religion et d'origine sociale pour vivre une relation passionnée en tant que personnes. Mais leurs différences culturelles finissent pas s'avérer insurmontables, et ils sont forcés de se séparer.

» Deux personnes sont les meilleurs amis du monde depuis de nombreuses années, s'aidant à traverser les moments difficiles avec leur partenaire respectif, avant de se rendre compte qu'ils sont vraiment amoureux l'un de l'autre et faits pour vivre ensemble.

Parmi ces scénarios, combien touchent votre corde sensible ? Plutôt que le nombre, c'est votre faculté d'identifier les stéréotypes caractérisant vos attentes qui importe. Si vous ne les avez pas reconnus, vous aimerez peut-être voir ou revoir les amoureux de *Roméo et Juliette*, *La Mélodie du bonheur*, *Titanic*, *Nos Plus Belles Années* et *Quand Harry rencontre Sally*.

Selon la représentation populaire, l'amour romantique se mérite, demande toujours plusieurs tentatives ou plusieurs erreurs proches d'être fatales et finit par naître contre toute attente. Soit il a une fin heureuse, soit – et c'est plus souvent le cas – il meurt tragiquement ou prématurément. Est-ce qu'une personne saine d'esprit choisirait une telle manière de mener une relation amoureuse ? C'est pourtant ainsi que l'on conçoit depuis toujours une histoire d'amour.

Exemple

Vous pouvez créer votre propre liste de films, pièces de théâtre et romans préférés. Cela vous donnera une indication de l'influence de la culture dans votre conception de l'amour. Posez-vous ensuite la question suivante : quel est le point commun avec la vraie vie ?

Avoir sa propre conception de l'amour

Bien qu'elles soient éloignées de la vraie vie, ces histoires fantastiques et romantiques ont une énorme influence sur vous à travers le cinéma, la télévision et la littérature. Ainsi, à moins que le malheur et la souffrance ne figurent dans votre hiérarchie des valeurs, désormais, le fait de contrôler la signification que vous attribuez à l'amour va vous être bénéfique. Cette section va vous aider dans ce sens et vous permettre de faire ce premier pas qui vous effraie tant.

Prenez quelques minutes pour réfléchir à ce que vous souhaitez le plus dans une relation amoureuse et dressez une liste de cinq ou six éléments.

Exemple

Qu'il s'agisse d'une relation toute récente ou que vous soyez mariés depuis vingt ans n'a pas d'importance. Réfléchissez à votre relation et résumez-la en un paragraphe dans un langage totalement dénué de passion, comme dans les exemples suivants :

1. Quand nous sommes sortis ensemble, nos amis respectifs ont été stupéfaits, car nous étions très différents l'un de l'autre et différents de nos partenaires respectifs dans nos précédentes relations. Quasi personne ne pensait que cela durerait avec une différence d'âge de seize ans. Malgré des passes difficiles, dix ans plus tard, nous sommes toujours heureux et avons deux jolies filles.
2. Nous avons grandi dans le même quartier et sommes du même milieu social. En public, je suis sociable et impulsif, alors que mon conjoint rétablit l'équilibre grâce à son calme. Un lien très fort nous unit depuis notre rencontre, et nous sommes inséparables depuis plus de trente ans.

Deux exemples de relations suffisent pour vous rendre compte qu'une fois écarté l'aspect dramatique d'une relation amoureuse, il vous reste deux personnes qui s'accordent d'une manière parfaitement prévisible et naturelle, pour le meilleur et pour le pire, à l'instar de tous les types de relations humaines dans tous les domaines de la vie. En fait, vous savez comment procéder puisque vous le faites toute votre vie.

Note technique

Le terme « amour » recouvre des sentiments distincts dans la Grèce antique : l'éros, la *philia*, l'*agapé*, la *storgê*. Catherine Bensaïd et Jean-Yves Leloup ont même établi une « échelle des états amoureux » comportant dix niveaux. Et vous, comment définissez-vous précisément ce que vous ressentez ?

Connaître les ingrédients essentiels de l'amour

Pour préparer la rédaction de ce chapitre, nous avons demandé à un grand nombre d'hommes et de femmes ce qui était le plus important à leurs yeux dans une relation amoureuse. Les opinions et préférences divergent mais, pour l'essentiel, voici les trois réponses les plus fréquemment données :

- **La confiance :** tout le monde veut pouvoir faire confiance et être digne de confiance. Cela ne signifie pas simplement éviter de tromper l'autre et de dire des mensonges éhontés. Cela inclut des comportements plus subtils où la franchise est absente, tels que cacher et éviter quelque chose. Certains acceptent les pieux mensonges, d'autres non. L'essentiel est de fixer des critères de confiance pour votre relation et de vous y tenir.
- **La communication :** vous voulez être en mesure de dire tout ce qui vous paraît important, et vous attendez de votre partenaire qu'il se comporte tout aussi librement. En outre, vous souhaitez partager vos sentiments et attendez de votre partenaire qu'il en fasse de même. Le fait de ne pas parler de certains sujets est perçu par les femmes comme une dissimulation ou un mensonge, ce qui diffère de la perception des hommes.
- **L'acceptation :** en son for intérieur, chacun abrite quelques névroses. Si vous êtes comme la plupart des gens, votre comportement ne correspond pas tout à fait à l'image que vous avez de vous-même et, malgré tous vos efforts, vous avez peur de ne pas être à la hauteur. Dans les couples qui fonctionnent à merveille, chacun accepte l'autre avec tous ses défauts.

Où sont la *passion* et le *drame* dans cette liste de priorités ? Il s'avère que, même si la plupart des gens apprécient un peu de piquant de temps en temps, les situations intenses sont tellement à double tranchant qu'elles ne figurent pas dans la liste des ingrédients incontournables de l'amour.

Dans ce cas, il existe peut-être une forme de relation amoureuse plus légère, qui réchauffe le cœur mais évite les pièges dans lesquels tombent si souvent les héros et héroïnes romantiques traditionnels. Si cette idée vous séduit, vous pouvez bâtir cet amour à partir des trois ingrédients incontournables, puis y ajouter les éléments suivants :

- **Le sens de l'humour :** vous serez peut-être surpris d'apprendre qu'être drôle est très sexy, surtout quand cela s'accompagne d'une bonne dose de confiance en soi. Pour les femmes, un homme drôle qui a confiance en lui est aussi irrésistible qu'un apollon qui se prend au sérieux. De même, les hommes aiment les femmes drôles et adorant rire.
- **La prévenance et l'attention :** un partenaire qui connaît vos besoins et prend la peine de veiller à ce qu'ils soient satisfaits est très rassurant, tant que l'attention portée n'est pas excessive. Les bons partenaires ont également conscience de leurs propres besoins et veillent à les satisfaire. Être attentionné va de pair avec l'acceptation et implique de prendre soin de tout ce qui est important aux yeux de l'autre (parents, frères et sœurs, enfants, environnement, et même la vieille 403 qui dort dans le garage).
- **La perspective d'un avenir radieux :** cette caractéristique est la plus importante à plus d'un titre. C'est la véritable raison pour laquelle Scarlett ne pouvait pas vivre sans Rhett, et son absence explique probablement pourquoi tant d'histoires d'amour illustres terminent tragiquement. Croire en un avenir radieux à deux (quel que soit le piquant de la vie à deux) est le dernier ingrédient magique qui fait toute la différence.

L'amour en toute lucidité

En tant qu'être humain, vous entrez dès votre naissance dans un réseau de relations qui ne cesse de s'étoffer (à l'école, dans votre vie professionnelle, dans la sphère familiale et amicale). Sachez donc que vous entretenez de nombreuses relations, qu'avoir « une relation » est tout à fait naturel et que vous en maintenez un bon nombre, pour ne pas dire la plupart, de manière extrêmement efficace.

Faire ce fameux premier pas

Truc

Écoutez ou découvrez un célèbre tube, *Le Premier pas* de Claude-Michel Schönberg :

Le premier pas,
J'aim'rais qu'elle fasse le premier pas.
Je sais que cela ne se fait pas.
Pourtant j'aim'rais
Que ce soit elle qui vienne à moi,
Car, voyez-vous, je n'ose pas
Rechercher la manière
De la voir, de lui plaire,
L'approcher, lui parler,
Et ne pas la brusquer,
Lui dire des mots d'amour
Sans savoir en retour
Si elle m'aimera
Ou refusera ce premier pas.

Qu'en est-il de la relation, celle de votre vie, le grand amour ? Vous jouez plus gros, là, n'est-ce pas ?

Imaginez-vous un instant sur un fil tendu entre deux gratte-ciel. Vous devez traverser pour rejoindre l'amour de votre vie de l'autre côté, tâche difficile qui se complique un peu plus avec l'apparition d'un dragon qui crache du feu et vous prend pour cible. Comme par hasard, une enchanteresse vous a dit dans un rêve fait la veille que vous pouviez vous débarrasser de ce dragon volcanique en prononçant une formule magique. Malheureusement, à votre réveil, vous ne vous souveniez plus de la formule. Et vous voilà maintenant à quelques mètres de l'amour et de l'accomplissement, risquant d'être réduit en cendres si vous ne répétez pas la bonne formule. Quel degré de confiance affichez-vous immédiatement ? Êtes-vous capable de progresser et d'engager la conversation avec cet effrayant dragon dans un face-à-face décisif ?

Soudain, vous reprenez vos esprits. Vous ne jouez plus au funambule mais vous êtes à la photocopieuse à côté de l'homme ou de la femme de vos rêves. Vos regards se croisent et, à ce moment précis, vous essayez de trouver cette phrase magique. Là aussi, vous avez peur, n'est-ce pas ? Tout aussi certain de finir carbonisé.

Paradoxalement, la personne de vos rêves est à la fois votre amour et le dragon, à savoir ce que vous aimez le plus et ce qui vous effraie le plus. Rien n'est réel d'un point de vue objectif, mais une tempête se déchaîne dans votre tête, les substances chimiques affluent dans votre cerveau et votre corps. Décidez-vous de fuir ou restez-vous là pour tuer le dragon et décrocher votre récompense ? C'est un vieux dilemme que le poète écossais Robert Burns évoquait au XVIIIe siècle en disant : « Jamais couard n'aura belle amie. » De nos jours, c'est aussi valable pour les femmes.

Alors, que pouvez-vous faire ? Vous pouvez vous préparer, parier que tôt ou tard vous vous retrouverez dans cette position et prévoir certains scénarios susceptibles de se produire. Ne vous en faites pas si cela n'a rien de romantique : vous pourrez vous occuper de cet aspect quand vous serez ensemble. Ce premier pas tient plus de la survie.

Si la confiance consiste à avoir le courage de passer à l'action, quelles que soient les impressions éprouvées, donner rendez-vous à quelqu'un constitue pour de nombreuses personnes l'épreuve de vérité. Tout ce que vous avez fait jusqu'à présent pour accroître votre influence et agrandir votre zone de confort entre en ligne de compte. Vous êtes très motivé, vous avez anticipé toutes les réponses possibles et vous vous apercevez que, quoi qu'il se passe, vous n'allez pas en mourir. Il ne vous reste plus qu'à vous jeter à l'eau !

Note technique

La PNL (programmation neurolinguistique) et la sophrologie peuvent être des clefs pour préparer et vivre le moment fatidique. Posez un ancrage de ressource sur une partie de votre corps (bouton magique) qui aura été associé à un état interne de confiance et de réussite. Vous n'aurez plus qu'à le stimuler le moment venu. Respirez avec votre ventre pour effectuer des respirations complètes apaisantes.

Rappelez-vous que votre pensée peut être créatrice, alors halte aux scénarios catastrophes. Imaginez le pire une fois pour toutes, puis laissez place aux meilleurs rebondissements plausibles de cette relation qui se profile. Dire que le meilleur reste à venir...

Satisfaire les besoins de son partenaire sans oublier les siens

Dans une relation équilibrée, chaque partenaire partage la responsabilité d'obtenir ce dont il a besoin. Cela signifie que chacun doit percevoir ses propres besoins et en faire part à son partenaire.

Il ne s'agit pas d'un arrangement fixé une fois pour toutes, comme dans un contrat commercial, mais d'un engagement pour la vie à comprendre et communiquer vos besoins et à être sensible aux besoins, en constante évolution, du partenaire. L'une des choses les plus importantes à savoir en matière de relation amoureuse est de toujours avoir conscience de ses propres besoins et de ceux de son partenaire.

Alors, que se passe-t-il quand l'un des protagonistes de la relation ne veut pas ou n'est pas capable de comprendre et de communiquer ses besoins ? Ce genre de manque peut nuire à la relation jusqu'à déboucher sur une rupture irrémédiable. Si vous vous trouvez dans cette situation, que faire ?

Tout d'abord, veillez à ce que le besoin de votre partenaire, quel qu'il soit, ne devienne pas le vôtre mais à ce qu'il donne naissance à un nouveau besoin en vous. Si votre partenaire est triste ou déprimé, n'essayez jamais d'être vous aussi triste ou déprimé. Vous pouvez fort bien être déconcerté, perplexe, irrité ou frustré de vous voir exclu par votre partenaire refusant de communiquer. Si vous ne considérez pas vos sentiments comme naturels, vous pourriez également vous sentir coupable et lui en vouloir.

Alors, que faire ? Dans les cas sérieux, vous pouvez vouloir rechercher de l'aide auprès d'un psychologue ou un traitement médical, mais la plupart des situations n'atteignent pas ce degré de gravité.

Dans tous les cas, tenez-vous en à votre rôle : tâchez de comprendre vos propres besoins, puis de les communiquer aussi honnêtement que possible. Faites de votre mieux pour expliquer vos sentiments sans accabler votre partenaire (après tout, ce sont vos sentiments, et votre partenaire a déjà suffisamment de sujets d'inquiétude), rassurez-le en lui disant que vous êtes disposé à l'écouter quand il se sentira prêt et que vous pouvez l'aider à résoudre ses problèmes actuels du mieux que vous pouvez et comme il l'entendra.

C'est vraiment tout ce que vous pouvez faire. Surveillez attentivement vos sentiments à mesure qu'ils apparaissent. Votre partenaire finira par se sentir plus à même de communiquer ou vous pourriez atteindre un stade où il vous sera nécessaire de solliciter de l'aide. Quoi que vous fassiez, la manière la plus rapide de résoudre vos problèmes est de choisir vous-même la solution à adopter. Ce sont vos sentiments, et ils proviennent de votre réaction à la situation actuelle. Votre réponse pourrait s'appuyer sur des expériences vécues bien avant la rencontre de votre partenaire actuel.

Truc

Voici une formule magique, DRDR, à retenir pour entretenir une relation durablement : Donner, Recevoir, Demander, Refuser.

Le paradoxe de l'amour réside en ce que deux êtres deviennent un et cependant restent deux.

Erich Fromm

S'en sortir grâce à l'aide de ses amis

Un ami intime ou un confident peut vous aider à considérer votre situation de manière impartiale, chose difficile à faire seul. Si vous vous disputez avec votre partenaire, cela pourrait vous amener à vous dissocier de la situation et à solliciter le regard d'une personne neutre. N'oubliez pas que toute relation humaine implique au moins deux personnes, deux histoires et deux stratégies, dont certaines peuvent s'avérer salutaires et d'autres, nuisibles.

Soyez prêt à apprendre de l'expérience que vous vivez actuellement, non seulement la façon d'aider votre partenaire, mais également des faits essentiels vous concernant : votre mode de fonctionnement, ce qui vous fait réagir, etc. Ce n'est pas parce que vous vous sentez blessé ou maltraité actuellement qu'il en sera toujours ainsi. Vous pouvez tirer les enseignements de votre vie et de vos relations avec les autres. Le fait d'avoir déjà réussi à surmonter de telles difficultés dans le passé ou de connaître quelqu'un qui est parvenu à se tirer de ce genre de situation peut vous redonner espoir dans les moments les plus sombres.

Rappelez-vous surtout que vous et votre partenaire faites de votre mieux. Les relations humaines sont une sorte de miracle, et construire une relation amoureuse durable est un art qui peut demander toute une vie pour atteindre la perfection.

Dans une relation, le voyage est bien plus important que la destination finale. À l'instar des tragédies grecques, même les relations amoureuses les plus abouties prennent fin un jour, avec un partenaire en larmes se sentant abandonné. C'est le prix à payer. Si vous agissez intelligemment, vous ferez en sorte que le jeu en vaille la chandelle en tirant un maximum de joie et d'accomplissement de votre relation amoureuse.

Élaborer sa stratégie amoureuse

Comme il serait utile de pouvoir donner de l'amour à votre partenaire quand il en a le plus besoin ! Et comme ce serait merveilleux si votre partenaire avait un moyen infaillible pour que vous vous sentiez totalement aimé dans ces moments où vous avez l'impression d'être seul contre tous ! Vous pouvez apprendre tout cela, et ce n'est pas tellement difficile.

Vous êtes plein d'habitudes, nécessaires pour évoluer aisément et efficacement dans notre monde si complexe. Une fois trouvé le moyen d'atteindre quelque chose ou de satisfaire un besoin, vous avez tendance à rester fidèle à la méthode découverte toute votre vie. À 50 ans, vous aimez toujours les plats dont vous raffoliez à 25 ans (même si vous vous plaignez peut-être des dégâts plus sévères qu'ils font à votre ligne), vous écoutez le même style de musique et vous soutenez les mêmes équipes de football.

Plus précisément, vous avez des stratégies établies pour exécuter presque toutes les tâches (par exemple, décider du menu du jour, vous motiver ou être enjoué et même éprouver certaines émotions). Le plus étrange, c'est que vous avez une méthode qui a fait ses preuves pour vous sentir aimé : c'est votre *stratégie amoureuse.*

Se sentir aimé de l'autre est un ingrédient essentiel de la relation amoureuse, et vous le faites de façon très naturelle. Mais, si vous ne savez pas comment générer ce sentiment, votre partenaire ne sera jamais capable de vous mettre dans cet état sur commande et pourra se sentir exclu lorsque vous vous sentez mal-aimé. C'est quand vous avez le plus besoin d'être rassuré sur votre faculté d'être aimé que vos êtes parfois le plus démuni.

Alors, comment faire pour ressentir l'amour de l'autre ? Si vous ne connaissez pas les méthodes de programmation neurolinguistique ou n'avez pas fait de stages de développement personnel, vous n'avez probablement aucun indice. Rassurez-vous, c'est facile.

Truc

La méthode suivante est plus facile à suivre avec un ami proche ou une personne de confiance qui pourrait vous apporter son concours.

1. **Associez.**

   L'élaboration de votre stratégie amoureuse ne peut se faire de manière abstraite. Pour commencer, il est donc nécessaire de penser à un moment où vous vous êtes senti profondément aimé par quelqu'un. Peu importe de qui il s'agissait. Laissez le souvenir et les sentiments associés remonter à la surface pendant quelques minutes. Revivez l'épisode et intensifiez vos sentiments au maximum.

   Une fois l'association à ce souvenir effectuée, vous pouvez passer à l'étape 2.

2. **Répondez à des questions.**

   En demeurant dans cet état d'association, répondez aux questions suivantes. (Pour faciliter les choses, faites-vous aider d'une personne qui vous posera les questions et notera vos réponses.)

   Pour vous sentir aimé, est-il *absolument nécessaire* que l'autre vous montre qu'il vous aime :

   - En vous emmenant quelque part ? Si oui, où ? (Par exemple, aller dans votre restaurant préféré ou faire la connaissance de votre belle-famille ?)
   - En vous offrant un cadeau ? Si oui, quelle sorte de cadeau ? (Quelque chose de cher ou une bricole choisie avec soin ?)
   - En vous regardant d'une certaine façon ?

- En vous disant que vous êtes aimé d'une certaine manière (voix, tonalité, volume, proximité) ?
- En vous touchant d'une certaine manière (zone, pression, durée) ? Détaillez.

3. **Faites l'essai.**

   Parcourez vos réponses avec l'être aimé en lui disant exactement comment il faut vous parler, vous regarder et vous toucher, puis laissez-le passer aux travaux pratiques. Ne soyez pas surpris de vous sentir totalement aimé. Après tout, c'est votre stratégie, et vous ne pouvez vous empêcher de réagir ainsi.

Connaître les principes de sa stratégie amoureuse et aider son partenaire à découvrir les siens est extrêmement instructif et permet de ne plus évoluer au petit bonheur la chance en matière d'amour. Si vous savez comment faire pour qu'une personne se sente aimée par vous, vous saurez comment être en phase avec elle quand elle en a le plus besoin, et vos amis ou partenaires sauront comment vous témoigner leurs sentiments.

Rompre ou repartir sur de bonnes bases

Pour établir une relation qui répond à vos besoins, vous devez vraiment comprendre que vous êtes *toujours* responsable de ce que vous en tirez, quoi qu'il vous arrive. Cela peut sembler difficile, voire cruel (quand vous êtes maltraité), mais c'est la seule solution pour prendre des mesures efficaces.

Prendre des décisions

N'oubliez pas

Si vous êtes maltraité physiquement ou mentalement, vous devez chercher immédiatement de l'aide (votre partenaire, l'auteur de ces maltraitances, a bien entendu lui aussi besoin d'aide, mais ce n'est pas de votre responsabilité, ni votre priorité immédiate). En cas d'urgence, contactez les services de police ou de la gendarmerie nationale. Des associations d'aide aux victimes sont également localement à votre écoute. De même, vous pouvez solliciter un numéro national : 3919 Violences conjugales infos.

Si, dans votre cas, le défi à relever est moins dangereux, mais tout aussi douloureux (par exemple une situation d'adultère), vous devez analyser vos sentiments et prendre une décision le plus honnêtement possible, que vous soyez prêt ou non à restaurer la confiance, la communication et la bienveillance qui ont peut-être disparu. Soyez prêt à partager tout ceci avec votre partenaire, voire à faire appel à un psychologue ou un conseiller conjugal. Rien ne sera jamais plus comme avant mais, avec un peu de travail, vous pouvez faire en sorte que votre relation soit plus honnête.

En définitive, c'est vous qui décidez de la tournure de votre vie et de vos relations en fonction des choix qui s'offrent à vous. Les individus changent, les circonstances changent et les relations changent également. Le changement fait partie de la vie, et c'est même une condition nécessaire. Vous avez le choix de poursuivre pleinement une histoire d'amour ou de vous réfugier dans la peur. C'est votre vie et c'est à vous de décider.

Attention

Si l'histoire s'arrête là, prenez le temps du travail de deuil pour boucler définitivement la boucle et accepter véritablement ce changement. Cela vous permettra de construire ultérieurement une nouvelle relation sur des bases enrichies de cette expérience avec une confiance accrue.

Redéfinir les conditions d'une relation

Qu'une situation inquiétante vous semble améliorable ou insoluble, il faudra bien que vous finissiez par prendre la décision de repartir sur de bonnes bases ou de mettre fin à la relation, selon ce qui vous paraît préférable. Votre partenaire doit faire de même. Cela vaut également pour des relations où il y a des enfants. Vous les prenez en compte dans l'analyse de la situation, et leur bien-être vous pousse très souvent à faire tout votre possible pour résoudre les problèmes dans un climat le plus paisible possible.

Allons plus loin : il est impossible de changer l'autre. Le seul levier d'action est votre changement personnel. La bonne nouvelle, c'est que d'un point de vue systémique, si vous « bougez », tout le système « bougera » selon le principe de l'homéostasie. Nous sommes en perpétuel équilibre dans le déséquilibre...

Si vous décidez de vous donner une seconde chance, vous avez l'occasion d'entrer dans un curieux état de grâce qui vous permet de passer en revue tous les aspects de votre relation. À ce stade, mettez de côté les reproches : ce qui est fait est fait. Le plus important maintenant est de comprendre ce qui manquait à la relation pour que vous en soyez arrivés là. Cela concerne probablement l'un des éléments présentés dans la section « Connaître les ingrédients essentiels de l'amour », plus haut dans ce chapitre. Commencez par voir si la perspective d'un avenir radieux existe et passez en revue les autres éléments jusqu'à ce que la confiance soit restaurée. Ce n'est qu'en rétablissant toutes les composantes d'une relation épanouissante que vous pourrez véritablement vous réserver un avenir plus rose.

Truc

Après une crise, il pourrait être intéressant de renégocier les termes du contrat amoureux régulièrement, comme pour un mariage celtique. En effet, les mariés pouvaient ou non renouveler leur contrat d'union tous les ans, le jour de la fête de Lughnassadh (assemblée de Lugh, dieu de la lumière) qui est aussi la fête des moissons. Voici une belle occasion de célébration.

Chapitre 17

Donner confiance à ses enfants

DANS CE CHAPITRE :

- » **Mettre les enfants dans les meilleures conditions**
- » **Encourager la curiosité naturelle**
- » **Être un guide d'exception et un parent génial**

C'est en croyant aux roses qu'on les fait éclore.

Anatole France

Pour donner confiance à ses enfants, il faut d'abord avoir confiance en soi, car, comme vous le savez maintenant, la confiance est contagieuse. Votre façon d'être avec vos enfants détermine leur façon d'être.

Malheureusement, les enfants ne naissent pas avec un manuel vous indiquant comment vous occuper d'eux et les aider si quelque chose ne va pas. Il n'existe vraiment aucun modèle de référence, et l'éducation des enfants est un processus continu au cours duquel vous et votre enfant continuez d'apprendre l'un de l'autre.

Ce chapitre va vous rappeler des situations que vous connaissez si vous êtes parent, tuteur, grand-père ou grand-mère, oncle ou tante, travailleur social ou si vous avez des relations avec un enfant. Vous savez donc qu'à ce titre, vous marquez le monde de votre empreinte et laissez un héritage après votre mort, qui peut perdurer pendant plusieurs générations. Il existe ainsi un parallèle très gratifiant avec votre but dans la vie.

Dans ce chapitre, vous allez apprendre comment faire pour qu'un enfant ait confiance en lui.

Renforcer les fondations

La définition d'un enfant confiant correspond à celle d'un adulte confiant. Au chapitre 1, nous avons défini la confiance en soi comme « ce que ressent une personne lorsqu'elle sait qu'elle peut compter sur elle-même pour accomplir ce qu'elle a à faire dans sa vie ». Les enfants ayant confiance en eux sont capables de faire ce qu'ils jugent difficile. Ils ont une soif d'apprendre et de découvrir. Ils peuvent afficher une confiance discrète ou être capables de monter sur scène devant un public et d'évoluer avec panache.

Quand ils ont encore leur vie d'enfant devant eux, vous avez l'occasion de contribuer à créer les conditions et d'apporter le soutien qui leur permettront de donner plus tard leur pleine mesure. Vous établissez les fondations.

N'oubliez pas

Rappelons d'abord que chaque parent a sa propre façon d'élever son enfant, et cela ne pose aucun problème. Il n'y a pas un modèle parfait convenant à tous les scénarios. Rechercher la perfection dans l'éducation n'a pas de sens.

Chaque jour vous donne l'occasion de consolider les fondations qui assurent la confiance de vos enfants. Et, même si vous ne voyez pas vos enfants tous les jours, vous pouvez aider vos amis et votre famille dans ce rôle important. Voici comment :

Dans le chapitre 1, nous vous avons présenté les indicateurs de confiance, ces diverses dimensions si importantes pour développer la confiance en soi. En appliquant certaines suggestions du tableau 17-1, vous pouvez contribuer à aider les enfants à se forger ces qualités dès leur plus jeune âge. Ce faisant, vous les mettrez sur une voie qui leur rendra un grand service dans leur vie d'adulte. Le tableau à suivre vous indique ce que vous pouvez dire et faire pour améliorer chaque indicateur de confiance. Si vous prenez l'habitude de vous comporter ainsi avec vos enfants, vous allez renforcer chaque jour un peu plus leurs aptitudes.

17-1 Favoriser le renforcement de la confiance.

Indicateur de confiance	Paroles et actes permettant d'améliorer cet indicateur
Voie à suivre et valeurs	Parlez des perspectives et encouragez les rêves ambitieux. Faites en sorte qu'ils aient des ambitions élevées.
Motivation	Reconnaissez tout ce qu'ils font de bien. Célébrez les succès qui rapprochent d'un objectif à atteindre.
Stabilité émotionnelle	Encouragez-les à vivre leurs émotions dès le plus jeune âge et à vous dire ce qui les rend heureux ou malheureux à la fin de chaque journée.
Mentalité positive	Aidez-les à trouver les aspects positifs d'une situation difficile.
Conscience de sa valeur	Incitez-les à être fiers de leurs points forts tout en soulignant l'influence qu'ils ont sur les personnes qu'ils côtoient.
Comportement souple	Montrez-leur comment rompre des habitudes et sortir des modèles de comportement en étant spontanés, au lieu de toujours agir de la même façon. Organisez une visite surprise à une exposition ou un pique-nique dans un jardin.
Soif d'apprendre et d'évoluer	Invitez-les à s'intéresser au fonctionnement des objets qu'on utilise quotidiennement, tels que la voiture ou l'aspirateur. Incitez-les à prêter attention aux phénomènes naturels qui les entourent, de la formation des nuages à la vapeur qui s'échappe de la bouilloire. Demandez-leur ce qu'ils ont appris d'une situation et ce qu'ils feront pour continuer d'apprendre.
Santé et énergie	Apprenez-leur à bien manger et à faire de l'exercice dès leur plus jeune âge. Donnez vous-même l'exemple en vous déplaçant à pied ou à vélo plutôt qu'en voiture ou en bus. Aidez-les à manger sainement et évitez de leur donner des cochonneries en guise de récompense.
Volonté de prendre des risques	Poussez-les à se lancer dans ce qui leur fait peur, comme prendre la parole en public ou jouer devant un groupe de personnes. Permettez-leur de découvrir un nouveau sport ou de partir en voyage sans vous.
Un but dans la vie	Parlez-leur du monde qu'il y a au-delà de leur propre maison ou famille, racontez-leur des histoires de personnes au parcours enthousiasmant qui ont marqué l'histoire (explorateurs, découvreurs, humanitaires célèbres). Invitez-les à réfléchir à ce que le dessein de ces personnages peut leur apporter dans leur vie.

Être prompt à féliciter

Pourquoi les félicitations sont-elles importantes ? Dans notre société, la tendance est à céder facilement à la critique et à être avare de louanges. Dans certaines cultures, il est normal de ne pas se mettre en valeur, de faire preuve d'une grande humilité et de modestie. Mais, en règle générale, cela ne vous rend pas service, ni au monde dans son ensemble.

Les félicitations sont excellentes pour les enfants *confiants*. Prenez donc l'habitude de fêter les succès (des plus simples tentatives aux résultats exceptionnels) afin qu'ils puissent savourer vos encouragements à chaque étape de leur progression. Cela les incite à continuer ce qu'ils font de mieux. Quand vous félicitez des jeunes (mais aussi des adultes), remarquez comme les erreurs perdent de leur importance et deviennent moins graves.

Truc

Soyez très précis dans vos félicitations. Dire « tu as été génial » est trop général et n'aide pas votre enfant à répéter le comportement bénéfique en question.

En supervisant les devoirs le soir, les parents n'ont qu'un bref aperçu de la progression de l'enfant sur l'ensemble d'une année scolaire. Le parent enthousiaste désireux de voir sa progéniture réussir et qui rentre tard le soir peut involontairement saper sa confiance, chèrement acquise au bout d'un an, à cause de commentaires hâtifs tels que : « Tu as pris du retard cette année. Il est temps de te secouer et de plus te concentrer en classe. »

Essayez plutôt d'entrelacer les points positifs et négatifs en procédant de la manière suivante :

1. **Dites à votre enfant deux choses qu'il fait bien.**
2. **Indiquez deux choses qu'il pourrait améliorer.**
3. **Finissez sur une bonne note avec un commentaire positif.**

Une mouche qui vole dans la pièce à ce moment-là pourrait entendre ceci :

> « Tout d'abord, nous avons appris que tu avais très bien réussi ta dissertation sur Molière et travaillé très dur pour terminer ton devoir d'espagnol. Ensuite, pour progresser,

tu dois absolument apprendre le vocabulaire nouveau et répéter ton interrogation orale avec Mme Jerez chaque lundi. Nous sommes ravis que, cette année, tu te sois portée volontaire avec un tel enthousiasme pour aider les élèves plus jeunes. »

Attention

L'ÉLOGE FACILE NUIT À LA CONFIANCE EN SOI

Selon une étude de l'Ohio State University (États-Unis), les enfants confiants seraient motivés par les compliments, les autres auraient, eux, de la peine à relever de nouveaux défis.

« Les parents semblent penser que féliciter des enfants manquant d'estime ou de confiance en soi leur permet de se sentir mieux, mais cela se retourne contre leur progéniture », explique Eddie Brummelman, auteur principal de l'étude.

Pour comprendre l'effet des compliments sur les enfants peu sûrs d'eux, Eddie Brummelman, étudiant au doctorat en psychologie à l'Université d'Utrecht aux Pays-Bas s'est livré à trois expériences.

Les chercheurs ont d'abord constaté que les parents multiplient les compliments auprès des enfants à faible estime de soi et qu'ils ont tendance à les féliciter très souvent sans raison apparente.

Lors d'une des expériences, 240 enfants ont dû recopier un tableau de Van Gogh. Après l'annonce de leur note, ils ont dû choisir une autre toile à reproduire. Les enfants sûrs d'eux et notés normalement ont choisi un tableau plus difficile à dessiner, alors que les autres jugés avec indulgence ont préféré une image plus facile à recopier. Les éloges ne les ont donc pas motivés.

D'après les résultats obtenus, Eddie Brummelman a conclu que « si vous dites à un enfant ayant une faible estime de soi qu'il a incroyablement bien réussi, il aura tendance à penser qu'il est dans l'obligation de toujours faire très bien, à s'inquiéter de ne pouvoir satisfaire à ces exigences et à renoncer à se lancer dans de nouveaux défis ».

Source : Revue *Psychological Science*

Fixer des limites de sécurité

Nous vivons dans un monde fait de dangers et de perspectives passionnantes, lesquelles offrent parfois à votre enfant et à vous-même des choix susceptibles de vous perturber.

Disposer de limites et de règles familiales permet à l'enfant d'explorer le monde en toute sécurité. Cela ne signifie pas que vous deviez diriger votre foyer en appliquant une véritable discipline militaire. Il s'agit plutôt d'adopter une fermeté comprise de tous. Considérez ces limites comme le harnais de sécurité dont dispose le trapéziste. Vous ne souhaiteriez pas voler sans connaître vos capacités. À mesure que votre compétence augmente, vous pouvez assouplir certaines mesures de sécurité.

N'oubliez pas

Votre incapacité à dire « non » à votre enfant ne sert personne. Un « non » peut être le mot le plus gentil et important que puisse entendre votre enfant de votre bouche. Il arrive parfois que votre enfant souhaite vraiment vous entendre dire « non », car il ne veut pas être celui qui va devoir dire « non » à ses amis.

Sachez ce qui est vraiment important pour vous et quand vous souhaitez être plus souple. Les normes que vous fixez doivent être adaptées à vous-même et à votre famille. N'essayez pas de vous mesurer aux autres.

Truc

Vous ne pouvez pas protéger vos enfants contre tous les risques et dangers du monde, et vous ne serez pas éternellement à leurs côtés. Le mieux est de leur fournir des outils pour se protéger.

Exemple

Nous avons listé des idées susceptibles de vous aider à vivre les batailles familiales. Votre objectif doit être de donner à vos enfants la liberté d'explorer et de développer leur propre sens des responsabilités, tout en vous offrant une tranquillité d'esprit.

- **Élaborer une charte familiale.** Parlez à vos enfants des règles de sécurité (où ils peuvent aller, avec qui, quand et comment ils doivent vous tenir informé) et rédigez une note de ce qui est acceptable, que vous pouvez faire signer à tout le monde et coller sur le réfrigérateur.
- **Anticiper les événements et se réserver du temps pour prendre des décisions.** Précisez que vous ne donnerez jamais d'autorisation à la hâte concernant un voyage ou une activité tant que n'aurez pas suffisamment d'informations sur la sécurité.

» **Présenter un front adulte uni.** Si un parent a tendance à être coulant et l'autre, strict, les deux doivent s'accorder pour avoir une attitude cohérente afin que l'enfant sache à quoi s'en tenir.

» **Reconnaître ses propres peurs.** Certains adultes sont des éternels inquiets. Veillez à prendre vos décisions à partir de faits et non de fantasmes, afin d'éviter de faire naître des peurs inutiles chez votre enfant.

Aider les enfants à développer leur curiosité

Les meilleures leçons que vous tirez de la vie sont issues de vos propres expériences et non de celles vécues par autrui. Einstein a dit : « Je n'enseigne rien à mes élèves, j'essaie seulement de créer les conditions leur permettant d'apprendre. »

Développer la curiosité de vos enfants est la clé pour favoriser la soif d'apprendre, l'un des dix indicateurs de confiance.

Apporter un environnement favorable

Socrate a dit : « L'éducation est le petit bois qui sert à alimenter la flamme et non la substance qui remplit le réceptacle. » Des années plus tard, au début du XXe siècle, l'Italienne Maria Montessori a créé un mouvement éducatif dont s'inspire encore aujourd'hui le monde de l'éducation. Son système repose sur le principe d'offrir à chaque enfant le bon environnement d'apprentissage plutôt que d'imposer la norme du « par cœur » dans un enseignement fondé sur le tableau noir et le discours. Le système Montessori se résume au principe du « aide-moi à faire seul ».

Trouvez des moyens d'inciter vos enfants à être curieux et indépendants. Par exemple, laissez les petits cirer les chaussures avec du vrai cirage et faire briller les miroirs avec du produit à vitre. Vous pouvez trouver des jouets avec des boutons et des boutonnières et des lacets à nouer qui leur permettront d'apprendre très tôt à coudre pour de vrai et à faire leurs lacets.

Avec la méthode Montessori, on encourage les enfants à sortir les accessoires d'une activité d'un placard, à les placer sur un tapis et à se concentrer sur cette activité jusqu'à ce qu'ils l'aient terminée. Une partie du jeu consiste à tout ranger une fois l'activité achevée avant de passer à autre chose, un savoir-faire que feraient bien d'acquérir bon nombre d'adultes désordonnés.

N'oubliez pas que l'échelle de grandeur est importante. Essayez de disposer d'étagères et de portemanteaux miniatures, à l'échelle des enfants. Ils seront fiers de s'occuper de leurs affaires et apprendront à en être responsables, ce qui constitue un excellent moyen de renforcer la confiance. C'est bien mieux pour eux que de toujours compter sur un adulte pour faire quelque chose.

Laisser de la place pour le jeu

Quels sont les épisodes de leur enfance dont vos rejetons se souviendront le plus ? Nous espérons que leurs souvenirs regorgeront de jours heureux et remplis d'insouciance. Dans l'idéal, l'enfance est l'époque à laquelle vous repensez avec nostalgie parce que le jeu y tenait une grande place. Voyez ce qui vous vient à l'esprit quand vous prononcez le mot « jeu ». Par exemple, créer, expérimenter, s'amuser, rire, faire l'imbécile, être libre, faire des choix, semer le désordre, suivre des règles et parfois les enfreindre.

Rousseau a dit : « Le monde de la réalité a ses limites ; le monde de l'imagination est sans frontières. » Le jeu développe l'imagination tout en étant un puissant moyen d'apprentissage. Le cadeau le plus précieux que vous puissiez faire à votre enfant pour développer sa confiance est de lui donner la latitude de jouer et de l'inciter à jouer. Le jeu permet à votre enfant de développer un certain nombre d'habiletés, de l'expression libre à la résolution des problèmes en passant par la communication avec les autres, le respect des règles et la relaxation. Le jeu permet d'expérimenter, d'exploiter son potentiel et d'apprendre à maîtriser les émotions fortes, à savoir exprimer son agressivité et sa peur mais aussi sa joie et son égard pour les autres.

Attention

Nombre d'enfants issus de familles aisées ne jouent pas pour jouer, car ils passent constamment d'une activité organisée à l'autre. Veillez à ce que vos enfants aient le temps d'être actifs plutôt que de rester plantés devant la télé ou un film. Invitez-les à cuisiner plutôt que d'opter pour une pizza par facilité.

Truc

Pour que le jeu soit bien présent dans votre vie, suivez ces conseils :

- Dégagez-vous du temps chaque semaine pour jouer à des jeux et faire des activités créatives en famille ; instituez des moments où personne ne travaille ;
- Offrez à chaque enfant son espace de jeu et, dès qu'ils sont suffisamment grands, chargez-les de s'en occuper eux-mêmes ;
- Fabriquez-leur des placards réservés à la création, où sont rangés des crayons, de la colle, de la peinture, du tissu, de la laine, du fil, des ciseaux, etc. ;
- Si vous avez un jardin, réservez un emplacement pour le jeu et les activités salissantes avec de la terre, du sable et de l'eau ;
- Imposez le nettoyage final à tous les protagonistes du jeu.

Truc

Que diriez-vous d'un « karaté chaussettes » en famille ? Les règles sont simples : à genoux, au sol, récoltez un maximum de chaussettes en les retirant aux participants. Rires assurés.

Ou encore un « massage pizza » : concevez la meilleure pizza du monde sur le dos en tapotant, frottant, etc. Sollicitez l'imagination de l'enfant : étalez la pâte, badigeonnez la tomate, ajoutez tous ses ingrédients préférés. Puis inversez les rôles pour faire le dessert ! Tarte aux pommes ?

Soutenir ses enfants

Un vieux proverbe dit : « Les parents tiennent la main de leurs enfants un moment et leur cœur pour toujours. » Quand vous soutenez un enfant, toutes ses caractéristiques vous sont chères. Vous le considérez comme un être à part entière, et cela lui permet de changer, de se développer et de grandir.

Les enfants ont besoin de votre soutien et ils le méritent. Voici sept façons de soutenir des enfants :

1. **Dites-leur qu'ils sont uniques et importants.**
2. **Faites-leur part de toutes les expériences pour leur inculquer les meilleures valeurs et leur permettre de se fixer un but dans la vie.**
3. **Découvrez ce qu'ils veulent vraiment de façon qu'ils s'expriment pleinement et réalisent leurs rêves, en sachant que ces derniers seront différents des vôtres.**
4. **Soutenez-les et répondez à leurs besoins du mieux que vous pouvez. Plus ils seront soutenus, plus ils pourront surmonter les difficultés importantes.**
5. **Creusez leur discours pour découvrir ce qu'ils éprouvent vraiment.**
6. **Dites-leur comme vous croyez en eux et en leurs capacités, surtout quand ils ont du mal à les percevoir.**
7. **Poussez-les à persévérer quand ils ont envie de baisser les bras.**

Attention

ENTRE TROP ET TROP PEU, IL Y A LE JUSTE MILIEU !

Le *Time Magazine* a consacré l'une de ses unes à la « ME ME ME generation » composée d'enfants « narcissiques et paresseux » qui seraient les fruits un peu trop gâtés de leurs parents devenus surprotecteurs.

Le Dr David Gourion confirme : « La prévalence des traits de personnalité narcissique chez les adolescents progresse, observe-t-il. Certaines études évaluent entre 5 à 10 % le nombre des ados et jeunes adultes qui souffrent notamment d'un complexe de supériorité, sont en quête permanente d'admiration et auraient le sentiment que tout leur est dû ou que les autres doivent leur être soumis… »

Par crainte d'être tyrannique, ne devenez pas un parent surprotecteur considérant son enfant comme vulnérable dans cette société en perdition, ni un parent idolâtre, faisant de votre enfant la star de la famille. Le moindre obstacle risquera de le mettre en sérieuse difficulté par la suite et la confrontation avec les pairs s'avérera peut-être redoutable à cause de ce complexe de supériorité…

Les soutenir ne veut pas dire mener des combats à leur place ou en endosser la responsabilité. Il s'agit d'être à leurs côtés dans les bons comme dans les mauvais moments. Vous êtes là quand, à 2 ans, ils apprennent à partager leurs jouets avec un camarade de jeu et, plus tard, lorsqu'ils viennent d'échouer à l'examen du permis de conduire ou de se faire larguer par leur premier amour.

Accepter les différences entre parents et enfants

Un spécialiste international de la gestion évoquait dans une émission de radio l'entreprise créée par sa fille et déplorait qu'elle n'ait pas suivi ses conseils de professionnel malgré les graves erreurs qu'il avait décelées dans son projet. Voilà un excellent enseignement : qui que vous soyez, quelles que soient votre expérience ou votre renommée, vos enfants n'acceptent pas toujours vos conseils.

Vos enfants ne sont pas des versions miniatures de vous. Dès sa naissance, un enfant a son propre esprit, et vous ne pourrez jamais le contrôler. Tout l'art consiste à admettre qu'il va presque à coup sûr prendre à son compte les valeurs et principes (d'honnêteté, de générosité, de respect des autres, etc.) que vous lui inculquez au fil des années, mais qu'il va les tester et les appliquer à sa manière.

Que faire si votre enfant vit une période où il ne veut pas se joindre à la famille ? Laissez-lui prendre les distances dont il a besoin et ne lui fermez pas la porte. Veillez à ce qu'il soit en sécurité et qu'il connaisse le chemin du retour. Gérez les moments délicats avec le plus de souplesse possible. Même si cela vous semble très difficile sur le coup, ne coupez pas les ponts. Réunissez-vous, appelez-vous, échangez des mots, des courriels, des cartes régulièrement pour maintenir le contact quand il arrive à l'âge adulte.

Chaque famille a des personnes introverties et extraverties. Ce n'est pas parce que vous êtes extraverti que vous avez confiance en vous. Les introvertis ont plus besoin de moments de tranquillité pour réfléchir et recharger leurs accus, tandis que les extravertis puisent leur énergie dans le fait de sortir et d'être avec les autres. Respectez le tempérament de votre enfant.

Respectez ses passe-temps et centres d'intérêt. Certains enfants ne veulent pas être traînés sur un terrain de football mais préfèrent lire ou peindre des figurines. D'autres préfèrent sortir et se dépenser en jouant avec les copains ou en faisant du vélo plutôt que de rester sagement à la maison.

À mesure qu'il grandit, tâchez de savoir ce dont il a besoin pour évoluer à son meilleur niveau et apportez-lui de l'aide en conséquence plutôt que de privilégier votre méthode, laquelle n'est peut-être plus utilisée aujourd'hui.

Note technique

On distingue deux grandes étapes d'individuation : l'étape incontournable du « non » quasi systématique entre 18 mois et 2 ans et la période d'opposition à l'adolescence. La première étape permet à l'enfant de sortir de la symbiose. Il cherche ses propres limites, il veut connaître les frontières de son moi. Acceptez-le dans ses refus et accompagnez-le en lui donnant la permission d'être lui et différent de vous. Dans le cas contraire, il risquerait de se bloquer dans l'opposition systématique ou de ne plus oser être lui-même. À l'adolescence, l'enjeu est de s'affirmer dans ses valeurs pour être certain que l'on pense par soi-même.

PARTIE 6
LA PARTIE DES DIX

« POUR DIMINUER L'ANXIÉTÉ QUI L'ASSAILLE, LE DOMPTEUR MAURICE LEFOUET EST PASSÉ DES FAUVES SANGUINAIRES À LEURS DOUBLES EN BALLON DE BAUDRUCHE. »

DANS CETTE PARTIE...

Vous trouverez des astuces et questions à vous poser pour retrouver de l'allant, des rappels de ce que vous pouvez faire quotidiennement pour renforcer votre confiance et des affirmations à ancrer dans votre inconscient.

Chapitre 18

Dix questions pertinentes qui favorisent l'action

DANS CE CHAPITRE :

- » **Être son meilleur critique**
- » **Laisser libre cours à son rêveur intérieur**
- » **Remarquer les tensions**

La confiance, c'est passer à l'action pour réaliser ses rêves. Ces questions sont destinées à afficher et exploiter votre moi le plus confiant.

Quel discours tient votre voix intérieure ?

Un dialogue intérieur se déroule en permanence dans votre tête. Même en lisant cette question, vous pouvez vous demander : « Qu'est-ce que ça signifie ? Comment ma voix me parle-t-elle ? » Votre voix intérieure essaie de comprendre la question.

De quelle voix intérieure s'agit-il exactement ? Une voix pédagogue et agréable, ou un affreux critique bougon très difficile à satisfaire ? Entendez-vous : « Bravo ! J'ai très bien parlé. Les choses se déroulent comme il faut, je suis sur la bonne voie », ou plutôt : « Voilà, ça recommence, j'ai encore mis les pieds dans le plat, quel mufle je fais ! Pourquoi est-ce que j'ai fait ça ? Ça ne sera vraiment jamais mon fort. »

N'oubliez pas que la qualité de vos actes est conditionnée par la qualité de vos pensées. Si vous prenez soin de vous intérieurement, vous serez en mesure de passer à l'action en toute confiance.

Mettez-vous à l'écoute de votre dialogue intérieur. Si vous voyez qu'il vous plombe le moral et vous dénigre systématiquement, entraînez-vous à répondre avec des expressions très positives telles que : « J'ai fait de mon mieux » ou « Je vais en tirer les enseignements » ou même « Hé ! lâche-moi un peu ! »

Êtes-vous fier de votre nom ?

Vous est-il déjà arrivé de recevoir un appel de ce genre : « Désolé de vous déranger, mais on m'a demandé de vous parler de XXXX » ? Quand aucun nom n'est utilisé, la dimension identitaire est absente.

Indiquez toujours votre nom avant de passer au sujet de votre appel : « Bonjour, je m'appelle... J'aimerais vous parler de XXXX. » Regardez la personne en face et déclinez votre identité en souriant lorsque vous vous présentez. Même au téléphone, ayez le sourire et imaginez le visage de votre interlocuteur. Votre énergie se propagera. On « entend » très bien un sourire au téléphone.

Si vous êtes fier de la personne que vous êtes, les autres vous apprécient plus. Faites en sorte que l'on vous considère comme une personne intéressante valant la peine d'être connue.

Avec qui traînez-vous ?

Choisissez judicieusement vos amis. Les personnes que vous fréquentez vous tirent-elles vers le haut ou vers le bas ? Veillez d'abord à vous débarrasser des amis toxiques, ceux qui épuisent votre énergie et votre enthousiasme et vous font céder au découragement.

Préférez-leur plutôt des modèles dotés d'une qualité que vous aimeriez renforcer chez vous. Faites en sorte de découvrir leur parcours. Faites vôtre leur confiance débordante. Si vous rencontrez une personne qui a vaincu les peurs dont vous souffrez, faites-en un modèle pour remporter des succès.

Quelle est votre pensée confiante du jour

Dotez-vous d'un livre de sagesse ou de citations, imprégnez-vous-en et imaginez que vous ayez trois minutes à la radio pour livrer votre pensée confiante du jour. Si vous aviez la possibilité de partager votre opinion avec la nation sur la façon d'agir avec confiance, quelle serait la teneur de votre message ?

Quelles tensions subissez-vous dans votre vie ?

Chaque jour, vous faites des choix et prenez des décisions sur votre façon de vivre. Vous dites « oui » à certaines choses et « non » à d'autres. Tout cela crée une tension qu'il faut équilibrer au mieux. Vous devez peut-être faire face aux dilemmes suivants :

» **Votre santé ou votre richesse :** vous travaillez très dur pour gagner de l'argent, mais vous n'avez pas le temps de vous occuper de votre santé.

» **Votre famille ou votre vie professionnelle :** vos responsabilités familiales vous empêchent de faire le travail que vous voulez ou vous avez un métier qui vous amène à faire de nombreux déplacements et vous empêche d'être avec votre famille aussi souvent que vous le souhaiteriez.

» **Du temps pour vous ou du temps pour les autres :** vous passez tant de temps à vous occuper des autres que vous n'en avez pas pour prendre soin de vous, ou vice versa.

» **La spontanéité ou la planification :** vous voulez apprécier l'instant présent, mais également anticiper l'avenir.

Observez les tensions auxquelles vous êtes confronté quotidiennement. En analysant les points positifs et négatifs, vous pouvez vous demander :

« Quelle est la bonne solution, même si elle n'est pas simple à mettre en œuvre ? » Procédez aux changements en fonction de ce qui vous semble *juste* et non en choisissant l'option *la plus simple*. Le chapitre 5 vous aide à identifier vos valeurs essentielles.

Quel problème reste en suspens dans votre vie ?

Un domaine de votre vie demande peut-être un ajustement, mais vous ne parvenez jamais à trouver le temps de vous pencher sur la question. Vous savez que c'est important, mais rien n'y fait. L'heure est peut-être venue d'entretenir une relation solide, de retrouver un poids raisonnable, de rééquilibrer votre compte bancaire ou de ranger votre maison.

Essayez de voir tous les avantages que procurera la résolution du problème en suspens. Faites le tour de tous les autres domaines de votre vie dans lesquels vous vous sentirez plus heureux et confiant par la suite.

Une fois le problème résolu, votre énergie vous servira à faire évoluer d'autres aspects de votre vie. Qu'attendez-vous ? Quelle est la première mesure ? Il suffit de vous y mettre... aujourd'hui même !

Qui serez-vous quand vous serez grand ?

J'aurais voulu être espion, mais il fallait avaler des microfilms et mon médecin me l'a interdit.

Woody Allen

Quand vous étiez jeune, il vous arrivait peut-être de penser à la personne que vous alliez devenir. Le plus souvent on ne réussit pas à être danseuse classique, acteur ou astronaute. Vous avez peut-être un emploi ou une vie plus ordinaire (maçon, banquier ou vendeur dans une boulangerie). Face à la réalité et aux responsabilités, vous cessez de penser à la personne que vous êtes et à celle que vous pouvez devenir. Vous vous vendez peut-être mal et vous

vous limitez par manque d'imagination et de volonté d'entrevoir de nouveaux horizons.

Pensez à l'individu que vous voulez vraiment être et notez les images et les symboles qui vous viennent à l'esprit. Tenez ce symbole devant vous, suivez-le et voyez où il vous mène. Ensuite, découvrez comment prendre les premières mesures pour devenir la personne que vous souhaitez vraiment être. (Le chapitre 15 vous dit comment découvrir votre dessein.)

Comment vivez-vous les échecs et les erreurs ?

La vie est un défi à relever, un bonheur à mériter, une aventure à tenter.

Mère Teresa

Les personnes confiantes considèrent les échecs et les erreurs comme des jalons nécessaires sur le parcours de la vie. Le rejet n'est pour elles qu'un cerceau à traverser pour aller de l'avant et s'élever. À l'instar de Tigrou dans les histoires de Winnie l'Ourson, ces personnes rebondissent quand on les repousse.

Comme le savent les inventeurs et les scientifiques, il faut persévérer pour réussir. Chaque fois qu'une expérience tourne court, ils analysent minutieusement les données recueillies, font les ajustements nécessaires et essaient de nouveau.

Les gagnants s'endurcissent et réussissent en considérant l'échec comme un désagrément temporaire et une étape avant d'atteindre leur objectif.

Après un rejet, faites le point et rappelez-vous vos valeurs (les choses importantes qui vous aident à guider vos choix et décisions), vos objectifs (ce que vous souhaitez obtenir) et vos talents (qualités d'excellence que vous avez). Vous trouverez dans le chapitre 15 une section qui vous dit comment surmonter un rejet sans perdre confiance.

Combien de temps passez-vous seul et avec les autres ?

Une personne confiante est à l'aise avec les autres mais également contente de se retrouver seule. Elle n'a pas constamment besoin d'être entourée. Les moments de solitude sont nécessaires pour retrouver votre calme, vous recentrer et sentir pleinement qui vous êtes.

Si vous sentez votre confiance flancher, vérifiez si vous avez bénéficié de suffisamment de temps pour vous afin de retrouver votre équilibre et si vous n'êtes pas submergé par les exigences et distractions inhérentes à la compagnie d'autrui. Vous devez être centré sur vous pour prendre des mesures efficaces.

Quel est votre rêve absolu ?

Rêvez-vous souvent de la personne que vous pouvez devenir ou de la vie que vous pourriez vraiment avoir ? Il se peut que vous ayez eu des rêves ambitieux quand vous étiez jeune puis que la vie en ait décidé autrement. Et si vous aviez un rêve absolu, quelque chose de si enthousiasmant et tentant qu'il vous serait impossible de ne pas le désirer et tout faire pour qu'il se réalise ?

Faites-en un objectif qui vous motive véritablement. Mettez-le par écrit en donnant le plus de précisions possible, en détaillant au maximum votre situation et vos sentiments une fois réalisés. Pensez-y chaque jour, prenez une mesure et instituez une habitude quotidienne, même insignifiante, qui vous rapproche de votre rêve absolu. Dans le même temps, débarrassez-vous d'une action ou d'une pensée négative qui nuit à votre succès.

Chapitre 19
Dix habitudes quotidiennes pour renforcer sa confiance

DANS CE CHAPITRE :

- **Trouver des moyens simples de sculpter les muscles de sa confiance**
- **Démarrer la journée du bon pied**
- **Être en phase avec soi-même**
- **Trouver ce qui convient le mieux à sa personnalité**

On n'acquiert pas une solide confiance du jour au lendemain. Il s'agit plutôt d'une « perfusion » qui se fait progressivement. Les habitudes ont tendance à se répéter, alors prenez de bonnes habitudes et vous prendrez un excellent départ.

Démarrer la journée du bon pied, prêt à passer à l'action

Comme l'a dit Benjamin Franklin : « Coucher de poule et lever de corbeau écartent l'homme du tombeau. » Il y a 168 heures dans une semaine, et vous en passez environ un tiers au lit. À vous de créer la qualité des deux tiers restants.

Certains matins, le réveil sonne, vous appuyez sur le bouton « sommeil », il se redéclenche quelques minutes plus tard, vous appuyez de nouveau sur le bouton, et ainsi de suite jusqu'à ce que vous l'arrêtiez complètement et vous mettiez la tête sous l'oreiller. Ça vous rappelle quelqu'un ? Comment se passe la journée quand vous vous levez en retard et sortez de chez vous en trombe ? En revanche, remarquez ce qui se passe quand vous démarrez la journée calme et très détendu, quand vous vous êtes levé à une heure raisonnable et ne vous laissez démonter par aucun événement.

Les personnes confiantes adorent tellement la vie qu'elles ne veulent pas en perdre une miette. Commencez la journée du bon pied, à savoir prêt à aller de l'avant, et vous ne perdrez pas votre temps à essayer de retrouver vos esprits.

Se concentrer sur ses pages d'écriture

Des études en entreprise montrent qu'il faut jusqu'à quinze minutes pour retrouver toute sa concentration après un appel téléphonique. Quelques interruptions suffisent pour faire dériver votre journée. Vous n'êtes peut-être pas un adepte de la méditation zen, mais les exercices vous apprenant à empêcher votre esprit de vagabonder pour vous concentrer sur l'instant présent sont très bénéfiques.

Exemple

Faire des pages d'écriture est une excellente habitude pour la concentration. Voici en quoi consiste l'exercice :

Prenez trois feuilles, de format A4 ou plus petit. Écrivez dessus tout ce qui vous passe par la tête ; inutile de composer des vers très inspirés. Il s'agit simplement de coucher sur le papier tout ce que vous dit votre conscience : « Bonjour les pages blanches, je ne sais vraiment pas quoi écrire, mais j'écris. » Continuez jusqu'à ce que vous ayez noirci vos pages. Vous verrez que, comme par magie, il en ressortira quelque chose d'utile. Certaines personnes écrivent ainsi chaque jour, d'autres le font quand elles en éprouvent le besoin.

Cette discipline consistant à mettre ses pensées par écrit le matin vous vide la tête, calme la partie logique de votre esprit et vous permet de vous concentrer et d'être créatif.

Chausser ses meilleures lunettes de soleil

Imaginez que, dès le lever ce matin, vous ayez chaussé une paire de lunettes de soleil avec lesquelles vous voyez tout en rose. Vous passez votre journée à tout voir en rose, un rose chaud et bienfaisant. D'une certaine manière, vous mettez chaque jour une paire de lunettes de soleil, filtre à travers lequel vous percevez le monde extérieur. Mais vous n'avez peut-être pas conscience du type de filtre choisi.

Si vous choisissez vos lunettes de soleil du jour, vous décidez de la façon dont vous allez percevoir les expériences à venir, s'il va s'agir d'une journée riche en événements intéressants ou en batailles à livrer. Votre journée commence d'abord dans votre tête. Chaque matin, choisissez votre type de lunettes pour la journée.

Voici certaines paires que vous pouvez essayer : aujourd'hui, mes lunettes me permettront de savourer pleinement chaque moment, de voir le meilleur côté de chaque situation, de voir l'aspect amusant des situations invraisemblables et des personnes inattendues, d'apprécier les sons, les odeurs et les goûts...

Surveiller ses humeurs et émotions

Dans quel état émotionnel êtes-vous aujourd'hui ? Savez-vous comment vous vous sentez et quel regard vous portez sur ces émotions ? Les personnes dotées d'un quotient émotionnel élevé sont très conscientes de leurs émotions. Elles perçoivent leurs sentiments et l'effet qu'ils produisent sur les autres.

Faites une vérification pendant la journée et prêtez attention à ce qui se passe en vous. Quand vous sentez-vous confiant et en manque de confiance ? Comment savez-vous ce que vous ressentez, quels sont les signes corporels révélateurs ? Comment les autres savent-ils ce que vous pensez ? Le voit-on sur votre visage, ou est-ce votre voix ou votre comportement qui traduit vos pensées ? Le fait de surveiller vos émotions vous permet de savoir où vous en êtes et de faire les ajustements éventuellement nécessaires. (Le chapitre 6 vous montre comment faire ami-ami avec vos émotions.)

Faire de l'exercice

Aussi étrange que cela puisse paraître, vous pouvez entrer dans votre salle de sport en vous sentant fatigué, puis faire de l'exercice et ressortir plein d'énergie. Votre cerveau adore l'exercice. Ces dernières années, les chercheurs ont démenti l'idée courante selon laquelle vous naissez avec un nombre fixe de neurones et n'en produisez plus aucun autre pendant toute votre vie. Même les adultes donnent naissance à de nouvelles cellules cérébrales, et l'exercice est l'un des meilleurs moyens d'y parvenir.

La bonne nouvelle, c'est que l'exercice n'a pas besoin d'être intensif. Rien qu'une demi-heure de marche normale par jour permet d'améliorer vos capacités d'apprentissage, de concentration et de raisonnement. Les personnes du troisième âge qui marchent régulièrement obtiennent de meilleurs résultats aux tests de mémoire que celles qui restent tout le temps chez elles. De même, il a été découvert que les élèves de 10 et 11 ans qui font du sport trois ou quatre fois par semaine ont des notes au-dessus de la moyenne.

Trouvez une forme d'exercice qui vous plaît et pratiquez-le régulièrement.

S'isoler au calme

Que vous inspire le silence ? Si vous avez l'habitude de courir çà et là et d'être sans arrêt avec du monde, le fait de vous accorder dix minutes pour vous asseoir seul dans le calme peut s'avérer très instructif.

Essayez ceci chaque jour : éteignez votre téléphone portable, votre ordinateur, votre téléviseur, votre radio et neutralisez la sonnette de votre logement. Allez dans un endroit où vous ne serez dérangé par rien ni personne. Asseyez-vous dans le calme pendant dix minutes. Videz votre esprit, laissez-le rêvasser, profitez de l'environnement et laissez votre créativité s'exprimer.

Sortir et s'émerveiller de la beauté du ciel

Souvenez-vous : derrière votre porte se trouve tout un univers. Prenez le temps chaque jour de sortir et de prêter attention à la nature, aux saisons qui passent, au ciel en constante évolution.

Voyez comme vous faites partie d'un ensemble plus grand que vous et votre environnement immédiat et régalez-vous de la beauté de l'univers. Même si vous vivez dans une grande ville, vous pouvez apprécier de vous promener pieds nus dans un parc.

Être généreux

On récolte ce que l'on sème. Tout ce que vous donnez vous revient d'une manière ou d'une autre. Les personnes confiantes sont généreuses. Elles donnent ce qu'elles peuvent, quand elles peuvent (temps, talent, argent, énergie ou amour).

Ayez pour objectif de donner aux autres mais ne vous oubliez pas non plus. Les pensées généreuses nourrissent votre esprit et attirent vers vous les personnes généreuses.

Faire le bilan de sa journée et planifier son lendemain

À la fin de chaque journée, repensez aux événements qui se sont produits et à la façon dont vous les avez vécus. Il se peut que cette journée se soit déroulée conformément à vos attentes mais que vous n'ayez pas exécuté toutes les tâches au programme. Vous pouvez en tirer une leçon : vous avez peut-être tendance à prévoir trop de choses à faire.

Chaque soir, avant d'éteindre la lumière, mettez par écrit les cinq choses les plus importantes que vous souhaitez faire le lendemain. Il peut s'agir de toutes sortes de tâches, mais veillez à ce qu'elles soient importantes et conformes à vos valeurs. Pendant votre sommeil, votre inconscient œuvrera à mettre au point une méthode pour exécuter ces tâches le plus facilement possible.

Le matin, avant de sortir du lit, prenez votre liste et casez ces tâches et activités dans votre journée. Si le programme vous semble chargé, commencez par l'essentiel et laissez tomber l'accessoire.

Vous disposez maintenant d'un programme pour votre journée qui devrait vous permettre de rester concentré.

Se mettre en phase avec son but dans la vie

Si vous deviez vous demander sur-le-champ : « Pourquoi suis-je vivant ? Quel est mon but dans la vie ? », vous ne pourriez peut-être pas répondre immédiatement. En creusant un peu, vous parviendriez à dire à peu près ceci : « Je veux laisser une trace. Je veux rendre le monde meilleur. Je veux créer de l'amour, de la joie, de la magie, de l'harmonie, de la paix, etc. Je veux être un exemple pour les autres. Je veux avoir une vie saine. » (Le chapitre 5 vous dit comment mettre au jour vos valeurs.)

Vos actions pleines de confiance reposent sur la signification que vous accordez à ce qui vous arrive jour après jour, année après année. Voilà pourquoi la façon dont vous ressentez la confiance peut être si différente de celle de votre voisin. Il n'existe pas de pilule miracle capable de rendre la vie merveilleuse. C'est à vous de trouver la confiance.

Si vous admettez que vous êtes responsable de votre parcours, vous vous sentirez plus clairvoyant et plus libre, et vous aurez donc plus de confiance pour être vous-même et agir conformément à vos valeurs. Au quotidien, ayez une vision d'ensemble de votre vie et faites en sorte que vos actes correspondent à cette perspective générale. Vous pourrez ensuite apprécier le simple fait de vivre, en sachant que vous affichez votre moi le plus confiant.

Chapitre 20

Dix clés pour énoncer des affirmations efficaces

DANS CE CHAPITRE :

- » **Comprendre l'importance des affirmations**
- » **Créer son propre jeu d'affirmations**
- » **Utiliser chaque jour ses affirmations**

Vous ne pouvez pas contrôler tout ce qui vous arrive, mais vous êtes capable d'influencer la signification que vous accordez aux événements de la vie et de créer un monde qui vous convient et vous soutient mieux. Vous avez toujours votre mot à dire dans la façon de vivre votre vie, rien ne vous est imposé.

Chaque chapitre de cet ouvrage vous propose des idées et des outils pour vous aider à corriger et à recréer la réalité de votre vie. Le chapitre 5 vous invite à élaborer une série d'affirmations tirées des règles qui expriment vos valeurs. Dans ce chapitre, vous allez trouver certaines de nos affirmations générales préférées, ainsi que des instructions simples pour créer les vôtres.

Une *affirmation* est un énoncé fort et positif sur le monde, *conforme à la façon dont vous souhaitez évoluer en son sein*. Une affirmation peut renforcer votre nouvelle perception encore fragile de la réalité et vous aider à ne pas retomber dans vos anciens schémas de pensée. Les affirmations peuvent vous servir d'aide-mémoire pour votre nouvelle réalité préférée.

Disposer de la bonne structure de base

La structure d'une bonne affirmation améliore considérablement son pouvoir et son influence. Vous pouvez élaborer des affirmations qui respectent ces critères structurels en suivant dix règles très simples :

1. **Décrivez le monde comme vous *aimeriez* le vivre et non comme vous le vivez actuellement.**

   Exemples : « J'ai un nouveau travail merveilleux. J'ai le conjoint idéal. »

2. **Formulez votre affirmation le plus positivement possible. N'utilisez jamais une construction négative.**

   Exemple : plutôt que d'employer la forme négative « je ne suis plus fatigué le matin », préférez l'affirmative : « Je me lève tôt chaque matin, plein de vie et débordant d'énergie. »

3. **Mettez toujours votre affirmation au présent, jamais au futur.**

   Exemple : « J'ai une mine superbe et je me sens super bien », plutôt que : « J'*aurai* une mine superbe. »

4. **Renforcez les sentiments recherchés, n'utilisez pas d'affirmations pour supprimer les sentiments indésirables.**

   Exemple : « J'aime le monde et le monde m'aime » est largement préférable à : « Je me fous de ces ingrats qui me mènent la vie dure. »

5. **Prononcez ou pensez les affirmations avec une certaine intensité émotionnelle, que vous y croyiez ou non.**

   Exemple : « Je vis dans l'abondance, la nature qui m'entoure m'apporte un grand réconfort. »

6. **Ayez le courage de créer une nouvelle vision de la réalité sans pour autant nier votre perception actuelle.**

   Exemple : « J'ai une vie pleine et enrichissante » est préférable à : « J'ai un million d'euros sur mon compte en banque. »

7. **Sachez que plus l'affirmation est concise et précise, plus elle sera efficace rapidement.**

Exemple : « J'attire l'argent » est plus efficace pour vous inciter à gagner ce que vous méritez que de dire : « Je mérite de gagner bien plus et je cherche les projets et personnes qui vont me permettre d'empocher beaucoup plus d'argent. »

8. **Choisissez ou créez toujours des affirmations totalement en accord avec la façon dont vous voulez vivre votre vie.**

   Exemple : « Je peux gérer toutes les épreuves que me fait subir la vie. »

9. **N'oubliez pas que vos affirmations concernent la façon dont *vous* voulez percevoir et vivre votre vie. Vous n'avez besoin de l'accord de personne.**

   Exemple : « Toutes les personnes que je rencontre m'aiment à leur façon. »

10. **Utilisez une affirmation tant qu'elle vous convient. Les affirmations ne sont pas éternelles. Vous pouvez en changer quand et aussi souvent que vous voulez.**

    Exemple : « J'ai le meilleur poste dans cette entreprise. »

Voici les dix affirmations préférées de Brinley :

1. Je ressens chaque jour la magie de ma vie.
2. Je suis courageux et confiant.
3. J'ai confiance en moi et les autres ont également confiance en moi.
4. Je prends le risque de commettre des erreurs.
5. Je sais ce que je veux et je défends mes croyances.
6. Je peux gérer les situations que je rencontre dans ma vie.
7. Ma vie est agréable.
8. Je suis responsable et c'est moi qui décide.
9. Ma vie est une aventure.
10. Je suis entouré d'amour et de richesses.

Voici les dix affirmations préférées de Kate :

1. Ma vie est riche et précieuse.
2. Je démarre la journée pleine d'énergie et de santé.

3. Je poursuis mon rêve absolu.
4. Je crée de la joie, de l'harmonie et de la compréhension grâce à mes actions.
5. Je peux prendre des risques sans connaître d'avance le résultat.
6. Le changement provient de mon cœur.
7. Je vole quand je prends les choses avec légèreté.
8. J'ai une grande influence sur mon entourage.
9. Je suis capable de percevoir la magie des moments les plus difficiles.
10. J'évolue à mon meilleur niveau et c'est suffisant.

Voici les dix affirmations préférées de Sandra :

1. Je ressens de la gratitude pour tout ce que la vie m'offre.
2. Je suis responsable et j'ai le choix.
3. Je perçois la lumière même dans l'obscurité.
4. Ma vie a du sens.
5. Rire c'est vivre.
6. Je suis ma meilleure amie.
7. L'amour est ma raison d'être.
8. Je grandis et apprends chaque jour.
9. Toutes les solutions sont en moi.
10. La joie se partage.

Utiliser des affirmations chaque jour

On répète généralement les affirmations dix à vingt fois de suite à voix haute. Faites cela sous la douche, devant un miroir, en allant au travail (le bus ou le train ne sont pas des lieux très appropriés) ou en faisant votre jogging, car l'exercice physique et le rythme favorisent l'apparition d'un état proche de la transe.

Vous pouvez également les écrire deux ou trois fois chacune, de préférence à la main. Pendant votre exercice d'écriture, voyez si vous vous heurtez à un mot bien précis ou si la formulation évolue. Dans ce cas, essayez la nouvelle formulation, mais revenez à l'ancienne si la nouvelle version ne respecte pas les règles exposées plus haut dans ce chapitre.

Vous pouvez utiliser des affirmations avec un partenaire, un ami ou des collègues également désireux d'exploiter les leurs en public. Quand vous énoncez vos affirmations à quelqu'un, faites en sorte que votre interlocuteur vous retourne votre affirmation : « Ta vie est une aventure, Brinley », ou qu'il vous confirme ce que vous énoncez : « Oui, tout à fait. »

Ce qu'il y a de génial avec les affirmations, c'est qu'elles sont rapides à énoncer, souples et qu'elles vous aident d'une manière remarquable à vivre votre vie d'une nouvelle façon. Les essayer, c'est les adopter.

Annexe

Une liste de ressources

Nous avons réuni dans cette annexe des ressources qui vous permettront de mener à bien votre voyage vers le pays de la confiance. Cette liste n'est pas exhaustive, et vous trouverez bien d'autres personnes et organismes de qualité à mesure que vous approfondirez le thème du développement personnel.

Contacter les auteurs et l'adaptatrice

Kate Burton, Creativity in Communication, téléphone (00 44) 01 189 734 590 ; courriel : kate@kateburton.co.uk ; site Web : www.kateburton.co.uk

Brinley Platts, Networks in Harmony, téléphone (00 44) 07 973 745 640 ; courriel : brinley.platts@btinternet.com ; site Web : www.networksinharmony.com

Sandra Leite, EponaCoach L'Humain au cœur de la Relation, téléphone 06 77 56 45 46 ; courriel : sandra-leite@hotmail.fr ; site Web : www.eponacoach.com

Ouvrages

Quand vous aurez fini de lire ce livre, nous vous conseillons de partir à la recherche des livres suivants afin de franchir un palier supplémentaire dans la confiance.

Zen ! La Méditation pour les Nuls, de Stephan Bodian (Éditions First).

La PNL pour les Nuls, de Romilla Ready et Kate Burton (Éditions First).

L'Hypnothérapie pour les Nuls, de Mike Bryant et Peter Mabbutt (Éditions First).

Méditation : la pleine conscience pour les Nuls, de Shamash Alidina, Élisabeth Couzon, Hélène Filipe (Éditions First).

L'Intelligence émotionnelle, de Daniel Goleman (J'ai lu).

Le Coaching pour les Nuls, de Jeni Mumford (Éditions First).

Petite philosophie du bien-être, de Françoise Dorn et Sandra Leite (Éditions First).

Être humain : la nature humaine et sa plénitude, d'Abraham Maslow (Eyrolles).

Le Pouvoir du moment présent. Guide d'éveil spirituel, d'Eckhart Tolle (Ariane).

Estime de soi, confiance en soi. S'aimer, s'apprécier, croire en soi, de Josiane de Saint Paul (Dunod).

L'Étoffe des leaders, de Stephen R. Covey (Éditions First).

Le Rire pour les Nuls, de Martine Medjber-Leignel et Joëlle Cuvilliez (Éditions First).

Soyez un stressé heureux, d'Élisabeth Couzon et Françoise Dorn (ESF).

Apprivoisez les conflits pour optimiser votre vie, d'Élisabeth Couzon et Françoise Dorn (Vuibert).

Les Mots sont des fenêtres, de Marshall B. Rosenberg (La Découverte).

Ho'oponopono, du Dr Diethard Stelzl (Éditions Contre-dires).

Remettre du rire dans sa vie, de Corinne Cosseron (Robert Laffont).

Sites Web

www.psychologies.com

www.cles.com

Communication non violente : www.nvc-europe.org

www.entreprise-et-convivialite.com

www.eponacoach.com

www.ecolederire.org

Organismes professionnels

Si vous décidez de faire appel à un coach ou à un thérapeute, vérifiez toujours ses qualifications professionnelles, son expérience et le code de déontologie auquel il adhère. Les organismes suivants peuvent vous aider.

Société française d'hypnose, 41, rue Boissière, 75016 Paris.
Téléphone : 01 48 04 92 96.
Site Web : www.hypnose-sfh.com

Institut français d'hypnose, 169, rue de la roquette, 75011 Paris.
Téléphone : 01 42 51 68 84.
Site Web : www.hypnose.fr

ICF France (association internationale de coachs professionnels), 57, rue d'Amsterdam, 75008 Paris. Téléphone : 03 20 91 95 68.
Site Web : www.coachfederation.fr

Société française de coaching, 22, boulevard de Sébastopol, 75004 Paris. Téléphone : 01 42 81 96 70. Courriel : contact@sfcoach.org.
Site Web : www.sfcoach.org

EMCC France AEC (Association européenne de coaching), 21, rue Lamartine, 75009 Paris. Téléphone : 01 56 62 24 24.
Site Web : www.emccfrance.org

Les trois principales associations françaises de coaching professionnel – l'**ICF** (International Coach Federation), l'**EMCC France** (European Mentoring and Coaching Council) et la **SFCoach** (Société Française de Coaching) ont lancé un site web commun : www.coach-pro.org. Conscientes du besoin de clarifier les pratiques qui existent sur le marché du coaching, source de confusions, les trois organisations ont choisi de partager une même communication pour défendre, promouvoir et structurer le métier de coach professionnel.

Institut français de programmation neurolinguistique (IFPNL), 21, rue Sébastien-Mercier, 75015 Paris. Téléphone : 01 45 75 30 15. Site Web : www.ifpnl.fr

Institut français d'analyse transactionnelle, 24, rue de Clichy, 75009 Paris. Téléphone : 06 82 00 36 58. Courriel : info@ifat-asso.org. Site Web : www.ifat-asso.org

Fédération française de psychothérapie et psychanalyse,
6, avenue du Maine, 75015 Paris. Téléphone : 01 44 05 95 50.
Courriel : contact@ff2p.fr.
Site Web : www.ff2p.fr

Index

A

Acceptation, 54, 67, 90, 248, 259, 260
Accomplissement, 64, 65, 67, 70, 71, 75, 76, 227, 261, 265
Admiration, 204, 280
Affirmation, 41, 84, 85, 86, 88, 185, 217, 220, 231, 232, 297-301
Âge, 55, 187
Agressivité, 217, 231, 278
Alimentation, 48, 66, 186-188
Amour, 17, 64, 65, 93, 107, 143, 159, 192, 255-269, 281, 295, 296, 299, 300
Anxiété, 16, 31, 34, 66, 67, 68, 100, 130, 131, 163, 164, 167, 248
Aptitude, 23, 28, 55, 59, 112, 113, 115, 117, 213, 230, 272
Assurance, 12, 85, 206, 217, 228, 232, 246
Attention, 27, 33, 36, 43, 56, 57, 61, 67, 98, 99, 101, 107, 121, 129, 144, 151, 205, 215, 234, 235, 246, 251, 260, 273, 293, 295
Authenticité, 196
Avis, 25-26, 72, 208, 232, 239, 241

B

Bien-être, 30, 69, 76, 116, 128, 132, 159, 181, 182, 184, 185, 187, 188, 227, 268
But, 16, 54, 79, 110, 111, 118, 121, 170, 176, 219, 231, 271, 273, 280, 296

C

Capacité, 12, 16, 94, 111, 112, 114, 123, 158, 162, 200, 231, 233, 276, 280, 294
Changement (courbe du), 248
Changement, 29, 30, 31, 37, 38, 42, 43, 54, 59, 60, 77, 88, 89, 90, 99, 104, 106, 114, 135, 141, 155, 180, 214, 215, 230, 247-249, 252, 253, 268, 300
Coach intérieur, 62
Codes vestimentaires, 206
Colère, 16, 93, 94, 103, 104, 174, 181, 183, 217, 253
Coming-out, 88
Communication, 195, 198, 199, 200, 218, 233, 243, 245, 251, 259, 268, 278
Communication non violente, 242
Comparaison, 89
Compétence, 16, 28, 29, 54, 55, 94, 123, 130, 131, 171, 199, 212, 213, 229, 230, 233, 236, 250, 251
Compétence (bilan de), 230
Compétence personnelle, 94
Compétence sociale, 94
Comportement, 16, 22, 25, 36, 37, 81, 93, 98, 112, 115, 117, 188, 205, 225, 238, 248, 251, 273
Concentration, 130, 146, 153, 165, 292, 294
Confusion, 89
Congruence, 111, 112, 113, 114, 196
Conversation, 198
Coup dur, 130
Créativité, 97, 167, 294
Critique, 29, 31, 134, 177-178, 216, 236, 237, 242, 274

Critique personnelle, 104
Croyance, 17, 55, 59, 82, 83, 112, 113, 115, 117, 118, 123, 159, 160, 177, 187, 227, 253, 256, 299
Csikszentmihalyi (Mihaly), 131

D

Démotivation, 63, 70, 71
Dépasser (se), 157-178
Diaphragme, 193, 194-195
Dilts, Robert, 111
Domaine de prédilection, 22, 52
Doute, 30, 118, 174, 207

E

Écoute, 26, 62, 101, 177, 192, 251
Élocution, 134, 193, 199
Émotions, 93-107
Énergie, 16, 44, 63, 69, 103, 104, 118, 131, 146, 179, 181, 273
Enfant, 37, 271-282
Engagement, 91, 173, 248, 263
Entretien d'embauche, 162, 250, 251
Environnement, 112, 113, 115, 117, 277
Équilibre, 41, 53, 66, 86, 103, 130, 165, 182, 234, 258, 268, 290
Estime de soi, 12, 22, 48, 64, 65, 143, 237, 275
État de grâce, 127, 130, 131, 269
Expérimentation, 248

F

Famille, 25, 28, 30, 36, 37, 38, 52, 54, 80, 81, 86, 89, 96, 113, 115, 121, 122, 148, 153, 155, 171, 174, 177, 198, 214, 215, 216, 219, 256, 257, 272, 273, 276, 279, 280, 281, 287
Félicitations, 274
Flexibilité, 159
Flow, 127, 131, 132
Frankl (Viktor E.), 17

G

Graine, 186

H

Habileté, 23, 27, 55, 229, 278
Habitude, 26, 150, 154, 155, 156, 183, 214, 265, 273, 291-296
Herzberg (Frederick), 69, 70, 71, 76
Ho'oponopono, 107
Huile, 167, 186
Humeur, 98-100, 293
Humour, 206, 260

I

Identité, 88, 89, 90, 113, 115, 116, 193, 212, 227
Impasse, 66, 76, 147, 148
Impression, 14, 77, 95, 203, 204, 205, 262
Inspiration, 57, 58, 116, 150, 165, 184, 193
Intégrité, 80, 117, 195, 196, 197, 198, 199, 243, 245
Intelligence émotionnelle, 94, 95, 106
Intention, 30, 31, 44, 174, 198, 243
Intuition, 101, 102
Isolement, 65

J

Jeu, 278-279

K

Karma, 174-175

L

Licenciement, 252
Logothérapie, 17

M

Maîtrise, 131
Manipulation, 236, 237, 242
Mantra, 181, 185
Maslow (Abraham), 17, 29, 64-67, 69, 82
McGregor (Douglas), 69, 71
Méditation, 113, 151, 181, 220, 292
Modèle CASS, 88
Montessori (Maria), 277, 278
Motivation, 15, 63-77, 81, 132, 182, 230, 273

N

Niveaux neurologiques, 111, 112, 114, 116, 121

O

Obésité, 181
Obligation, 89
Ontologie, 113, 114, 116

P

Panique, 164, 183
Paraître, 204
Passé, 35, 128, 196, 204, 264
Passion, 109-125, 259
Patron, 71, 76, 123, 161, 192, 196, 214, 229, 231, 238-239, 242-247
Pensée négative, 22, 44, 128, 290
Persécution, 46, 236, 237
Personnalité, 237, 238, 248
Peur, 14, 67, 90-91, 93, 103, 118, 132-136, 277
Phobie, 67, 68, 83, 106, 163
Phobie sociale, 68
Plainte, 104, 238
Plénitude, 128
PNL, 59, 106, 112, 129, 133, 169, 262
Présentation, 234-236
Pression, 218
Prévenance, 260
Priorité, 20, 28, 42, 53, 81, 106, 111, 213, 259, 267
Promotion, 76-77
Pyramide des besoins, 64, 76

R

Raison, 177
Reconnaissance, 65, 67, 70, 142
Relations amoureuses, 255-269
Reproche, 35, 199
Résistance, 38, 183, 214, 248
Respiration, 132, 151, 166, 167, 181, 184, 193-195, 262
Réunion, 191, 233-234
Rêve, 120, 128, 147, 148, 171, 290, 300
Rire, 24, 48, 97, 98, 184, 300
Risque, 16, 89, 118, 214, 216, 273, 299, 300
Rupture, 253, 263

S

Santé, 16, 84, 181, 182, 187, 188, 273, 287
Sel, 186
Sentiment, 14, 100, 111, 133, 134, 217, 232
Sentiment de soi, 226
Sérotonine, 68
Simeona (Morrnah), 107
Situation toxique, 45
SMART, 54, 60, 75, 140
Solitude, 17, 65, 143, 290
Stabilité émotionnelle, 15, 273
Stress, 34, 45, 100, 107, 139, 140, 141, 155, 168, 182-184, 187, 193, 231
Style, 207-212
Sucre, 186, 187
Sucreries, 187

Surmenage, 42
Système immunitaire, 183, 184, 186

T

Tabac, 186
Tai-chi, 181, 220
Talent, 23, 25, 27, 52, 53, 289
Tergiversation, 118, 146, 153, 154
Tolérance, 45, 89, 116

U

Uniforme, 210, 212

V

Valeur, 15, 16, 22, 54, 58, 59, 79-86, 90, 109, 111, 112, 113, 115, 117, 119, 131, 172, 176, 197, 209, 221, 227, 229, 231, 273, 288, 289, 295, 296, 297
Visualisation, 27, 130, 167, 168
Voie, 15, 29, 273
Voix intérieure, 285

Y

Yoga, 38, 155, 181, 220

Z

Zone de confort, 158-163, 214, 262